Сотворена его Помощницей

Как Бог может сделать ваш брак восхитительным

ISBN: 978-1-61644-025-1
Первое издание: декабрь 2004 г. - тираж 20 тыс. экземпляров
Второе издание: март 2005 г. - тираж 30 тыс. экземпляров
Третье издание (переработанное и дополненное): май 2005 г. - тираж 30 тыс. экземпляров
Четвёртое издание: сентябрь 2005 г. - тираж 50 тыс. экземпляров
Пятое издание: декабрь 2005 г. - тираж 50 тыс. экземпляров
Шестое издание: сентябрь 2006 г. - тираж 50 тыс. экземпляров
Седьмое издание: апрель 2007 г. - тираж 50 тыс. экземпляров
Восьмое издание: май 2008 г. - тираж 25 тыс. экземпляров
Девятое издание: декабрь 2008 г. - тираж 25 тыс. экземпляров
Десятое издание: декабрь 2009 г. - тираж 15 тыс. экземпляров
Одиннадцатое издание: апрель 2010 г. - тираж 10 тыс. экземпляров
Двенадцатое издание: сентябрь 2010 г. - тираж 15 тыс. экземпляров

Полную аудио-версию этой книги (на английском) в формате CD и MP3 CD, а также другие материалы служения "Нет Большей Радости" можно заказать по адресу: www.NoGreaterJoy.org

За дополнительной информацией обращайтесь по адресу:
No Greater Joy Ministries Inc. *1000 Pearl Road, Pleasantville, TN 37033 USA*

Все цитаты из Библии в русском переводе приводятся по Синодальному изданию.

Художественное оформление обложки: Клинт Кёрли, Линн Хопвуд
Фотограф: Эрин Харрисон
Вёрстка и дизайн: Клинт Кёрли
Фото на обложке: Шошанна (Пёрл) Ислинг, младшая дочь супругов Пёрл.

Перевод с английского Юлии Задорожной

Отпечатано в Соединённых Штатах Америки

Благодарность

Нет ни одного дня в моей жизни, когда бы я не просыпалась и не благодарила Бога за замечательную роль *помощницы* Майкла Пёрла. Знаю, что через этого человека Бог наставлял, формировал и любил меня такую, какая я была, и такую, какая есть сегодня. Эта книга – также его работа, как и моя. Муж поощрял меня в несмелом начале, переписывал мои частично откровенные черновики, ободрял, когда я уставала и хотела всё бросить, и освободил от обязанностей *помощницы, соответственной ему,* на многие недели, дабы я смогла завершить этот труд.

Мой зять Габриэль Анаст и моя дочь Ревекка Джой Анаст помогли мне с идеями и с большей частью информации для раздела книги о трёх типах мужчин, который сделал понимание мужчин гораздо проще. Ревекка так же предоставляла примеры, идеи и места из Писания в других частях этой книги. Я считаю её своим соавтором. Именно Ревекка озвучивает аудиоверсию этой книги.

Ежедневные письма, которые пришлось получать за последние несколько лет, направляли меня и заставляли искать ответы пред лицом Божиим. Читая о страданиях и/или торжестве тысяч женщин, я заметила определённую закономерность успеха и закономерность падения. Вокруг было много страдающих жён и во мне росло твёрдое желание поделиться всем тем, чему Бог научил меня. Огромная благодарность и тем из вас, чьи письма я использовала в этой книге.

Введение

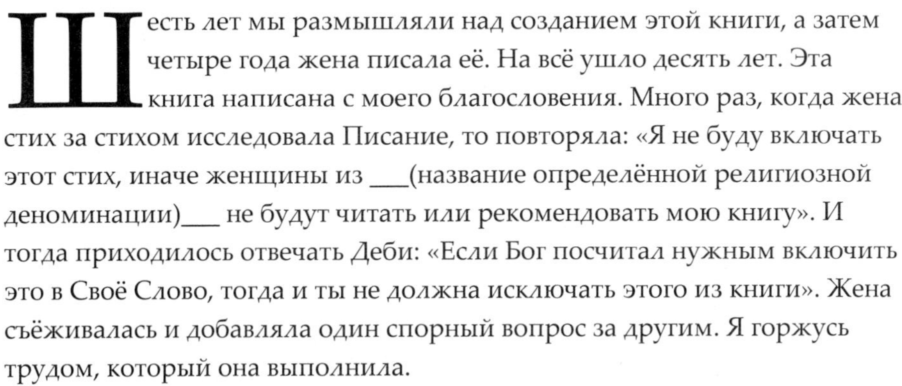

Шесть лет мы размышляли над созданием этой книги, а затем четыре года жена писала её. На всё ушло десять лет. Эта книга написана с моего благословения. Много раз, когда жена стих за стихом исследовала Писание, то повторяла: «Я не буду включать этот стих, иначе женщины из ___(название определённой религиозной деноминации)___ не будут читать или рекомендовать мою книгу». И тогда приходилось отвечать Деби: «Если Бог посчитал нужным включить это в Своё Слово, тогда и ты не должна исключать этого из книги». Жена съёживалась и добавляла один спорный вопрос за другим. Я горжусь трудом, который она выполнила.

У меня давно было желание, чтобы женщины смогли извлечь пользу и благодать из её глубокой мудрости, а мужчины смогли пережить благословение супружества с женой, посланной от Бога. Деби - это моя возлюбленная, мой лучший друг и моё единственное доверенное лицо. По натуре она не пассивная и безвольная женщина, которую можно «переехать поперёк». В ранние годы нашего брака она частенько испытывала мой авторитет и становилась против меня (иногда с разумными доводами, а иногда просто потому, что была упряма и своевольна). Добавлю, что мы не начинали с идеального брака, а возрастали в нём вместе. У Деби были взгляды, в которые она твёрдо верила, но научилась быть помощницей мужа во всех тех сферах, где мужчине необходима женская поддержка.

Я никогда не встречал и не читал другого автора, кто, по моему мнению, был бы больше научен жизнью и опытом, чтобы написать книгу для женщин о том, как быть *помощницей* по Божьему замыслу. Деби является личным примером всего написанного. Каждое слово в этой книге исходит с моего благословения и сердечного согласия.

- Майкл Пёрл - муж и благословенный возлюбленный

Содержание

Часть 2 - Послание к Титу, 2 глава

Ж**ила-была** молоденькая глупая девчушка, которой однажды пришлось раскрыть Божий секрет благословенного супружества и научиться быть *соответственной помощницей* мужа. Я начинаю эту книгу словами «*жила-была*», потому что моя история в действительности похожа на прекрасную сказку, которая стала жизнью. Это должно быть или может стать также и историей вашей жизни. Это Божий дар для каждой женщины.

Моя история «жены» началась 34 года назад с телефонного звонка. Я сидела за своим столом и работала, когда позвонил пастор и попросил сходить с ним вечером на евангелизационное собрание. Он иногда просил меня сопровождать его, чтобы позаниматься с молодыми сёстрами, пока сам будет беседовать с мужчинами. Я была двадцатилетняя незамужняя девушка, а мой пастор – двадцатипятилетний холостяк. Конечно, я с удовольствием согласилась. *Он был пределом моих мечтаний* с тринадцатилетнего возраста. Иногда мне казалось, что я ловила на себе беглый взгляд Майкла, но мои мечты привлечь внимание этого молодого человека таяли с каждым днём. После последнего телефонного звонка отчаяние снова переросло в надежду.

Через несколько часов мой старый «фольксваген-жук» остановился на церковной парковке. Я схватила Библию, забралась в габаритный сверхмощный автомобиль пастора, и мы отправились изучать Библию к толпе современной молодёжи. Это был как раз разгар революции хиппи и движения за Иисуса. Противозачаточные таблетки были новым подручным средством, которое подталкивало молодёжь в пропасть абсолютной безнравственности. СПИД ещё не представлял никакой опасности. Лозунг 60-х звучал так: «Если это приятно, то делай». Хиппи спали в парках и на дорогах, сменяя по нескольку партнёров за ночь. Наркотики затмили их разум и разрушили человеческий образ, но в разгар всего этого беззакония Господь обильно излил Свой Дух – и тысячи подобных измождённых ребят стали искать Бога. Для меня было привилегией жить в то время, когда Дух Божий действовал так свободно. В Послании к римлянам (5:20) Библия говорит нам: **«А когда умножился грех, стала преизобиловать благодать»**.

В тот вечер евангелизационное служение проходило в квартире на верхнем этаже, где собралась группа измученных наркоманов. Комната была переполнена молодыми хиппи, одетыми в рваные джинсы и крашенные футболки. Мой пастор начал делиться благой вестью Иисуса Христа, а молодежь слушала так, словно каждое слово исходило от Самого Бога. Это была простая, тихая, но сильная проповедь о прощении и надежде. Пастор Пёрл так и не сделал призыва, потому что не хотел, чтобы хиппи «пришли» лично к нему, но только к Самому Христу. Зато Майкл добавил, если кто-то хочет помолиться, может сделать это вместе с ним сейчас. В тот вечер, в одно мгновение, все присутствующие просто рухнули на колени и начали молиться. Дух Божий начал действовать. И, когда я услышала мольбу о прощении нескольких молодых людей, которых коснулся Бог, то почувствовала, как пастор взял мою руку в свою. Вы знаете, что такое электрический шок? Я поняла, что происходит что-то странное и удивительное, потому что обычно Майкл был само целомудрие! Он даже не позволял пожилым дамам пожимать его руку после утренних воскресных богослужений. Сейчас же, во время молитвы, Майкл сам взял меня за руку! Я поняла, что настал мой час!

Майкл не промолвил ни слова во время часовой поездки домой, я же не умолкала ни на секунду. Обычно разговорчивая, становлюсь *очень* разговорчивой, когда переживаю, а волновалась тогда сильно. Для Майкла же, наоборот, молчание было необычно. Я решила, что знаю, кто был у него на уме. Я! Наконец, мы подъехали к церковному приходу, где жил пастор и где был припаркован мой «фольксваген-жук». Я сидела в темноте, ожидая... Но... ничего... И тогда я проговорила: «Помнишь, ты крестил парнишку в воскресенье вечером? Того молодого паренька, который еле выглядывал из-за края баптистерии? Когда-нибудь я хотела бы *тебе* подарить точно такого же маленького паренёчка!» Вы бы подумали, что Майкл понял намёк, но он выскочил из машины и мгновенно исчез. Я вышла и направилась к своему автомобилю, решив, что, наверно, говорила сильно прямо. Мое внимание привлекло то, что пастор выбежал из-за угла своего прихода и скрылся за ним снова. Он сделал целых три круга вокруг церковного здания прежде, чем, наконец-то, решился. Потом Майкл подбежал ко мне, поднял меня и подбросил в воздухе. В этот момент я начала сомневаться и в своей мудрости, и в его здравом рассудке. Но он произнёс громко и уверенно: «Давай поженимся». Мы так и сделали. Через восемь дней, воскресным вечером, я прошла к церковному алтарю, стараясь не наступать на новообращённых бывших хиппи, сидящих прямо на полу в переполненных проходах, чтобы связать себя святыми узами супружества с моим мужем-пастором. Так началась наша совместная жизнь.

Выбирай, как будет развиваться твоя жизнь.

Божий план

Эта книга раскрывает Божий план достижения благословенного брака. Это объединённые голоса тысяч женщин, которые присылали мне истории своего горя или свидетельства счастья вновь обретённой любви. Все последующие страницы состоят из простых советов, примеров и многих писем от женщин, одних, поступающих дурно и пожинающих горькие плоды, а других, поступающих по Слову Божьему и пьющих из источника Жизни.

То, чему я научилась, сильно прекрасно, чтобы завещать только моим дочерям.

Я не профессиональная писательница с большими достижениями, собравшая и обработавшая материал других писателей и ораторов, а счастливая изобретательная жена, мама, обучающая детей на дому, и бабушка, которая много лет назад, по милости Господа, поняла Божью волю через Слово, наставления мужа и личный пример матери. Я последовала плану Господа и уже в течение многих лет наслаждаюсь благословенными плодами любви. Поэтому пишу и для вас, потому что то, чему я научилась, сильно прекрасно, чтобы завещать это только моим дочерям и тем немногим женщинам, с которыми беседую индивидуально.

Бог велит старицам наставлять молодых в умении быть жёнами. Я не могу повиноваться Богу иначе, как написать вам о прекрасном Божьем плане любви. Независимо от того, кем ты была в прошлом, с помощью Слова Божьего ты можешь стать невестой от Господа. Ты лично можешь стать сбывшейся мечтой мужа. Одновременно с этим сбудутся и твои собственные мечты.

Выбирай, как будет развиваться жизнь. Некоторые борются со сложившимися обстоятельствами, но не продвигаются в борьбе ни на шаг. Ты борешься с мужем, но каждое брошенное оскорбление оставляет раны и на тебе. Пора прекратить войну раздора, горечи, разочарования и обиды. Вскоре ты прочтёшь о Божьем плане счастливого брака. Это помогло мне, моим дочерям, маме, бабушке и прабабушке. Это так же помогло многим молодым и пожилым жёнам. Все мы не выходили замуж за идеальных или даже спасённых мужчин, но научились быть *помощницами* мужей, возрастая в благословенном браке.

Пред тобой раскроется Божий план для женщин, совершенная роль верной помощницы. Мы обсудим, что говорит Слово Божье о *соответственной помощнице*, что должна и не должна она делать, и какая её ожидает награда. Каждый день - это решение, каждый час - это испытание, и каждый ответ приближает тебя либо к разводу, либо к благословению **«сонаследниц благодатной жизни»**.

Как я уже писала выше, мой брак начался очень неожиданно, но он не начался идеально. В ранние годы нашей совместной жизни я переживала крупные поражения. Однажды я даже бросала камни в мужа. Со временем выросла из этого, но иногда продолжала бросать резкие слова с гораздо большей точностью и эффективностью. По Божьей милости, я, наконец-то, раскрыла план благословенного супружества, но не пришла к этому сама. Бог нежно производил во мне Свою работу. Это стоило каждой многочисленной жертвы. Я искренне желаю поделиться с молодыми жёнами этой божественной мудростью. Если ты обратишься к Богу, прося Его открыть глаза на твою роль жены, то Господь раскроет пред тобой Слово, как сделал это для меня много лет назад. Итак, как научила меня мать, так и я желаю научить вас.

- Деби

Прежде чем продолжить читать книгу, подумай и запиши десять вещей, которые желала бы изменить в вашем браке. Этот список пригодится тебе во время дальнейшего чтения.

Часть 1
Помощница, соответственная ему

В начале...

«И сказал Господь Бог: не хорошо быть человеку одному; сотворим ему помощника, соответственного ему... И навёл Господь Бог на человека крепкий сон; и... взял одно из рёбер его... И создал Господь Бог из ребра, взятого у человека, жену и привёл её к человеку...» (Бытие 2:18, 21-22).

Что значит быть *помощницей, соответственной ему*?
Что говорит Бог о моей роли *помощницы*?

Глава 1

Божий дар

Мудрая жена ничего не принимает как должное. Она благодарна за проявленную к ней любовь и старается стать ещё более любимой.

Он любит меня

Дорогие Майкл и Деби,

Благодарю за то, что объяснили мне, как неправильно я поступала с мужем. В действительности я была Иезавелью, но изменилась! Я была сокрушена вся внутри, когда прочитала вашу статью, и попросила Бога помочь мне усвоить Его взгляды о супружестве, как Он желает, чтобы я обращалась с мужем. Сначала я изменилась по отношению к нему совсем немного, но моё поведение было уже другое. Истина освободила меня.

Хочу сказать, что перемены во мне удивили и меня, и моего мужа! А перемены в нём самом просто ошарашили меня. Он стал заботливым, старается сделать приятное, проводит больше времени с дочками и со мной, а глубина нашей интимной жизни просто удивительна! Я потратила годы, напрягая ум и гадая, почему же супруг не займёт место лидера в семье, но не осознавала, что сама контролировала многие ситуации, боясь, что муж с ними не справится. В нас обоих росла горечь, а близость не была больше наполнена любовью; это был необходимый секс, когда его уже нельзя было избежать. Сразу после нашей женитьбы я практиковала одну совершенно бессмысленную вещь, то и дело повторяя считалочку «любит-не-любит». Когда у нас был скандал, переводя дыхание, говорила «не любит», когда нам было весело, говорила «любит». Через несколько лет я заметила, что совсем перестала говорить «любит» и почти ежедневно повторяла «не любит».

Стыд переполняет меня, когда думаю обо всех потерянных годах и о моей слепоте к собственным порокам. С этим было тяжело согласиться. Я так признательна, что, наконец-то, поняла свою роль подруги и помощницы мужа. Вчера муж незаметно проскользнул сзади и и обнял меня. Я ощутила его дыхание и жаркий шёпот, когда супруг всё повторял и повторял: «Любит... Любит… Любит...» Слёзы покатились по моим щекам, и, чувствуя себя в полной безопасности в объятьях мужа, я продолжила считалку: «Любит... Любит… Любит...» Никто не знает, как драгоценны эти слова, пока почти не потеряешь их. Слава Богу, Он помог мне увидеть истину прежде, чем я навсегда потеряла того, кого люблю. Продолжая учиться быть помощницей,

Лиз

Если Бог сотворил одну-единственную женщину, идеально подходящую в помощницы твоему мужу, то хочешь ли этой женщиной быть именно ты?

Так значит он не идеальный мужчина!

Как ты, наверно, уже догадалась, ты не вышла замуж за идеального мужчину, с которым впоследствии жила и не тужила. Каждый мужчина, которого я когда-либо знала, – порядочный грешник. И, принимая во внимание тот факт, что ты тоже падшее эгоистичное создание, потребуется очень много усилий, чтобы достичь благословенного брака. Как и всё стоящее, хороший брачный союз требует правильных действий каждый день... каждый час... каждое мгновение.

Божий дар человеку

Бог подарил Адаму самый драгоценный подарок, который когда-либо получал человек, – женщину. Знаю это точно, потому что муж довольно-таки часто напоминает мне об этом. По его словам, я просто незаменима. Он говорит, что я его лучший друг и лучшая помощница. **«И сказал Господь Бог: не хорошо быть человеку одному; сотворим ему помощника, соответственного ему»** (Быт. 2:18). И затем Бог **«привёл её к человеку»** (Быт. 2:22). Позже Господь сказал нам: **«Кто нашёл добрую жену, тот нашёл благо и получил благодать от Господа»** (Прит. 18:22). Ты видишь? Бог сказал, что человеку нехорошо быть одному, и Его ответом на эту нужду была жена, названная **«благом»**. Далее, когда человек находит себе жену, он получает Божью **благодать.**

Если ты жена, то была *сотворена*, чтобы восполнить определённую нужду, которая называется **«благом»**, в роли помощницы мужа. Так Бог сотворил тебя, и это смысл твоей жизни. Сам Создатель дал тебе способности помогать мужу во всех отношениях. Ты незаменима для него. Ни один мужчина не может справиться с этой ролью, и ни один мужчина не совершенен без жены. Ты была сотворена для того, чтобы сделать мужа совершенным, а не для того, чтобы искать личного удовлетворения параллельно с ним. Женщина, пытающаяся играть роль мужчины, просто смешна, так же, как и мужчина, пытающийся играть роль женщины. Однополое общество опасно и безрассудно, раз оно утратило своё предназначение.

Если ты соответственная помощница мужа, то ты и помощница Христа

Дар принят

Адам, наверно, был взволнован, когда пробудился от крепкого сна с одним отсутствующим ребром и остановил свой взгляд на Божьем подарке к дню рожденья. Мой муж, который является учеником Слова Божьего, уверяет меня, что Ева, в самом деле, была подарком именно на день рожденья, если смотреть на этот факт в свете того, что оба были одеты в то, в чём родились.

Если Бог сотворил одну-единственную женщину, идеально подходящую в помощницы твоему мужу, то хочешь ли ты быть

именно этой женщиной? Только представь себе, как твой унылый муж просыпается однажды утром, открывает сонные глаза, а рядом с ним на кровати лежит красиво упакованная большая коробка. Г-н Уныние удивлён, даже шокирован, но и любопытен, поэтому он протягивает свою руку и осторожно тянет за ярко-красный бант. Вот это да! Это тебе знак. Ты откидываешь крышку и выскакиваешь из коробки! Муж видит твою неотразимую улыбку и очаровательное тело. Дарованная невеста прямо из руки Божьей! Ой-ой-ой! Каким радостным станет тогда г-н Уныние!

Точно так произошло и с Адамом. Всё схоже, кроме коробки. Я уверена, что Адам был далёк от уныния, когда, пробудившись от крепкого сна, увидел прекрасную обнажённую Еву, сидящую рядом и нежно глядящую на мужа.

Переживает ли твой муж восторженные чувства Адама, когда смотрит на тебя? Просыпаешься ли ты каждое утро, готовая благословить мужа, служить и быть помощницей, соответственной ему? Расположена ли ты угождать мужу? Это совершенная Божья воля для тебя.

Если ты соответственная помощница мужа, то ты и помощница Христа, ибо Бог сотворил человека с определённой целью и в помощь дал ему жену для выполнения Своего Божественного замысла. Если ты почитаешь мужа, то почитаешь и Бога. Если ты послушна мужу, то послушна и Богу. Как ты уважаешь мужа, так уважаешь и Бога. Как ты служишь мужу, так служишь и Богу. Однако, если ты бесчестишь мужа, то бесчестишь и Бога.

Теперь настало время моим читательницам отбросить всякие заблуждения, которые искажают волю Бога.

> *"Как могу я быть соответственной помощницей мужа, если он указывает ложные сведения в налоговых декларациях?"*
>
> *"Как я могу почитать мужа, если он хочет смотреть со мной порнографию?"*

Конечно, мы затронем и исключения из правил, но, поспешно гоняясь за превратными убеждениями, не отступайте от истины. Жёны, которые не желают выполнять волю Божью по отношению к мужьям, напоминают атеисток, которые всегда приводят несколько причин, чтобы *не* верить, но забывают о великом множестве причин, чтобы верить. Не надо противиться природе творения, которой уже заложено в женщине быть помощницей мужа.

Бог не передумал

«Ибо не муж от жены, но жена от мужа; и не муж создан для жены, но жена для мужа» (1 Кор. 11:8-9). Через четыре тысячи лет после сотворения мира апостолы Павел, Тимофей и Пётр пишут нам, напоминая о Божьем плане, который не изменился с тех пор, как Адам и Ева учились быть мужем и женой. Как ни странно это звучит, но Бог до сих пор не передумал, спустя две тысячи лет после посланий апостола Павла. Неважно, кто ты есть или сколько у тебя талантов, Божья воля для тебя всё та же – *быть помощницей, соответственной твоему мужу.* Павел говорит: **«А замужняя заботится о мирском, как угодить мужу»** (1 Кор. 7:34).

Я знаю, что для многих это звучит, как личное оскорбление, потому что непонятно, как это муж заслужил себе **помощницу**. Но кто говорит о том, что он тебя заслужил? Ты можешь почувствовать себя настоящей женщиной только тогда, когда действуешь в соответствии с природой творения. Домогаться мужской роли лидера в семье – это значит домогаться того, что никогда не сделает Бога, мужа и тебя саму счастливой. Вопрос состоит не в том, кто лучше справится с этой ролью, а в том, для чего ты была сотворена. Даже если ты лучше руководишь семьёй, то никогда не найдёшь в этом удовлетворения. **Гораздо лучше, если с этим *плохо* справляется твой муж, чем очень хорошо ты.** Может, Бог и дал тебе эти отличительные качества, но только для того, чтобы ты помогла мужу утвердиться в роли лидера семьи. Твоя женская натура не может быть перекроена под мужскую. Это повлечёт необратимый вред для природы самого творения.

Женщина, пытающаяся играть роль мужчины, просто смешна, так же, как и мужчина, пытающийся играть роль женщины. Однополое общество опасно и безрассудно. Оно утратило своё предназначение.

Твоё божественное призвание

В сравнении с ролью лидера, роль *соответственной помощницы* ничуть не ниже. В нашей организации есть полный штат сотрудников. В нашем офисе у каждого сотрудника правописание гораздо лучше, чем у меня, большинство из них лучше владеют компьютером и несомненно лучше образованы в финансовых вопросах. Тем не менее, когда я прихожу в офис, то могу любому сотруднику поручить, что и как надо сделать, и он *охотно* выполняет мои поручения, включая и мужчин. Моя *должность* не означает, что я лучше их, а только то, что их приняли на работу для того, чтобы помогать мне лучше справиться с моей работой!

Мужчины сотворены помощниками Бога. Иисус добровольно сделался помощником Отца. Дух Святой стал помощником Сына. Общество устроено так, что мужчины и женщины должны подчиняться высшей власти, например: правительству, работодателю, правоохранительным органам, налоговым и социальным службам, суду и пр. В соответствии с Божественным замыслом, чувство достоинства не теряется в подчинении. Бог создал тебя **помощницей** мужа, чтобы ты могла поддерживать его, помогать стать более плодотворным и успешным в его призвании. Ты не сидишь в совете директоров с равными правами и не составляешь план действий. Но если муж доверяет тебе, он может сделать тебя своим ближайшим советником, доверенным лицом, пресс-секретарём, губернатором, вице-президентом, послом, представителем международных отношений, может даже личным составителем речей – и всё по усмотрению твоей главы.

Верной **помощнице**, как малому ребёнку, не нужен список указаний. Она готова угодить, и старается всегда догадаться и выполнить то, что муж хотел бы видеть осуществлённым. Неубедительными отговорками жена не избегает работы. Муж знает, что у него прекрасная супруга, когда она такая **помощница.** Благословенный супруг приобретает почтение в глазах других мужчин, если они восторгаются и восхищаются его искусной женой. **«Добродетельная жена – венец для мужа своего»** (Прит. 12:4). Это твоя прямая обязанность – учиться помогать мужу во всех отношениях. Тот факт, что ты читаешь эту книгу, уже говорит о том, что твоё сердце желает почитать Бога, по-настоящему помогая супругу.

В иудейском Танахе слово «*ayzer*» или **«помощница»** встречается 21 раз. В английской Библии (издание короля Иакова 1611 г), это слово переводится два раза , как «*help-meet*» или «*помощница-подходящая*» - в книге Бытие 2:18 и 2:20. Остальные 19 раз это слово переводится в английской Библии, как «*помощь*» и означает «*поддержка, содействие или участие, приносящее облегчение*». Ева была сотворена подходящей помощницей Адама, соответственной и отвечающей всем нуждам мужа.

В Новом Завете на английском языке все подчёркнутые слова в нижеприведённых стихах переводятся одним словом «*meet*», что является второй частью слова «*help-meet*» или «*помощница-подходящая*».

«...чтобы они покаялись и обратились к Богу, делая дела, достойные покаяния» (Деян. 26:20).

«...получая в самих себе должное возмездие за своё заблуждение» (Рим. 1:27).

«А если прилично будет и мне отправиться, то они со мной пойдут» (1Кор. 16:4).

«...как и должно мне помышлять о всех вас, потому что я имею вас в сердце в узах моих» (Фил. 1:7).

«...сосудом в чести, освящённым и благопотребным Владыке, годным на всякое доброе дело» (2Тим. 2:21).

«Земля, пившая многократно сходящий на неё дождь и произращающая злак, полезный тем, для которых и возделывается, получает благословение от Бога» (Евр. 6:7).

Надеюсь, что это помогло пролить свет на то, какой должна быть подходящая помощница, соответственная нуждам мужа - *достойная, должная, приличная, благопотребная и полезная*. Именно такой помощницей я желаю быть.

Время для размышлений

Используй страницы в конце каждой главы во время своего общения с Богом наедине.

Идеальный Божий план для моей жизни – это быть доброй помощницей, соответственной нуждам мужа.

Благополучие моего брака зависит от меня.
«Ибо не муж от жены, но жена от мужа; и не муж создан для жены, но жена для мужа» (1 Кор. 11:8-9).

Выработай в себе новую привычку

Подумай, как ты можешь помогать мужу. Начни сегодня.

С Богом наедине

Найди в Писании следующие слова, которые характеризуют качества жены по сердцу Божьему. Перепиши себе эти библейские тексты и попроси Бога помочь тебе достичь каждого из этих качеств.

1. ***Добродетель***
2. ***Милосердие***
3. ***Мудрость***
4. ***Бережливость***
5. ***Доброта***

Добрая **помощница** *искренне желает быть полезной*

При слове *«помощница»* во мне рождается образ женщины, которая служит другим. Добрая помощница искренне желает быть полезной. Её главное призвание - это служить мужу, затем своим детям, и, если позволяет время, её желание быть полезной распространяется и на служение другим.

Глава 2

Весёлое сердце

Радость пред Господом – подкрепление для нас

Библия говорит, что **радость** пред Господом - это наше подкрепление. На пути семейной жизни нам понадобится постоянное подкрепление радости в Господе.

Бог говорит в Притчах (17:22): **«Весёлое сердце благотворно, как врачевство»**. Весёлое сердце – это залог здоровья и счастья. Тот день, когда у тебя появится весёлое сердце, будет первым днём на пути к обновлению божественного небесного дара – твоего брачного союза.

Мне приходилось выслушивать женщин с самыми вытянутыми лицами, которые пытались доказать, что действительно радуются в Господе, а я глядела, стараясь догадаться, куда же мои собеседницы эту радость запрятали. Вторая часть вышеприведённого стиха продолжает: **«а унылый дух сушит кости»**. Так… Как поживают ваши кости? Я имею в виду ваши кости. Библия гораздо более точная книга, чем мы себе представляем. Унылый дух и сухие кости порождаются невесёлым сердцем. А весёлое сердце – это очень хорошее лекарство. Это доза любви.

Когда твой муж впервые влюбился в тебя, ты была милой девушкой, полной радости.

Когда твой муж впервые влюбился в тебя, ты была милой девушкой, полной радости. Ты смеялась и восхищалась от чистого сердца. Просыпаясь каждое утро, вы мечтали чем-то заняться вместе. Женат ли твой муж до сих пор на той же милой девушке? Или ты уже успела превратиться в постоянно жалующуюся, длиннолицую женщину? Любовь, как цветок, не может расти без солнечного света. Видел ли твой возлюбленный солнечный свет в тебе за последнее время? До сих пор ли муж – твой возлюбленный? А что скажет он?

В Притчах (15:13) говорится: **«Весёлое сердце делает лицо весёлым...»** Всех притягивает улыбка. Кто и что ты есть – отражается на твоём лице. Видит ли муж в тебе **радостную** и благодарную жену? Улыбается ли он в ответ, очарованный **игривой весёлой улыбкой** на твоём лице и восхищённый твоими словами, пусть даже иногда и не совсем уместными. Научись очаровывать мужа озорной, «только для него», улыбкой.

Одна сельская дурнушка!

Несколько лет назад, в одном магазинчике в нашем городке, работала очень некрасивая тучная сельская продавщица. Каждый раз, когда я и Майкл бывали в магазине хозяйственных товаров, вокруг её стойки стояло несколько мужчин, которые всегда разговаривали с женщиной и смеялись. Нам обычно приходилось проталкиваться сквозь эту гудящую весёлую массу людей, чтобы продавщица могла нас обслужить. Группа её почитателей напоминала жужжащих от удовольствия пчёл, слетевшихся на мёд. Самое интересное было то, что женщина была совершенно некрасива. Вернее, она была *ужасная сельская дурнушка*, что гораздо страшнее, чем просто некрасива. Однажды, когда я и Майкл выходили из магазина, я в шутку заметила мужу, что все мужчины толпятся вокруг стойки только одной продавщицы. Его ответ сильно удивил меня: «А, ты говоришь об этой маленькой симпатичной даме?» Век живи, век учись! И действительно, я научилась чему-то очень важному. В глазах Майкла продавщица была симпатична! В действительности же, она не была маленькой, симпатичной или молодой. Но эта женщина **смеялась и улыбалась.** У неё всегда была наготове добрая чистая шутка. Мне так же, как и остальным покупателям, было приятно бывать в магазине и разговаривать с этой продавщицей. Она была очаровательна! Но через несколько недель я и Майкл повстречались с ней в продуктовом магазине. Женщина была сердита на свою тучную дочь, схватившую пакет конфет. Не было улыбок, смеха и света, которые так притягивали всех в магазинчике. Вместо этого, была злая, некрасивая ворчунья. Когда мы вышли на улицу, то муж заметил: «Кажется, мы где-то встречались с этой женщиной. Она выглядит знакомой, но никак не припомню её». Когда я подсказала ему про продавщицу, он просто был поражён. «Нет, это невозможно, не может быть. Эта женщина не похожа на продавщицу из хозтоварного магазина». Я видела, как правда дошла до Майкла, и он был разочарован. Забавно было и то, что женщина выглядела точно так же, как всегда. Тот же размер, та же растрёпанная причёска и манера одеваться. Всё то же самое, что и в хозтоварном магазине. Но не хватало **приятной улыбки.** Это было её самым драгоценным преимуществом. Лицо продавщицы всегда было таким **притягательным**, **улыбка** приятной, **смех** заразительным, а глаза так **искренни**, что люди просто видели её очень милой. Я не знаю, есть ли у этой женщины муж, но она могла бы выбирать из десятка мужчин в том городке до тех пор, пока бы они не увидели, как она злится на свою дочь.

Мужчины очень тянутся к улыбкам. И твой муж не исключение.

Улыбка притягивает всех и всегда хочется дружить с человеком, переполненным доброжелательности. Мужчины очень тянутся к улыбкам. И твой муж не исключение. Хочешь, чтобы он проводил дома больше времени? **Весёлое** сердце и озорной **смех** – это твой верный шанс. **«Весёлое сердце благотворно, как врачевство, а унылый дух сушит кости»** (Прит. 7:22). Может быть, ты не сельская дурнушка, но есть и другие виды уродства. Ежегодно женщины тратят триллионы долларов, чтобы сделать внешность более привлекательной. А самое эффективное средство красоты бесплатно – **радостная улыбка.**

Отчаявшаяся жена

А вот письмо отчаявшейся жены, которой надо научиться побеждать.

> *Дорогая миссис Пёрл,*
>
> *Я просто схожу с ума. Мой муж состоит в платонической любовной связи со своей секретаршей. Он уверяет меня, что*

уже порвал с ней, но я этому не верю. Супруг подарил ей коробку шоколадных конфет на день св. Валентина, хотя никогда не вспоминает обо мне в этот праздник. Муж часто выезжает с секретаршей и другими мужчинами с работы обедать в рестораны. Эта женщина дважды посвящала его в проблемы своей семейной жизни. Я знаю, что должна почитать, прощать, не злиться и т.д. Но это моё самое тяжёлое испытание, в дополнение к смерти матери, которая умерла всего 3 месяца назад. Я думаю, что просто отвратительно со стороны мужа продолжать общаться с секретаршей даже после того, как он убедился, что не может противостоять ей. Мы в тупике. О чём нам говорить? У меня нервное расстройство, я не могу спать и пр. Отчаялась, но держусь и с нетерпением жду ответа,

Бэт

Дорогая Бэт,

Без всякого сомнения, твой муж неправ. Было бы замечательно, если бы он был мудр и свят, но супруг не таков. Бог полностью очистил и освободил твоего мужа от искушения и соблазна через тебя, его жену. Твой супруг, как и многие до него, по собственной глупости, заигрывает с огнём. Но ты уже это знаешь. Вот почему отвечаешь гневом и ревностью, **«...ибо крепка, как смерть, любовь; люта, как преисподняя, ревность; стрелы её – стрелы огненные; она пламень весьма сильный»** (Песн. 8:6).

Сейчас ты стоишь там, где стояли миллионы жён до тебя. Твоя реакция нормальна, и эта норма будет продолжаться, пока ты будешь стоять на своих правах, отдалять себя от мужа и ждать, чтобы он доказал верность тебе. В конечном счёте, ты придёшь к нормальной развязке – разводу.

Посмотри правде в лицо – жизнь несправедлива. Брак несправедлив. И, кроме того, секретарша на работе поступает несправедливо. А твой муж играет не по **твоим** правилам. Естественно, он не испытывает стыда, как ты. Супруг повинуется своим плотским инстинктам и желаниям.

Да, он неправ, но твоя реакция, даже пускай оправданная, приведёт к распаду брака. Ты можешь отступить в ярости и негодовании, можешь твердо встать на своих правах и на правде, но это не спасёт семью. Если потеряешь мужа, то останешься в одиночестве. Дети будут в детском саду или школе, а ты будешь изо всех сил стараться добыть пропитание на стол и оплатить проживание в какой-нибудь жалкой квартирке. Зато будешь твёрдо знать, что осталась верна своим принципам, призывала мужа к покаянию и не позволила ему лицемерить и унижать тебя. Ты отказалась от него. Он будет жить в грехе с другой женщиной. А ты, которая так справедлива, будешь стоять на своих правах, но спать в одиночестве. Если найдёшь другого мужа, то он будет, как твой прежний, отвергнутый какой-то предыдущей женой. Это похоже на заколдованный круг, в котором ситуация становится всё уродливее и уродливее с каждым новым витком.

Я не говорю, что это твоя вина и что ты причина греха мужа. Просто предупреждаю, **если действительно искренне хочешь вернуть супруга, то должна изменить правила игры.** Согласись, что у тебя есть соперница, твоя конкурентка, враг твоих сердечных желаний. Твоё негативное отношение не сделает неожиданно плотского мужа совершенным мужчиной, которым он должен быть. Как говорит мой муж: «Ни один мужчина ещё не смог выползти из-под каблука женской критики и стать при этом лучше. Неважно, на каких справедливых побуждениях подобная критика была основана».

Ты никогда не заставишь мужа любить тебя, даже если ты его жена. Он никогда добровольно не покинет улыбающуюся секретаршу и не вернётся к хмурой жене. **Ты не сумеешь разжалобить мужа, чтобы заставить любить тебя.** Можешь говорить ему, как больно он делает детям, как нарушает своё обещание, как отступает от Бога и церкви, а супруг в ответ свозит секретаршу пообедать, чтобы ещё раз увидеть её обезоруживающую улыбку. Это жестоко. Но так поступают плотские мужья. Так поступает человечество. Муж не поступает по долгу нравственности. Но он одинок и ищет себя в женско внимании и восхищении.

Ты ведь знаешь, что, если бы он был настоящим мужем Божьим, то не потакал бы плотским желаниям, но, как Даниил, поступал бы правильно. Ты так же осознашь, что он должен покаяться и полюбить Бога, однако не понимаешь того, что мужчины никогда не каются ради критикующих их недовольных жён. Можешь продолжать настаивать на покаянии и, наверняка, потеряешь. Лучше постарайся расположить его к себе и завоевать обратно. Пойми, что ты сражаешься за сохранение самого святого Божьего определения – семьи, твоей семьи! Сделай себя более привлекательной, чем та секретарша. Ты можешь победить, но только если согласишься расстаться с гордостью.

Желая сохранить супруга и отца детей, придётся забыть о своих правах жены и о его христианских обязанностях мужа и вести себя так, словно секретарша и ты вступили в открытую схватку за супруга. **Твой муж выберет то, что понравится ему.** Ты должна понравиться ему больше, чем секретарша, и победить её в её же собственной игре. Мужчину притягивает слабость женщины, зависимость от него, краска стыда, беззащитность. Когда женщина чувствует его, восхищается им, вся оживает в его присутствии, тогда и он тянется к ней. Мужчина никогда не останется равнодушным к женщине, которая даст ему понять, что он утешает и ободряет её, что она рядом с ним чувствует себя в безопасности. Я думаю, что секретарша это знает и пользуется своим преимуществом. Она спрашивает совета у твоего мужа, делится с ним своей болью и сомнениями, смотрит на него с восхищением и, будь уверена, не раз восклицала при нём что-то вроде: «Ах, ну почему мой муж не такой, как Вы?» Предполагаю, что если бы твой муж не упал к её ногам так поспешно, то это сделал бы какой-то другой мужчина на работе. И секретарша бы использовала подобные восклицания уже в его адрес. Ты бы желала свернуть ей шею, и я бы очень хотела тебе в этом помочь, но вспомни ещё раз ту жалкую квартирку. Опустись до чувств мужа и сделай себя более привлекательной, чем та бесстыдница на работе. Не откладывай на завтра. Сделай это сегодня!

Никогда не требуй, чтобы муж любил тебя и заботился о тебе только потому, что обязан это делать. Заслужи каждую улыбку и каждое мгновение с ним.

Жена совершает большую ошибку, принимая своё место рядом с супругом как должное и предполагая, что только потому, что мы «муж и жена», между нами уже есть любовь и взаимопонимание. В идеальном мире, в браке с идеальным мужчиной, твои узы были бы святы. Никогда не требуй, чтобы муж любил тебя и заботился о тебе только потому, что обязан это делать. **Заслужи каждую улыбку и каждое мгновение с ним. Поддерживай его любовь.** Молись, чтобы напоминать ему ту прелесть и красоту, которые привлекли его в тебе в самом начале.

Это в твоих прямых интересах – научиться использовать женское очарование. Женщина может привязать к себе мужчину хрупкими нитями восхищения, благодарности, наслаждения и просто радости. Он должен чувствовать внимание и признательность в твоём голосе, когда ты разговариваешь с ним, даже если речь идёт о повседневных вещах. Ему нужно это так же, или даже больше, чем сексуальное удовлетворение.

Так что вытащи эту занозу и сражайся за то, что по праву принадлежит тебе. Читая подобные письма, а приходят они ко мне очень часто, всегда вспоминаю о старой песни в исполнении Лоретты Линн «Ты недостаточно хороша, чтоб отобрать моего мужа». Когда она писала эту песню, супруг певицы был в связи с какой-то дешёвой блудницей. Вместо того, чтобы утопать в отвращении и жалости к самой себе, Лоретта сражалась, как и должна сражаться женщина. В песни говорится что-то подобное: «Такие женщины, как ты, гроша ломаного не стоят, их можно купить везде. Но я не дам тебе завоевать моего мужа. Я буду сражаться и стоять рядом с ним». Лоретта отвоевала своего мужа – и он остался с ней.

Когда стоишь рядом с мужем, тогда Бог стоит рядом с тобой.

Помни, что ты сражаешься с женщиной, которая не стоит ломаного гроша. Их полно кругом, готовых соблазнить сердца тех мужчин, которые чувствуют себя заброшенными и одинокими. **Лучшее оружие в данном сражении – это любящая, добрая, очаровательная, привлекательная и восхитительная ты.**

Когда столкнёшься с ситуацией, вызывающей ревность, будет вполне нормально рассердиться и пригрозить свернуть мужу шею. Есть **Божья ревность** (2 Кор. 11:2). Одно из имён Бога – это **Бог ревнитель** (Исх. 34:14). Ты можешь пригрозить, что пойдешь на работу и попросишь эту развратную женщину испариться. Так и поступи, если посчитаешь нужным, но только не унижай этим мужа. Мужчина будет уважать и тянуться к той женщине, которая готова сражаться за него. Но твой гнев должен прекратиться прежде, чем зайдёт солнце и будет расстелена постель. Напиши мужу любовную записку, которую он обнаружит, когда придёт на работу. Не приступай к нему с подозрениями. Не пытайся быть детективом и следовать за ним по пятам. Вместо этого, позвони супругу на работу и со смешинкой в голосе предупреди, что ты жаждешь «немного любви», когда он вернётся домой, затем хихикни в трубку ещё раз и спроси, покраснел ли он. Раз или два в месяц забегай к нему на работу во время обеда для неожиданного короткого свидания. Убедись, что ты выглядишь неотразимой и по уши влюблённой. Твоё внимание и благодарность к мужу заставят эту дешёвку с работы почувствовать, что она на несколько рангов ниже тебя. А твоя «невинность» и уверенность в себе заставят других мужчин на работе осудить тайные поползновения «той блудницы». Тогда встрепенётся и дух твоего мужа.

Будь изобретательной и активной с ним наедине, во время интимных отношений. Пусть он будет полностью истощен дома, чтобы не испытывать никакого полового возбуждения на работе. Если ты эмоционально и сексуально накормишь мужа досыта, то блюда секретарши не соблазнят его. **Бог на твоей стороне. Сражайся и победишь.**

- Деби

Нежно любимая

Многие жёны считают, что супруг недостоин их стараний. Этим женщинам приходится смиряться через силу, чтобы любить мужей, и жёны полагают, что *мужья* сами во всём виноваты. Когда женщина согласна простить и обратно завоевать чувства своей второй половины, тогда она завоёвывает больше, чем просто чувства супруга. Когда мужчина, наконец, осознает, как близок был к потере всего того, что дорого ему, тогда становится признателен жене за то, что она продолжала быть верной и любящей, даже во время его безрассудства. Когда муж осознаёт, что супруга - та женщина, которая будет **стоять рядом с ним**, тогда жена завоёвывает его уважение и любовь. Очень немногие женщины знают, что значит быть нежно любимой. Но, если будешь продолжать любить мужа во время подобных испытаний, то ты по-настоящему станешь нежно любимой им. Быть нежно любимой – значит гораздо больше, чем быть просто любимой. Это стоит всех приложенных стараний.

Когда стоишь рядом с мужем, тогда Бог стоит рядом с тобой. Но, если будешь стоять на своих правах, то останешься в одиночестве. Запомни, что тот день, когда перестанешь улыбаться, станет тем днём, когда перестанешь стремиться к благословенному супружеству. Он станет первым днём на пути к разводу.

Стой рядом с мужем.

Время для размышлений

Идеальный Божий план для меня – это научиться быть *соответственной помощницей* **мужа.**

Моя улыбка очень притягивает супруга. Я хочу, чтобы он любил меня.

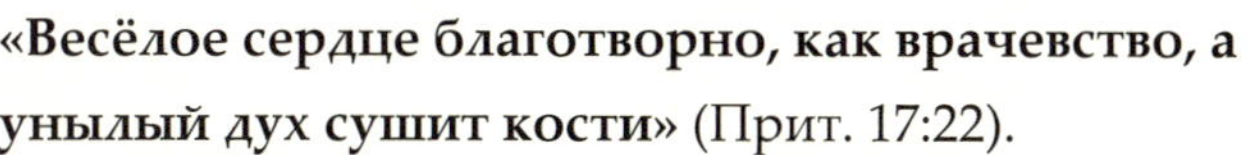

> **«Весёлое сердце благотворно, как врачевство, а унылый дух сушит кости»** (Прит. 17:22).

Одна сторона монеты «несчастного брака» - это жалость, боль, отчаяние и даже отвращение. Мужчины, в общем (и твой муж, в отдельности), отдаляются от выказывающих подобные чувства женщин. Мужское чутьё подсказывает супругу, что если жена регулярно демонстрирует подавленное настроение, значит, она манипулирует или отвергает свою главу. Тогда муж гневается в ответ. Другая сторона несчастной монеты – это горечь, гнев и дух обиды.

Прежде, чем эта ветхая монета купит тебе развод, выброси её за дверь. Бог желает видеть в жене весёлое сердце, радостное лицо и теплоту, которая освежит даже самого измученного и уставшего мужа. Неистощимая радость просто бесценна для поддержания или восстановления брачных уз. Прямо сейчас реши искоренить своё «ах, бедная я, несчастная» поведение. Сегодня же отбрось его как грех, а назавтра проснись с радостью, которая будет царить в твоём сердце и, следовательно, в доме.

Выработай в себе новую привычку
Что я могу сделать сегодня, чтобы заставить мужа улыбнуться?

С Богом наедине

Исследуй слова *«радость»* и *«веселье»*. Ты будешь удивлена, как часто они встречаются в Слове Божьем. Слово «радость» часто

сочетается с восклицанием, музыкой, игрой на инструментах, танцами, весельем и прославлением. Выпиши и заучи свои любимые места Писания о веселье и радости. Слово Божье действенно. Когда ты будешь читать и запоминать цитаты о *радости* и искать её в Слове Божьем, тогда настоящая радость войдет в твоё сердце.

Пусть твой муж каждое утро видит прежде всего нежную улыбку на твоём лице, даже если твои глаза ещё закрыты. Улыбайся и говори приятное каждый раз, когда вы встречаетесь взглядом или касаетесь друг друга. Во время еды, всегда показывай свою благодарность улыбкой и весёлым настроением.

В течение дня пой, играй и танцуй, делая работу по дому. Дети будут в восторге, увидев тебя танцующей со шваброй или метлой, и это радостное настроение передастся также и им (дети понимают только ту радость, которую видят). К моменту, когда муж вернётся домой, хорошее настроение придаст твоей душе лёгкость. Если у тебя есть веские основания, чтобы обижаться и отчаиваться, но вместо этого ты поёшь с благодарностью, то это будет настоящая жертва хвалы Богу.

> **«Да приносят Ему жертву хвалы и да возвещают о делах Его с пением!»** (Пс. 106:22)

Прославляя и благодаря Бога, подумай и о других способах выражения радости. Запиши их, представь себя в этой роли, а затем практикуй эту замечательную новую привычку *в течение всего дня.*

«Воскликните Господу, вся земля! Служите Господу с веселием; идите пред лице Его с восклицанием! Познайте, что Господь есть Бог, что Он сотворил нас, и мы – Его, Его народ и овцы паствы Его. Входите во врата Его со славословием, во дворы Его с хвалою. Славьте Его, благословляйте имя Его, ибо благ Господь: милость Его вовек, и истина Его в род и род» (Пс. 99).

Глава 3

Благодарный дух

Мудрая жена создаёт атмосферу радости в доме. Через смех, музыку и минуты веселья она передаёт эту радость и детям. Она знает, что только счастливая обстановка в доме освобождает мужа от напряжения.

Весёлое сердце против "ах, бедная я, несчастная" поведения

«Все дни несчастного печальны; а у кого сердце весело, у того всегда пир» (Прит. 15:15).

Может быть, ты одна из тех женщин, которая постоянно причитает о плохом финансовом положении, о том, как тебе приходится обходиться без «того и сего» только потому, что «муж не может содержать семью в достатке». **Такое подавленное и неблагодарное отношение является оскорблением самого Бога**, а также и мужа. Если ты раньше замечала за собой подобное поведение, то прямо сейчас скажи: «Больше никогда».

Я знаю женщин, вечно недовольных только из-за того, что им приходится жить с заляпанным ковром и потёртой мебелью. Некоторые женщины считают, что их семья в безысходном положении только потому, что у них не получается подать к столу свежие фрукты и овощи, а поэтому в доме царит напряжение. Печальные, отчуждённые лица постоянно недовольных жён отражают их страдания. Так называемые мученицы выражают всю ту боль, которую, как они думают, Бог разделяет вместе с ними.

Иные женщины смиряются со своим жалким окружением. Они не хотят мыслить, как плоть, а живут только для вечного. Такая жена сохраняет недовольное выражение на те случаи, когда надо напомнить непутёвому мужу, что ей печально видеть его сидящим перед телевизором, или играющим в видеоигры, или предавшимся ещё какими-то мирскими развлечениями. Она держит мужа в напряжении, прямо как поступил бы Святой Дух. По крайней мере, это её веское оправдание для такого самоотверженного выполнения долга.

Другие женщины воображают себе, что если бы они переехали жить за город на лоно природы, то они сразу были бы счастливы, а их дети были бы избавлены от всякого греховного влияния. Или же, если семья только бы жила ближе к церкви, или подальше от этих соседей, или проводила бы больше времени в дружеском общении, или любое количество «если», «или» и «но», то тогда бы жизнь была гораздо лучше. Это прямой путь к катастрофе. Недовольство – это не результат определённых обстоятельств, но состояние души. Помните: **«Все дни несчастного печальны; а у кого сердце весело, у того всегда пир»** (Прит. 15:15). Павел говорит: **«...ибо я научился быть довольным тем, что у меня есть»** (Флп. 4:11). Автор Послания к евреям говорит: **«...довольствуясь тем, что есть»** (Евр. 13:5). В 1-м Послании к Тимофею мы читаем: **«Великое**

> Недовольство – это не результат определённых обстоятельств, но состояние души.

приобретение – быть благочестивым и довольным. Ибо мы ничего не принесли в мир; явно, что ничего не можем и вынести из него. Имея пропитание и одежду, будем довольны тем» (1 Тим. 6:6-8).

Будем довольны

Недавно я побывала в доме, куда не была проведена вода и где уборная стояла на улице. Там не было ничего, что мы сегодня считаем необходимостью: ни стиральной машинки с сушилкой, ни кухонных шкафчиков, зато был ковёр, вернее одно его название, с неровно обрезанными краями, который покрывал половину комнаты. Однако милая молодая жена сияла до ушей, рассказывая мне, как благодарна за свой собственный домик. Снова и снова она объясняла мне, как её муж сделал эту полочку и ту кладовочку, как он, со временем, построит здесь шкафчик. *У благодарных людей взгляды на жизнь исходят из глубины души* и никакие внешние обстоятельства не могут заглушить этой радости. Довольным людям жизнь кажется прекрасной, а их мечты становятся реальностью. С ними всегда благословение, и у них всегда пир.

Ты можешь развить в себе радость и благодарение. Это будет легче с каждым днём, если правильная реакция научит «пальцы твоей души» находить всегда ноты радости и благодарности.

Понятно, что эта молодая жена только начинает семейную жизнь. Женщина переполнена силами и энергией молодости. Но мы можем поучиться у этой жены. Радость начинается с благодарности. Зачастую, очень важную роль играет наше собственное отношение к обстоятельствами. По собственной воле мы можем опустить душу в тёмное настроение недовольства или вознести её в хвалу и благодарение. Просто удивительно, как наши уста контролируют нашу душу. Ты можешь только улыбнуться и произнести: «Спасибо, Бог; спасибо, муж; спасибо, детки», – и твоя душа уже переполнена благодарностью, а затем и радостью. Благодарение – это то, *как* мы мыслим. А радость – это *изобилие* благодарности.

Практика приводит к совершенству

Практика приводит к совершенству. Развивай в себе весёлое и дружелюбное сердце. Я знавала людей, которые, не имея природного дара к музыке, начинали учиться игре на пианино и занимались этим каждый день. Спустя два или три года их пальцы бегло передвигались по клавишам, а их музыка, с каждым разом, звучала всё более плавно и мелодично. Если бы ты спросила их: «Как вы заучили все эти ноты?», то они бы ответили: «Практика. Занимались так много, что уже не думаем об этом. Это происходит само по себе». И в жизни точно так же. Многие люди так долго давят на клавиши горечи, злобы, обиды и расстройства, что их душа, сама по себе, находит угрюмые ноты. Тебе не надо играть подобную мелодию. Ты можешь запросто развивать в себе радость и благодарение, получая от этого больше удовольствия. Это будет легче с каждым днём, потому что правильная реакция поможет «пальцам твоей души» находить ноты радости и благодарности. В результате, это станет так естественно, что люди будут говорить: «Я не такой, как ты. Не такой жизнерадостный. Не такой счастливый. Могу ли *я* научиться радоваться?» И ты им очень просто ответишь: «Практика приводит к совершенству». Учись радоваться жизни. **Будь дружелюбна. Улыбайся.** Когда ты заметишь, что раздражаешься или недовольна обстоятельствами, то просто остановись и посмейся над теми мелочами, которые крадут у тебя мир. **Вспоминай милости Господни** и учись быть благодарной. Моя дочь как-то сочинила песенку с игрой слов: «Благо-дарить хорошо, а благо-жить ещё лучше». Послание к колоссянам (3:15) советует нам: **«И да владычествует в сердцах ваших мир Божий, к которому вы и призваны в одном теле, и будьте дружелюбны».**

Королева его сердца

Дорогая Деби,

Как-то раз муж зашёл, когда я читала вашу литературу о радости, и попросил меня что-то сделать для него. С улыбкой на лице я выполнила просьбу. Супруг был просто поражён. Это послужило началом нашей новой жизни.

Чем ласковее я с мужем, тем больше нравлюсь ему и самой себе. Я знаю, что была раньше просто отвратительна, мне было противно, как я обращалась со своей главой и это служило причиной моей депрессии. Супруг отвечал мне тем же. Как глупы порой мы бываем! Своими требованиями к справедливости мы только усложняем жизнь. Наверно, вам знакомо подобное отношение: «Если ты мне сделаешь что-то и если сделаешь правильно, тогда я тебе сделаю то-то и то-то. Но если ты мне этого не сделаешь, то тогда даже и не надейся, потому что я тебе того-то и того-то делать тоже не буду». Как я рада покончить с этой бессмыслицей. Сейчас, несмотря ни на что, всегда стараюсь угодить мужу. Даже не знаю, как раньше могла рассчитывать на то, что нравлюсь ему, в то время как сама была такая вредная и несговорчивая. Теперь хочу, чтобы моё лицо выражало мужу только благодарность и радость.

В любом случае, он стал обращаться со мной, как с королевой. Лицо мужа сияет, когда он видит меня. Супруг начал брать меня за руку, обнимать и всегда улыбаться, старается помочь при первой возможности и с удовольствием сидит и просто разговаривает со мной. Наконец-то, я стала Королевой его сердца и огнём в его постели!

Мэри

Время для размышлений

«Плод же духа: любовь, радость, мир, долготерпение, благость, милосердие, вера, кротость, воздержание. На таковых нет закона» (Гал. 5:22-23).

Радость – это плод духа. Если ты являешься дитём Божьим, то радость будет отражаться в твоей жизни.

1. Где начинается радость?
2. Довольна ли я своим положением в жизни? Или иногда во мне проявляется «ах, бедная я, несчастная» поведение?
3. Выражаю ли я каждый день свою благодарность словами?
4. Благодарю ли я Бога за своего мужа каждый день?
5. Знают ли меня друзья как радостного, благодарного и довольного человека?
6. Как ещё я могу выражать радость и благодарение в своей жизни?
7. Желаю ли я расстаться с недовольством по отношению к мужу в надежде достичь благословенного супружества?

«Братия, я не почитаю себя достигшим; а только, забывая заднее и простираясь вперёд, стремлюсь к цели, к почести вышнего звания Божия во Христе Иисусе» (Флп. 3:13-14).

С Богом наедине

Послание к филиппийцам полно наставлений, чтобы помочь нам стать женщинами по сердцу Божьему. В этом послании (4:6) говорится: **«Не заботьтесь ни о чём»**, или, другими словами, не переживайте и не волнуйтесь о том, чтобы всё было идеально, но будьте довольны тем, что у вас есть. В первой главе Павел пишет нам, что каждый раз молится, когда думает о своих друзьях. В Послании к филиппийцам всего четыре коротких главы. Вместо чтения очередного романа, сегодня прочитай это послание и попроси Бога совершить Свою работу в тебе.

Глава 4

Благодарность производит радость

Живи с благодарением, радостью, прощением. Радуйся каждому мигу, словно он последний.

Мой весёлый друг

Это зависит от тебя: будешь ли ты для мужа **«сонаследницей благодатной жизни»** (1 Пет. 3:7) или пожизненным напарником в ссорах и обидах. **От жены зависит гораздо больше, чем ты себе представляешь.**

Как правило, мой муж *никогда* не выносит мусор. Можно из-за этого раздражаться или научиться выносить мусор самой. Я умна, поэтому научилась выносить мусор с большой радостью. На днях мой муж увидел, как я пыталась протиснуться через дверь с большим мешком мусора в одной руке и несколькими пустыми коробками в другой. Так как Майкл направлялся в мою сторону, то предложил свою помощь. Он шёл примерно метра на три впереди меня, неся тяжёлый пакет мусора на вытянутой руке. Я знала, что Майкл просто хвастался своей мужской силой, и, как всегда, любовалась им. После почти тридцати пяти лет восхищения его мускулами вы бы подумали, что уже пора прекратить это делать. Но Майкл знает, что я никогда не перестану восторгаться им. Подойдя к большому мусорному баку, муж уж совсем разошёлся и со всеми причитающимися фанфарами бросил (я бы сказала, *метнул* или, вернее даже, катапультировал) этот большой мешок мусора, словно это был не тонкий пластиковый пакет, забитый до отказа, а обыкновенный кирпич. Конечно же, связывающий шнурок разорвался, пакет врезался в край мусорки, пластик лопнул – и всё содержимое рассыпалось на землю. Майкл был немного смущён, когда я подбежала, чтобы собрать мусор, но напустил на себя равнодушное выражение лица и невозмутимо пошёл дальше. Раньше я бы обиделась на мужа до глубины души и дала бы ему почувствовать своё раздражение. Наши отношения натянулись бы – и всё из-за какого-то мусора. Какая бессмысленная трата жизни.

Но сейчас я улыбалась, наблюдая, как Майкл, пристыженно, удалялся от меня. Я думаю, что, наконец-то, стала понимать мужскую психологию, по крайней мере, психологию своего мужа, и знаю, что его самолюбию был нанесён тяжёлый удар. Забавно, как многие мужчины думают, что женщин тяжело понять. А вы только представьте себе женщину, размахивающую над головой тяжёлым мусорным пакетом только для того, чтобы произвести впечатление, а затем оставившую рассыпавшийся, лопнувший пакет убирать кому-то ещё? Но, уже хорошо разобравшись в мужском самолюбии, я знала, что с этого момента Майкл будет искать любой возможности, чтобы помочь мне вынести мусор, и при этом сделать всё правильно с первого раза. Шанс представился примерно через пару недель, когда я опять направлялась к двери с тяжёлым мешком. Майкл высказал желание вынести мусор. Я очень вежливо поблагодарила мужа, и он скрылся за дверью. Я метнулась в нашу прачечную, немного приоткрыла там окно и стала ждать, когда же мой мужчина появится рядом с мусорным баком, который стоит прямо под окном. На этот раз, муж очень осторожно и аккуратно приподнял тяжёлый мешок – и я была готова: в тот момент, когда рука Майкла разжалась и отпустила пластиковый пакет, я издала душераздирающий крик. Можно подумать, что муж уже привык к моим шуткам за все эти годы, но он попался и на этот раз. Если б вы только видели Майкла в тот момент! Его футболка задрожала, словно по ней прошёлся сильный порыв ветра, и каждая клеточка его тела встрепенулась от ужаса. Я же, конечно, вся просто содрогалась от смеха. Прошло несколько мгновений, прежде чем муж сообразил, что мешок приземлился благополучно, а жуткий вопль не имеет никакого отношения к мусорному баку. Майкл был настолько напуган моим неистовым боевым кличем, что соображал ещё несколько мгновений, прежде чем до него дошло, что *это опять сделала я*. О, это был просто незабываемый миг! Майкл тут же обернулся и увидел, что я хохочу за окном, хотя заранее знаю, что придётся расплачиваться за это дикое представление. Но муж очень быстро справился с шоком и побежал к дому с такой скоростью, с которой, я думала, он уже не способен бегать в своём возрасте. Понимая, что прятаться бесполезно, рано или поздно Майкл бы меня всё равно нашёл, я решила принять самую невинную позу, проскользнула к раковине и, изо всех сил стараясь сдержать смех, стала мыть посуду. Вбегая в дверь, муж дышал, как большой паровоз, а я продолжала стоять спиной к нему и невозмутимо возиться с посудой. Моя невинная скромная поза ничуть не смутила Майкла. Он схватил меня за руки и потащил в спальню. Так как он килограмм на сорок весит больше меня, то всякое сопротивление было бесполезно, хотя мужу всё-таки пришлось «волочить» меня всю дорогу. Могу себе только представить, чтобы подумали работники нашего офиса, который расположен прямо за соседней дверью, если б зашли в дом именно в этот момент. На всякий случай я уже приготовила очередной крик, если появится наш управляющий делами, очень сдержанный человек. Было бы интересно увидеть изумлённое выражение на его лице, когда бы он с ужасом подумал: «И это ОНИ проводят семинары о семейных отношениях?»

Если у меня близкие отношения с мужем, основанные на любви, тогда я лучше понимаю Бога и ещё больше благодарю Его.

Майкл думал напугать своей силой, на самом же деле, потащил меня в любимое место победы – спальню. Пока он закрывал на замок дверь, я

♥ **У женщин есть свои преимущества.**

быстренько приняла самую располагающую и соблазнительную позу. Это срабатывает каждый раз. Всё-таки, у женщин есть свои преимущества. Муж набросился на меня с поцелуями, а я продолжала хихикать. Целуется он гораздо лучше, чем выбрасывает мусор. В общем, достаточно об этой истории! Я просто хотела показать, насколько весёлое сердце лучше целого списка оскорблённых чувств.

Радуйтесь любви

Майкл - мой **друг**. Он заигрывает со мной каждый день. Я его **помощница**. Именно так. Я знаю его нужды и рядом с ним, когда муж нуждается в разговоре, в компании или в напарнике. Каждый раз, когда мы идём на прогулку, мы заканчиваем тем, что пытаемся перегнать друг друга. Когда поднимаемся в гору, я держусь за его ремень, а Майкл просто ради удовольствия тянет меня. На днях, мы, тяжело дыша, поднимались в очень крутую гору. Муж оглянулся на меня и спросил: «Тебя потянуть?» «Нет, я справлюсь сама», - ответила я. Сопя, он выставил свою пятую точку и сказал: «Тогда толкай». Мы смеялись до самой вершины горы. Конечно, смех не помог нам взобраться на гору, но *смех облегчает жизненный путь.*

Когда слабая сестра выполняет божественную роль верной помощницы, тогда это приносит славу и радость Богу.

Обычно каждое утро мы начинаем новый день с так называемой «разминки», которая состоит из перекатываний по кровати вперемешку с объятиями, щекотки, шуточной борьбы, которая может перерасти и в настоящую, когда я сражаюсь за место на кровати и стараюсь сбросить мужа на пол. Если мне удаётся его расщекотить, то он теряет силы, и я одерживаю победу.

Я - его **подруга.** Майкл думает, что я просто чудесна, и не потому, что красавица. Мне даже не хочется вспоминать о том, как быстро пролетели те годы. Мы наслаждаемся друг другом не потому, что муж идеальный мужчина, не потому, что «любит меня, как и Христос возлюбил Церковь», не потому, что «восполняет все мои нужды», выносит мусор, убирает за собой, хорошо зарабатывает или снабжает семью всем

необходимым, что многие женщины воспринимают как должное. Это случается не потому, что Майкл сильный духовный лидер и принимает всегда правильные решения. Это бывало раньше и происходит сейчас, но только благодаря выбору, который я делаю каждый день. Например, я никогда не держу зла, неважно, сколько причин у меня есть для обид. А причины есть постоянно. Каждый день напоминаю себе, что я та женщина, которую Бог подарил именно этому мужчине. И это понимание помогает мне быть именно ей – ***даром, подругой, помощницей.***

Ещё в наши ранние супружеские годы, каждый из нас (самостоятельно) дал обещание угождать и прощать другого, неважно, как больно могут ранить его действия или слова. За все эти годы весёлое сердце и взаимная доброжелательность стали так же естественны для нас, как и само дыхание. Мы поняли, что в жизни интересно всё и всё должно разделяться с нашим лучшим ***другом, спутником и возлюбленным***. Это правило для каждой жены: живи с благодарением, радостью, прощением. Радуйся каждому мигу, словно он последний. Однажды, скорее, чем мы ожидаем, это и станет нашим последним мигом.

Хочу сообщить что-то совершенно удивительное об Иисусе. Не важно, где или с кем ты раньше была. Любовь и прощение Иисуса могут поднять даже с самого глубокого дна.

Мораль моей истории такова: именно так мы и живём последние тридцать пять лет нашей жизни. Никто бы и не подумал, что двое этих пожилых людей, сидящих за столиком в углу ресторанчика и расплачивающихся по счёту со скидкой для пенсионеров, могут вместе так радоваться. Но мы продолжаем радоваться друг другу, веселиться, смеяться, любить и делиться. Мы стали сонаследниками благодатной жизни, а не напарниками в горе и обиде. Наши отношения являются живым примером Христа и Церкви. Мой муж – это моя *глава*, а я *тело*. Он любит напоминать мне, что я есть именно тело. В моём возрасте это уже не смешно, но, может, вы улыбнётесь тоже. Именно так Бог задумал союз между мужчиной и женщиной. Это и есть та великая тайна, о которой говорится в Писании. В Вебстерском толковом словаре слово «тайна» определяется как какое-то непостижимое явление, вызывающее чувство трепета и благоговения. Для двух земных существ в этом грешном мире счастливое отношение в браке и является тем самым явлением, которое вызывает трепет и благоговение.

Если у меня близкие отношения с мужем, основанные на любви, тогда я лучше понимаю Бога и всё больше благодарю Его. Отношения просто безжизненны, если они держатся на законе, правилах, умышленной покорности и формальности. Я научилась приходить к Богу так же, как я прихожу к мужу: с любовью, радостью и восхищением.

С сегодняшнего дня

Я знаю, как рассуждают некоторые женщины, полагая, что уже слишком поздно… Вы боретесь уже во втором или третьем браке с каким-нибудь порнозависимым безбожником или до сих пор страдаете от душевных шрамов своей безбожной юности. Хочу сообщить что-то совершенно удивительное об Иисусе. Не важно, где или с кем ты раньше была. Любовь и прощение Иисуса могут поднять тебя даже с самого глубокого дна. Он любит тебя и хочет сделать тебя Своей невестой, которой ты уже, в принципе, являешься. Бог хочет видеть тебя невестой своего мужа, именно такого, какой он уже есть. Когда слабая сестра выполняет божественную роль верной помощницы, тогда это приносит славу и радость Богу.

Помните ли известную историю из Евангелия от Луки (7:38), когда грешная женщина явилась в дом фарисея? Она поспешила к Иисусу, стала у Его ног и начала обливать их слезами. Первоначально женщина желала помазать ноги Господа дорогим миром, но, вместо этого, на ноги полились её слёзы раскаяния и благодарности. Я думаю, что она испугалась, увидев, что обливает Его ноги слезами и, не найдя рядом ничего, чем можно было бы вытереть слёзы и исправить своё непрошенное вторжение, она распустила длинные волосы и начала ими вытирать свои недостойные слёзы. Фарисеи были уверены: если бы Иисус знал, кем была эта женщина, то Он бы отказался от её услуг. Но они не знали Иисуса. Спаситель, обратившись к женщине, сказал всем присутствующим: **«А потому сказываю вам: прощаются грехи её многие за то, что она возлюбила много, а кому мало прощается, тот мало любит. Ей же сказал: прощаются тебе грехи... вера твоя спасла тебя, иди с миром»** (Лук. 7:47-48, 50).

Благодарность

Дорогая Деби,

Посылаю своё свидетельство, потому что Вы очень вдохновили меня. Делаю это с согласия моего мужа.

С раннего детства я состояла в связях с членами и не с членами нашей семьи. Даже не помню, чтобы когда-то я чувствовала себя чистой. Мои родители развелись, когда мне было всего 4 года, и мать получила опёку над нами. Я думаю, что мама просто сдалась после развода. Она не заботилась о нас. Мы, грязные и неухоженные, были предоставлены самим себе большую часть времени. Все эти вещи глубоко укоренились в моей натуре, и поэтому я никогда не знала, что значит быть по-настоящему любимой. Конечно, Бог не мог полюбить меня, потому что внутри и снаружи я была такой грязной. Это не были просто мысли в моей голове, это был образ моей жизни.

После замужества я испытала глубокую боль в браке – измену мужа. Это было ужасно. Я вела себя просто отвратительно по отношению к нему. Чтобы добиться своего, пренебрегала мужем, издевалась над ним и испробовала все возможные и невозможные способы. Единственное, я не бросила его. Мы пережили много боли, горечи и обиды. Я не верила никому и ничему, даже Богу.

Тогда я попросила Господа, показать мне, что Он любит меня. Мне было стыдно просить об этом, зная, что Он уже послал в мир Своего Единственного Сына, чтобы умереть за меня, но всё-таки попросила, и Бог ответил мне. Вспоминаю, как в тот вечер я вышла из зала, чтобы помолиться, и Бог приоткрыл мне какую-то малую часть, похожую на рай. Он напомнил мне, что продолжал любить меня, когда я была ещё грязным, невоспитанным ребёнком, состоящим в различных связях.

Я вспомнила детство. С нами по соседству жила женщина-христианка. Когда мне было лет пять, я прохаживалась мимо её дома с грязным печеньем в руке и это замусоленное печенье предложила ей. Она взяла его, усадила меня к себе на колени и рассказала мне всё об Иисусе, Создателе, как Он однажды придёт за нами. ***В тот день я сидела на коленях у самого Бога, но потребовались годы и годы, чтобы я осознала это.*** *Потому, что Господь так полюбил маленькую грязную девочку, я так и не смогла поверить в эволюцию за все годы учёбы в школе. У меня были самые элементарные познания об Иисусе Христе, грехе, аде и рае. Когда я была ещё одиноким отвергнутым ребёнком, Бог заложил основание в моей жизни, которое привело меня к спасению через веру в Иисуса Христа и Его жертву на Голгофе. Ещё пять лет после нашего знакомства та женщина водила меня в церковь. Она была настоящим сосудом Божьей любви.*

Наконец, во время всех наших супружеских испытаний наступил момент, когда я поняла, что начала загнивать, поэтому упала на колени, в молитве прося Бога ***сделать меня благодарной.*** *В то воскресенье в нашей церкви были женщины из Роловых Домов (Роловы Дома помогают испорченным женщинам, наркоманкам или женщинам с улицы). Бог напомнил мне, откуда поднял меня и от чего избавил. В то время, как Бог совершал Свою работу, наш пастор спросил женщин в церкви, если бы кто из них желал выйти и встать рядом с Роловыми женщинами, потому что только по милости Божьей мы не оказались там, где оказались они. Я вышла и встала рядом с этими женщинами, и все начали петь «У креста». Я начала плакать, вспоминая, из какого болота меня достал Бог. Роловы женщины обняли и успокоили, ту которая должна была бы успокаивать их самих. Безмолвно я прославила Бога за то, что Он сделал меня благодарной, и за то, что Он сделал это так нежно.* ***Признательность и благодарность – это залог духовной победы.***

Признательность и благодарность - это залог духовной победы.

Это был тот самый момент, когда моя борьба обрела иной оборот. Бог начал работать над моей горечью и обидой по отношению к Нему. Я носила в себе обиду на Бога за то, что Он не защитил меня, когда была ещё ребёнком. Но Господь показал мне, что Он так же не защитил и Иисуса. Всё ещё борясь, я положила это пред Богом, веря, что Он обо всём позаботится. Я извлекла хороший урок из этого. Горечь и обида только отталкивают всех. Сейчас же я решила предать всё Господу и в течение последующих нескольких недель заметила, что обрела свободу приходить к Богу с нуждами.

Кто бы мог подумать, что сейчас я хочу быть замужем за моим мужем. *Мне нравится проводить с ним время, быть рядом, разговаривать, и радует тот факт, что муж так уравновешивает меня. Кто бы мог подумать, что сейчас, если Бог даст, я бы хотела иметь ещё детей с ним.* ***Некоторые скажут, что я слабая и глупая или очень зависимая. Но, что думают люди, не сравнится с тем, что думает Бог.*** *Господь изменил меня. Я не знаю, что нам готовит будущее, но, как и женщины в прошлом, полагаюсь на Бога. Теперь Он мне близок. Я учусь успокаиваться в Нём. Я люблю Его. Он не сделал мою жизнь, как бы я того желала, но Он сделал её гораздо лучше, чем бы я могла помыслить или попросить.*

Сара

Смысл для нас здесь очень простой. С этого дня, начиная прямо сейчас, сегодня же, стань женщиной, которая почитает мужа, и тем самым почитает Иисуса, повинуется Ему и любит Его.

Благодарность производит радость

Открой свои уста и начни благодарить Бога за все милости.

Благодари за всё хорошее, что Он дал тебе в жизни.

Благодари, благодари и снова благодари Его.

Благодарное сердце производит радость.

У благодарного человека сердце всегда благодарно.

Поэтому скажи: «Господь, благодарю тебя за...»

Время для размышлений

Качества доброй помощницы

- Она радостна.
- Она радуется любви.
- Она благодарна и довольна.

«Да приносят Ему жертву хвалы и да возвещают о делах Его с пением!» (Псалом 106:22)
«...а я гласом хвалы принесу Тебе жертву; что обещал, исполню: у Господа спасение!» (Иона 2:9)

С Богом наедине

Если женщина неблагодарна, то ей часто в жизни недостаёт радости.

В Писании слово ***«благодарение»*** часто встречается в сочетании со словами «радость, хвала, веселье, песнопение и жертва». Бог ценит благодарность как жертву, приятную Ему. Прочитай цитаты о благодарении и попроси Господа научить тебя быть благодарной. Составь список, как ты можешь выражать благодарность, затем начни жить по этому списку, показывая это качество своей жизнью. Благодарение начинается со слова *«благодарю»* и продолжается желанием благодарить Бога за всех тех людей, которых Он поставил вокруг тебя. Если этого ещё нет в твоём сердце, то оно должно зародиться там вместе с жертвенным желанием выразить благодарность. Избери для себя путь благодарности. Бог снабдит тебя всем необходимым, если ты пожелаешь идти по жизни с благодарением и радостью.

«Так, Господь утешит Сион, утешит все развалины его и сделает пустыни его, как рай, и степь его, как сад Господа; радость и веселие будет в нём, славословие и песнопение» (Ис. 51:3).

Глава 5

Дар мудрости

Достаточно ли в тебе страха Господня, чтобы не сомневаться в Его Слове?

В перспективе вечности

Дорогая Деби,

Как у меня может быть весёлое сердце, когда мой муж так грубо со мной обращается? Должна ли я просто делать вид, что он хороший муж, а не ленивый, приклеившийся к телевизору, эгоистичный негодяй. Должна ли я ему позволять топтать меня ногами? Как у меня может быть весёлое сердце, когда я чувствую только боль?

Линда

Дорогая Линда,

У тебя есть два выбора. Ты можешь усомниться в Боге и сказать: «Знаю, что Бог не хочет, чтобы я почитала такого негодного человека». Или же ты можешь сказать: «Господь, я знаю, что Слово Твоё учит меня быть той женщиной, которая помогает мужу в его мечтах и стремлениях. Сделай меня такой женой». Господь сотворил тебя для исполнения Своего Божественного замысла. Пока не примешь Его план в свою жизнь, она не обретёт смысла. Ты будешь в постоянной борьбе. Но когда смиришься и доверишься Богу, жизнь станет настолько простой, что не придётся переживать о том, как поступать дальше. Ты будешь знать. Смотри на жизнь в перспективе вечности. Это изменит твоё мышление, следовательно изменится и поведение, а самое главное, Бог изменит твою реакцию. Проси у Него мудрости стать самой лучшей помощницей мужа.

- Деби

Для Божественного брачного союза женщинам не требуется хороший или даже спасённый муж. Но для этого требуется женщина, которая желает почитать Бога, став женой по Его замыслу. Для этого требуется женщина, которая желает стать не просто помощницей, но соответственной помощницей мужа. Если ты смотришь на супруга и не видишь никаких причин, чтобы хотелось помочь ему – и я знаю, что некоторые замужем за подобными мужьями, – тогда посмотри на Христа и знай, что это Он сотворил тебя помощницей. Служа мужу, ты служишь Христу, не важно, заслужил супруг этого или нет.

Для многих женщин, читающих это, потребуется настоящее чудо, чтобы обрести весёлое сердце и стать радостной и благодарной. Но только представь: Бог совершает Своё чудо через тебя! Обстоятельства больше тебя. Потребуется взглянуть на ситуацию в перспективе вечности. Придётся принять Бога через Его Слово и стать помощницей ради Него, зная, что тем самым ты выполняешь свою миссию и помогаешь Богу здесь, на земле.

Обычно женщины, переживающие трудности в браке, просто следуют своим чувствам и реакции. Но тебе надо прекратить доверять своим уязвлённым чувствам или советам этого мира, ибо сегодняшние средства массовой информации преподносят нам, в лучшем случае, искажённые понятия. Ты не смотришь с точки зрения Бога, но к счастью, Господь готов подарить тебе Божественную мудрость, если только об этом попросишь. **«Если же у кого из вас недостаёт мудрости, да просит у Бога, дающего всем** [и женщинам тоже] **просто и без упрёков, - и дастся ему»** (Иак. 1:5). Это дар, но ты не получишь его, если об этом не попросишь. Только представь, сколько мудрости могло бы быть у жён-христианок, если бы они об этом просили!

Женское призвание не из лёгких. Гораздо тяжелее позволять кому-то контролировать свою жизнь, чем брать контроль в собственные руки. Даже для опытных жён это может стать испытанием. Не отчаивайся. С мудростью, полученной свыше, ты сможешь стать той женщиной, которую использует Бог, и если не для того, чтобы превратить надоевшего мужа в нового человека, то хотя бы для того, чтобы облегчить собственную ношу и превратить тебя в Божественную невесту Его Сына. Наш Творец и Создатель очень ясно объяснил, что Он ожидает от нас, как от жён. Его замысел вечен. Он включает в себя больше, чем просто отношения с нашими мужьями. Господь создал супружество для земного отражения Божественного союза Христа и Церкви. В Божьем плане мы играем ведущую роль. Поэтому Господь не оставил места для ошибок и недопонимания. Его Слово говорит о нашей женской роли ясно и понятно.

Так что же говорит Библия?

Итак, прежде, чем двинуться дальше, давайте рассмотрим вопрос по существу. Согласитесь с тем фактом, что Библейский источник, из которого мы будем черпать Живую Воду, уже загрязнён в наших мыслях понятиями очень осторожных учителей Библии, которые сами никогда не испытывали Божественного дара благословенного брака.

Существует множество книг, написанных мужчинами-«богословами», которые разрушают всю прелесть женской роли помощницы. Тем самым, они сомневаются в самой Библии и рассуждают замысловатыми и «заученными» фразами о «языковом оригинале» или «определённой культуре» того времени, когда создавалось Писание. Конечно, многие служителя доверяют Библии так, как она есть. Но можем ли мы, обыкновенные матери и домохозяйки, спорить с так называемыми «богословами», опровергая и доказывая, какие стихи в Библии верны, а какие неправильно интерпретированы. Я это делать не могу.

Зато у меня в запасе есть иное средство. Существует один стих, который не подвергается никаким опровержениям: **«чтобы старицы... вразумляли молодых любить мужей, любить детей, быть целомудренными, чистыми, попечительными о доме, добрыми, покорными своим мужьям, да не порицается слово Божие»** (Тит. 2:3-5). Этот стих читается практически одинаково во всех английских переводах Библии, которые есть у меня. И мой муж говорит, что он читается одинаково во всех греческих переводах Библии, которые есть у него, а также в англоязычном переводе короля Иакова. В соответствии со Словом Божьим, открытым апостолу Павлу (мужчине!), старицы должны учить молодых сестёр быть послушными мужьям. Это очевидный Божий план.

Привожу ниже одно из многих писем, которые получаю на эту тему. Кто-то пытается навязать этой женщине своё мнение о Слове Божьем. Он заграждает ей путь к тому источнику, из которого черпается благословение в браке..

Дорогая миссис Пёрл,

Прошу Вас исследовать кое-какой вопрос по моей просьбе. Верю, что Вы воспользуетесь различными источниками и что поступите так же, как поступили Вериянe в Деяниях 17:11. Я была воспитана католичкой, и мы всегда принимали вино во время вечери Господней. Став взрослой, я присоединилась к христианской церкви и была в недоумении от того, что там используют виноградный сок. Наконец, мне объяснили, что Писание говорит вино, но подразумевает напиток, сделанный из винограда. Это дало мне почву для размышления над темой, которая гнетёт меня уже многие годы и к которой может быть применена подобная интерпретация. Я испытала огромное благословение через женщин, проповедующих за кафедрой. Не понимаю, как Бог может действовать настолько сильно через женщин, которые, якобы, нарушают Его волю.

Есть такая книга, написанная N., где анализируются места из Писания, которые связывали женщин веками. Там автор очень верно разбирает их, освещая тот факт, что Божий план для женщин совершенно такой же, как и для мужчин. Он показывает, что в языковом оригинале существовало только слово женщины (а не жёны) и только слово мужчины, а это объясняет тот факт, почему неправильно переведены и истолкованы места из Писания о женском послушании и запрете учить. Настоящие последователи Евангелия никогда не заставляли женщин молчать и всегда поощряли их учить мужчин.

Ваше служение значит очень многое для нашей семьи. Знаю, что оно спасло мой брак и помогло нам с детьми, но так же вижу, что вы заблуждаетесь в этой прекрасной истине, и желаю, чтобы вы изучили этот вопрос глубже и стали достойными учениками Бога.

Кристина

Дорогая Кристина,

Если хотите убедить меня в справедливости Вашего аргумента, утверждая, что «настоящие последователи Евангелия» поощряют женщин занимать руководящие позиции, то прибегаете к явно неверным фактам. Взгляните на их показатель разводов, и поймёте моё изумление выбором подобных аргументов. В среднем, статистика доказывает более высокий показатель разводов у современных христиан, чем у остального населения.

Обратите внимание, что мы будем разбирать огромное количество мест из Писания, говорящих о Божьей воле для женщин. Мне не надо по-новому определять, повторно переводить, заново формулировать или опровергать значение написанного. Я верю, что Бог дал и сохранил Своё Слово так, чтобы обыкновенная женщина могла понять Его без помощи постороннего человека, пытающегося доказать, что он мудрее слов Самого Господа. Если слова Бога вводят в заблуждение и настолько трудны для понимания, что пятнадцать английских переводов Библии, которые есть у меня, и четыре греческих перевода Библии, которые есть у моего мужа (все подтверждающие верность этих стихов), не излагают истину о женщинах, тогда это не тот Бог, которому я служу все эти годы. Зачем Господу вводить кого-то в заблуждение через Своё Слово и учить обратное Своей воле? Каким образом за более чем 1900 лет все греческие, сирийские, коптские, немецкие, французские, испанские, английские и более двухсот других переводов на разных языках могли переводить эти места неверно? Хотите, чтобы я поверила тому, что только за последние несколько десятилетий, когда мир стал придерживаться «женской либеральной» философии, несколько проповедников, «изучивших греческий язык» в колледже за три года, вдруг обнаружили, что этот мир оказался прав? Думаете ли Вы, что с момента написания Библия излагалась неверно или что все христиане в течение первых девятнадцати веков жили в заблуждении? Мы не говорим об одном или двух стихах из одной или двух книг. Не может

Мне не надо по-новому определять, повторно переводить, заново формулировать или опровергать значение написанного.

такого быть, чтобы более 500 мест из Писания, найденных в двадцати пяти различных книгах Библии, от Бытия до Откровения, вдруг оказались неверно переведёнными или неправильно изъяснёнными всеми вероисповеданиями, как католиками, так и протестантами, евреями и баптистами.

Вам придётся обратиться к «популярному» телеевангелисту или оратору на конференции, чьё благополучие зависит от финансовых пожертвований самих женщин, чтобы услышать подтверждение современного взгляда, который Вы обнаружили в книге N. Существует определённая причина, по которой эти люди желают понравиться современным женщинам. Девять из десяти пожертвований на эти служения и девять из десяти книг или кассет этих служений приобретаются женщинами. **Жёны, которые не могут сблизиться со своими мужьями, склонны развивать в себе всепоглощающую духовную близость с религиозными лидерами, будь то с мужчинами или женщинами.**

Мой муж начал изучать греческий язык сорок лет назад. (Ежедневно он использует три греческих Библии, чтобы исправлять тех учителей, которые пытаются поправить саму Библию с помощью греческого языка). Когда мой муж, ученик Библии и, в течение многих лет, так же и ученик греческого языка, желает узнать, что говорит Бог, то всегда открывает сначала английский перевод короля Иакова.

Вы просите меня согласиться с философией, противоречащей Библии, которая разрушила бессчётное количество домов, посадила тысячи женщин на антидепрессанты и подтолкнула мужчин к порнографии, взамен того, что идеально срабатывало в моём браке в течение последних тридцати пяти лет. Я необыкновенно счастливая и довольная жена, почитающая своего мужа, но я не настолько наивна. Советую Вам поверить Богу и не позволить змею обманывать глупых жён (как он когда-то обманул и Еву в саду).

- Деби

А теперь давайте посмотрим, что говорит ***Бог***, как может сказать только Он.

Божий план супружества

«Жёны, повинуйтесь своим мужьям, как Господу, потому что <u>муж есть глава жены</u>, как и Христос глава Церкви, и Он же Спаситель тела. Но как Церковь повинуется Христу, так и жёны своим мужьям <u>во всём»</u> (Еф. 5:22-24).

«Жёны, повинуйтесь мужьям своим, как прилично в Господе» (Кол. 3:18).

«Хочу также, чтобы вы знали, что всякому мужу - глава Христос, <u>жене глава - муж</u>, а Христу глава - Бог» (1 Кор.11:3).

1. Бог повелевает жёнам ***повиноваться*** СВОИМ мужьям.
2. Бог поясняет, что главой жены является муж.
3. Бог говорит жёнам ***повиноваться*** своим мужьям во всём: в каждом решении, поступке, замысле и во всех повседневных делах.

Будет время и в твоём браке, когда потребуется только вера и мудрость, чтобы поверить в то, что добрый и хороший Бог по-прежнему требует, чтобы ты во всём повиновалась мужу. Обрати внимание на то, что Божьи повеления для жён ни в коей мере не зависят от того, любит ли муж жену, как и Христос Церковь, или нет. Если бы это было так, то не было бы ни одного мужчины на свете, который бы удостоился почитания и послушания жены. Каждому, и мужчине, и женщине, даны определённые повеления от Бога с примерами и правилами, которых надо придерживаться. Божьи постановления не зависят от хороших мужских качеств или от полного отсутствия таковых. Тебе даны повеления Господа с такими словами, как *«почитать»*, *«угождать»* и *«повиноваться»*. Такова Божья воля, Его план, повеление и правила, которых надо придерживаться. Решай сама, стоит ли верить Богу и слушаться Его.

Самое простое знание Божьей воли из Слова Его поможет тебе стать подобной женой. Радость и мир принесёт знание того, что ты находишься именно там, для чего и была сотворена. Чем больше будешь слушаться Господа в роли соответственной помощницы мужа, тем больше будешь узнавать Самого Бога; и чем больше будешь узнавать Его, тем больше будешь ценить то, что дорого Ему.

Ты думаешь, я какой-то духовный гигант?

Необходима мудрость, чтобы понять мужчину, его самолюбие, его нежное сердце и его огромные нужды. Только Божественная мудрость помогла мне осознать всю разрушительную силу обидчивости, когда муж что-то делал, а мне казалось это несправедливым, эгоистичным или грубым. Именно *дар мудрости* помог понять то, что Бог доволен мной, когда стараюсь угодить мужу или сделать ему приятное.

Дар даётся даром, не за определённые заслуги или достижения. Бог хочет дать тебе дар мудрости. Именно этот драгоценный дар помогал мне смотреть дальше кучи рассыпанного мусора.

Ты думаешь, я какой-то сверхдуховный гигант? Я точно такая же, как и ты, плоть и кровь. Так же, как и ты, могу возмущаться или стать холодной, как камень, и превратить своего мужа в лёд. Но благодарение Богу, что Он дал нам, женщинам, мудрость, и каждый день я могу выбирать, на что будет похоже моё будущее. **Благодарю Бога, что *мудрость не зарабатывается, но даётся даром.***

Жизнь будет полна ситуаций с рассыпанным мусором. Муж будет эгоистичен, резок, глуп, не будет уважать твои права. Может, даже будет бессердечен и, как сын Адама, будет грешить, **но он не сможет навредить тебе, если ты будешь облечена в Божью мудрость.** Можешь выбрать: быть в состоянии постоянного недовольства и обиды или же попроси у Бога мудрости жить каждый день, уважая мужа, тем самым, почитая Самого Бога.

Тебе потребуется драгоценный дар мудрости, чтобы уметь удержать язык за зубами и быть благодарной, когда плоть желает выплеснуть гнев наружу. **Необходима мудрость, чтобы увидеть, как жалость к самой себе отдаляет от Бога**, необходим дар мудрости, как постоянное напоминание того, насколько ограничено твоё женское понимание. Дар мудрости напомнит, что Божьи правила не для того, чтобы заключить в рабство, но, чтобы ты поддерживала в муже желание нежно любить тебя, защищать и заботиться о тебе. И самое главное, дар мудрости позволит служить мужу и почитать его, потому что ты служишь Богу и почитаешь Его. Ты обретёшь радость в своей роли женщины. **«Если же у кого из вас недостаёт мудрости, да просит у Бога, дающего всем** [и женщинам тоже] **просто и без упрёков, - и дастся ему»** (Иак. 1:5). Бог щедро дарует нам мудрость, <u>как дар, но сначала мы должны попросить Его об этом.</u>

Время для размышлений

Пред тобой предстало два выбора. Мысленно придумав множество оговорок в своей конкретной ситуации, можешь освободить себя от всякой ответственности или же решишь довериться Богу и стать 100% помощницей, соответственной нуждам мужа, независимо от преград. Что ты изберёшь?!

➢ **<u>В тексте этой главы найди ответы на следующие вопросы:</u>**

1. В чём заключается роль жены?
2. Как можно обрести мир и радость?
3. Если муж не любит тебя, освобождает ли это тебя от ответственности и препятствует ли выполнению твоей роли?
4. Что дарует нам Бог, чтобы помочь в совершенствовании роли помощницы?
5. Какими тремя словами характеризуются Божьи повеления о жене-помощнице?
6. Что может помочь тебе лучше понять волю Бога и оценить то, что дорого Ему?
7. Согласна ли ты, предать своё супружество в Божьи руки?

Предать Господу путь свой - это значит сказать: **«не моя воля, но Твоя да будет».**

«Уповай на Господа и делай добро; живи на земле и храни истину. Утешайся Господом, и Он исполнит желания сердца твоего. Предай Господу путь твой и уповай на Него, и Он совершит, и выведет, как свет, правду твою и справедливость твою, как полдень. Покорись Господу и надейся на Него. Не ревнуй успевающему в пути своём, человеку лукавствующему. Перестань гневаться и оставь ярость; не ревнуй до того, чтобы делать зло» (Пс. 36:3-8).

Глава 6

Начало мудрости

Мы живём по закону сеяния и жатвы, и это так же неизменно и неизбежно, как болезнь или смерть.

Страх

Мудрость зарождается очень странно. Она **порождается страхом.** Многие христиане – даже многие служителя – не желают говорить на эту тему. Это не так легко продаётся жадной до развлечений публике. Толкователи пытаются убедить нас, что библейский страх - это просто *уважение* к Богу, а не настоящий страх. Их Бог плоский, словно вырезанный из бумаги. Если бы наши действия никогда не вызывали последствий или если бы эти последствия никогда бы не были печальными или постоянными, тогда бы страх был просто бессмыслен. ***Но на самом деле,*** **наши действия и наша реакция пожинаются болезненными последствиями не только в этой жизни, но и в вечности. Мы живём по закону сеяния и жатвы, и это так же неизменно и неизбежно, как болезнь или смерть.** Можно пытаться откладывать день жатвы, но он неизменно наступит с точностью вечного Законодателя. Если бы женщины никогда не рыдали в подушку о своих потерях и одиночестве, если бы дети никогда не проклинали родителей, если бы никто никогда не испытывал разочарование и стыд, тогда бы страх не имел никакого смысла и любой, проповедующий его, был бы врагом человечества. Но если наши действия могут привести нас к печальному концу, тогда страх является самым эффективным средством, способным остановить нас. Это начало мудрости. Жизнь без страха – это мечта глупцов. *Как физическая боль защищает человеческую плоть, так и страх защищает душу.* Христианская жизнь без страха – это религиозная жизнь без живого Бога.

«Начало мудрости - страх Господень» (Пс. 110:10).

«Начало мудрости - страх Господень» (Прит. 9:10).

«Начало мудрости - страх Господень» (Прит. 1:7).

На всё, что говорит Бог три раза, следует обратить серьёзное внимание. Будьте осторожны! Многое, написанное в этой книге, написано с целью зародить в вас страх Господень. Я надеюсь, что смогу заставить молодых жён призадуматься о последствиях своего поведения и, может быть, женщины захотят обратиться к Богу сейчас и начать пожинать от духа, а не от плоти. Из многочисленных писем, полученных мною, а так же из настоящих жизненных примеров, хочу серьёзно предупредить вас о том, куда может завести неправильный выбор.

Разочаровавшиеся старые неудачницы

Если женщина, старея, осознаёт, что уже нет мужчины, который бы нежно любил её и заботился о ней, то это воистину очень печально, ибо она не справилась с той самой ролью, для которой была сотворена, – быть соответственной помощницей мужа.

Каждый год мы получаем тысячи писем, в основном от недовольных, «исполненных духом», средних лет женщин, каждая из которых разочаровалась в своём «недуховном» муже и желает привлечь кого-то на свою сторону в борьбе с мужскими «издевательствами». Так же получаем письма и от молодых жён, только начинающих развивать в себе эту горечь. В течение нескольких лет я пыталась написать книгу, которая затронула бы многие вопросы из тысячи писем, получаемых нами. Обычно, пытаться ответить более старшим женщинам - это напрасный труд. Гораздо легче направить кого-то в верном направлении в начале пути, чем пытаться остановить того, кто уже катится по наклонной вниз. Наконец-то, я поняла мудрость повеления: **«…чтобы старицы… вразумляли молодых любить мужей…»** (Тит. 2:3-4) Я поняла, что мои советы должны быть адресованы тем молодым жёнам, которые желают найти правильный путь. Этих женщин, пока ещё молодых, необходимо предупредить, их надо наставить, чтобы они не превратились в озлобившихся, обезумевших, состарившихся жён. Женщина, которая по-настоящему знает Бога, знает и то, что истинная духовность - это послушание Слову Божьему, а не развитие в себе «духовных» наклонностей.

Женщина, которая по-настоящему знает Бога, знает и то, что истинная духовность - это послушание Слову Божьему, а не развитие в себе «духовных» наклонностей.

Я прожила достаточно долго на свете, чтобы заметить этот всеповторяющийся процесс падения в жизни многих женщин, слишком многих, и наблюдала начало его развития в ещё юных невестах, пришедших в заключении к печальному концу. Мне страшно пред Богом за тех жён, которые подвержены подобному падению, ибо знаю, что Господь страшно ревнует о Своём Слове, и если ты попираешь Его план супружества, ясно изложенный в Писании, то Бог встанет против тебя, пока грех будет разъедать твою душу и разрушать твоё здоровье. Последствия греха всегда тяжелы и ужасны, неважно, или это грех прелюбодеяния, или грех отказа от своего призвания соответственной помощницы. За этим следует необратимый ущерб для детей и остальных членов семьи.

Ни одна женщина ещё не стала довольной и счастливой, отвергнув послушание Богу в своей роли помощницы, соответственной мужу. Прочитав следующий пример, вам, наверно, вспомнится кто-то из знакомых женщин, которым уже за сорок и у которых кое-какие «эмоциональные проблемы». Обычно их оправданием служит климакс, но вы должны знать, что настоящей причиной является горечь. Гормональные изменения не меняют женской души; но они разрушают защиту, скрывающую настоящее состояния сердца, которую женщина осторожно выстроила и сама же тщательно охраняет.

Обезумевшая жена

Никогда не забуду происшедший несколько лет назад случай. Супружеская пара среднего возраста с несколькими детьми переехала в нашу местность, чтобы получить определённые наставления. Жене не понравились советы, данные в церкви, где она с мужем познакомилась и вышла замуж. Эта женщина решила, что, переехав в нашу общину, где было столько «духовных братьев», её мужу смогут немного «помочь». Жена хотела, чтобы мой муж «научил его» и стал «его наставником» (то, что Майкл считает уже не в меру женоподобным), в той степени, в которой она этого ожидала.

В течение многих лет до брака муж этой женщины был успешным и процветающим бизнесменом, но после свадьбы жена стала выражать недовольство его причастностью к миру бизнеса. Так же ей не нравилось место, где они жили. Она думала, что муж должен «жить верой», что означало не работать, а оставаться дома с постоянно растущей семьёй. Он же был «господин Постоянство», очень приятный и даже любящий, как большой плюшевый медведь, всегда дружелюбный и готовый улыбаться. Жене же было дано «слово от Господа». По словам этой дамы, её духовное влечение и посвящение было глубоко, и она убедила в том же супруга. Муж был запуган женой, потому что у него в прошлом были грехи, о которых та не давала ему забыть. Он также испытывал определённый трепет пред её, не от мира сего, духовностью.

За несколько лет до переезда в нашу местность, из желания сделать её счастливой и из благоговения пред «её близостью с Господом», этот человек переехал и изменил род занятий так, «как Бог показал жене». Но рискованное предприятие не принесло успеха. Подобные просчёты пошатнули положение мужа в мире бизнеса, и человек утратил уверенность в себе. Он видел, что стареет, дом полон детворы, а неверно принятое деловое решение было непоправимо. Разочарование и неуверенность мужа стали для жены доказательством недостатка его веры. Супруга пыталась «приободрить» его «жить верой», жизнью чудесного избавления и, может быть, постоянного христианского служения. Мужчина же всё более погружался в состояние отчаяния и неуверенности. Стало страдать так же и брачное ложе. У них были проблемы, супруги это знали и обратились за помощью к семейным консультантам в церкви. Они так же читали нашу литературу и решили, что наша община станет их спасением, поэтому в один прекрасный день оказались у нас!

Жену ввела в заблуждение уверенность в том, что её женская интуиция, чувствительность и страсть в действительности являются духовностью.

Ни мне, ни моему мужу не потребовалось много времени, чтобы увидеть причину всех проблем этой семьи. Как оказалось позже, мы были единомышленны с семейными консультантами в их предыдущей церкви. **Жена не была помощницей мужа, она была его совестью,** и управляла им с помощью своих «глубоких» духовных наклонностей. Женщина объясняла своё поведение по отношению к мужу, как «ободрение его на более высокое призвание».

Мы поделились с ней Словом Божьим и объяснили, что её непокорность и полное отсутствие уважения к мужу являются грехом. Женщина была шокирована, как это мы только могли заподозрить её в непокорности мужу, ведь в своей роли жены она постоянно читала и изучала Писание, а так же очень любила «делиться» им с другими.

На переезд в нашу местность ушли все финансовые сбережения супругов, и вскоре эта семья была разорена до последней копейки. Если же у них и появлялось немного денег, то эта женщина предпочитала жертвовать их все на десятину, веря, что Бог воздаст сполна. Снова и снова мы предупреждали жену об опасности злоупотребления властью и непокорности своему мужу. Но эта дама просто не могла поверить, что Бог требует от неё, духовной женщины, подчиняться и следовать за «плотским» мужем.

Главным призванием жизни этой жены была её личная «глубокая» духовность. Женщина верила, что «дух» руководил ей и что данные Богом повеления для жён никоим образом не относились к ней; она была исключением. Более того, эта жена начиталась книг и брошюр, а также наслушалась проповедей, которые по-своему объясняли места из Писания, где, как казалось, ограничивалась женская роль в семье и в церкви. Эта литература пестрела подобными фразами: «Греческое слово в оригинале означает.... Это значит на самом деле то.... Видите, Павел обращался к определённой культуре того времени.... Конечно, Бог не требует от женщин.... Во Христе не будет ни мужчины, ни женщины.... Разве не было женщин-пророков?»

Жену ввела в заблуждение уверенность в том, что её женская интуиция, чувствительность и страсть в действительности являются духовностью. Супруга и не подозревала, что была женой, полностью непокорной Богу. Царь Израиля Саул принёс жертву Господу, но он сделал это, не покорившись чёткой воле Бога, и думал, что конечный результат оправдает действия. Правитель желал прославить Господа, но Бог сказал, что эти приношения были непокорностью, равной волшебству (1 Цар. 15:23). Когда женщина пытается жить для Бога в противоречии с Его Словом, то её «духовность» приравнивается к волшебству, потому что такая жена выполняет «святую» волю Бога в полном пренебрежении к Его ясно сказанным словам. Господь называет такую женщину «Иезавелью».

Муж хотел, чтобы жена была счастлива. Он также испытывал определённый трепет пред её неземной духовностью.

Для нас было очевидно, что жену разрушит собственный грех. Он уже превратил её когда-то сильного и находчивого супруга в жалкого напуганного человека. За многие годы ядовитая желчь души начала отравлять и женский разум. Как-то раз, после особо сильного вечернего богослужения, когда люди ещё общались и не разошлись, я заметила, как эта, необыкновенно взволнованная жена, направилась к Майклу, и поэтому тоже скорее начала пробираться к нему на случай, если потребуется моя помощь. Когда же я оказалась ближе, то увидела, как женщина начала резко и широко размахивать руками, и смогла услышать, как она громко выкрикивала, что её муж состоял в любовной связи с Мерлин Монро (на тот момент умершей уже более 50 лет назад). Обезумевшая жена сказала, что ей было видение от Бога, которое и объяснило все их проблемы. К моменту, когда я оказалась рядом с ней, она уже называла некоторых молодых мам с новорожденными детьми в нашей церкви сексуальными партнёрами своего мужа, утверждая, что все эти дети его. Майкл начал озираться по сторонам, придя в ужас от грязных обвинений, которые, мы точно знали, были результатом помутившегося рассудка. Речи этой жены становились всё громче. Чтобы как-то заглушить этот бред, мой муж изо всех сил начал петь: «Что грехи мне может смыть? О, ничто, лишь кровь Иисуса». Я подхватила пение Майкла. Удивлённое собрание стало озираться по сторонам, но тоже запело псалом. Я обняла за плечи эту совершенно обезумевшую даму и с большим трудом вывела за двери. **Господь посетил её безумием. Он делает и такие «страшные» вещи.** Бог не позволил этому произойти просто так, но подтолкнул женщину, когда та переступила границу. Страх Господень есть начало мудрости. У этой жены не было страха Господня. А должен бы быть. Она верила, что сможет заставить мужа повиноваться, потому что считала себя «духовно помазанной». Но она не посчиталась с Богом. Женщина, которая думает, что может делать, что хочет, только потому, что видит себя, как духовно-одарённую персону, не имеет страха пред великим Богом. **«Сеющий неправду пожнёт беду, и <u>трости гнева его не станет</u>»** (Прит. 22:8). **«Не обманывайтесь: <u>Бог поругаем не бывает</u>. Что посеет человек, то и пожнёт»** (Гал. 6:7). Бог не остался поругаем. До сих пор вся семья пожинает то, что посеяла эта женщина. Жена без настоящего страха Господня может настолько уйти от реальности, что потребуются успокоительные, чтобы хотя бы придать этой особе видимость психически здоровой.

Практика делает "ужасную" ещё ужаснее

К моменту, когда многие жёны переступают сорокалетний возраст, они стоят на грани психической нестабильности, потому что потратили несколько лет жизни, раздражаясь на мужей, ежедневно чувствуя себя обиженными и отвечая озлоблённостью и холодностью окружающим. Вместо того, чтобы стараться быть радостными и благодарными, женщины продолжали злиться. Как практика помогает пианисту не задумываясь, без определённых усилий нажимать правильные клавиши, так и супруга, практикующая недовольный дух, не задумываясь, жмёт клавиши злобы и обиды, когда её выводят из себя. Практика, постоянная практика, совершенствование своего раздражения и недовольства.

Такая женщина практикует злобу настолько долго, что это чувство становится естественным, а она сама уже не замечает его и представляет себя в роли той, которая противостоит гордости и пороку, «делая то, что правильно, даже если другие этого делать не хотят».

Обида и раздражение - это две стороны одной и той же медали.

Со временем, как возрастает раздражение и нетерпение, непокорная жена осознаёт, что не может более контролировать свою нервозность. В один прекрасный день нервы «сдают», и эта особа теряет над собой контроль, орёт, как ненормальная, и поливает близких грязными словами. Она говорит, что у неё был просто «тяжёлый гормональный день», но семья начинает недоумевать. Родные учатся подстраиваться под временные вспышки, а женщина продолжает практиковаться в этом. После визита к врачу она успокаивается и... «больше похожа на себя прежнюю». Врач выписал ей другое лекарство.

«Теперь мама больше спит».

«Т-ш-ш-ш! Не будите маму; у неё сегодня тяжёлый день».

Женщина с нестабильной психикой ожидает, что семья будет ублажать её, и злится, если родные ведут себя, как ни в чём не бывало. Бог поражает душу этой жены ужасной порчей, называемой сумасшествием. Вначале женщина зла только на мужа. Проходят годы, и она зла на всю семью. Со временем зла на Церковь. Затем зла на почтальона и на официантку. **Практика, постоянная практика, доводящая злобу до совершенства. Зла, постоянно зла. Сумасшедшая.**

«...поразит тебя Господь сумасшествием, слепотою и оцепенением сердца...» (Втор. 28:28)

«...начало слов из уст его - глупость, а конец речи из уст его – безумие...» (Еккл. 10:13)

«За то, что ты не служил Господу Богу твоему с ***веселием*** *и* ***радостью сердца,*** *при изобилии всего, будешь служить врагу твоему, <u>которого пошлёт на тебя Господь,</u> в голоде, и жажде, и наготе, и во всяком недостатке; он возложит на шею твою железное ярмо, так что измучит тебя» (Втор. 8:47-48).*

Время для размышлений

Мир – это плод духа. Мир – это ощутимое присутствие уверенности и спокойствия, которое испытывает человек, когда всё хорошо (и даже когда не всё хорошо). Если ты дитя живого Бога, то самые близкие к тебе люди будут всегда испытывать мир в твоём присутствии. Плод духа не имеет части в раздражении, напряжении, нервозности, озлобленности или горечи.

«Плод же духа: любовь, радость, мир, долготерпение, благость, милосердие, вера, кротость, воздержание. На таковых нет закона» (Гал. 5:22-23).

Мудрость – это дар, который Бог даёт всем, но мы получаем его только, если попросим.

> Притчи (9:10) ясно и понятно учат, что **«начало мудрости - страх Господень».**

➢ *Выработай в себе новую привычку*

Когда ты чувствуешь, что впадаешь в опасное состояние и на тебя нападает дух критики, остановись, глубоко вздохни, про себя попроси мудрости, а затем вспомни что-то из своего списка благодарностей. Это формирует привычку, и, со временем, *практика приводит к совершенству.*

➢ *С Богом наедине*

Найди определение слова «*позорная*». Не допускай даже мысли о том, чтобы подобное слово когда-то охарактеризовало тебя. Если ты выражаешь раздражение и осуждение по отношению к другим, то помни, что земля трясётся от такой позорной женщины, вышедшей замуж.

> **«От трёх трясётся земля, четырёх она не может носить: раба, когда он делается царём; глупого, когда он досыта ест хлеб; позорную женщину, когда она выходит замуж, и служанку, когда она занимает место госпожи своей»** (Прит. 30:21-23).

Исследуй в Писании выражение «*страх Господень*». Сколько раз о нём говорится? Как ты думаешь, чему Бог хочет научить нас? Как бы изменилось наше отношение к повседневным проблемам, если бы мы действительно боялись Бога и страшились Его закона сеяния и жатвы?

Глава 7

Мудрость, пока ещё есть надежда

Мудрая жена учится всегда. Она готова измениться, внимательно слушает и приобретает знание.

Молодая мама, выслушай меня, пожалуйста

Уважаемые супруги Пёрл,

У меня на сердце тяжесть. Я от всего сердца желаю воспитывать детей в Господе (им 2 года и 5 лет) и переживаю вот о чём: мой муж заблуждается в том, что некоторые телепрограммы и телереклама безвредны для него и детей. Тот факт, что они юмористические, затмевает пред ним другой факт, что они грязные и наносят вред духовной жизни семьи. Мне иногда приходится работать по вечерам, и я переживаю о том, что в это время идёт по теле-идолу в нашем доме. Я поделилась своими опасениями с мужем (и, к сожалению, надоедала ему тоже), но он не видит в телевизоре ничего плохого. Это послужило причиной моего возмущения и недовольства им до такой степени, что больше не могу уважать и любить супруга. Но я остаюсь верной своим брачным обетам. Можете ли Вы как-то помочь или что-то посоветовать? Мне иногда кажется, что я вышла замуж не за того человека! В нём очень много положительных качеств, но я опасаюсь, что он заблуждается.

Заранее благодарна за вашу помощь,

Сюзен

Дорогая Сюзен,

Только представь, чтобы произошло, если бы твой муж в один день взял и испарился. Нет больше плохой рекламы, споров о телевизоре, тёплой кровати, а только множество длинных одиноких ночей и дней тяжёлой работы вдали от детей. Дети больше не будут с папой смотреть телевизор, а будут с приходящей няней, которая присматривает за ними за деньги. А ты будешь переживать о том, не привела ли эта няня к себе друга, чтобы позаниматься с ним любовью в спальне, пока дети смотрят телевизор. Малыши будут плакать, когда ты будешь уходить на работу, а старшие будут радоваться, потому что смогут воспользоваться новообретённой свободой. Что-то произойдёт с машиной, но ты не сможешь взять отгул, чтобы заняться ей. Тебе будет недоставать денег. Ты поймёшь, что круг общения для разведённых мам с детьми очень узок. Затем дети слягут с гриппом, а приходящая няня не захочет приходить, потому что побоится заразиться, работая за несколько жалких грошей. В течение года или двух бывший муж будет забирать детей на выходные. Ты не сможешь контролировать, чем они там занимаются, да и будешь сильно уставшей, чтобы переживать об этом. Со временем алименты, которые, как думала, должна получать по закону, перестанут приходить, потому что твой муж переехал в другой штат с очередной женщиной.

Если будешь продолжать не уважать своего мужа, то подобный сценарий сможет оказаться твоим личным кошмаром – скоро!

А теперь, Сюзен, давай вернёмся в реальность. Если будешь продолжать не уважать своего мужа, то подобный сценарий сможет оказаться твоим личным кошмаром – скоро! Ты говоришь, что возмущена и недовольна. Твоя душа постепенно впитывает зло. В письме говорится, что ты уже задумывалась над разрывом супружеских отношений по этой причине. Я видела подобное сотни раз. Люди будут спрашивать, почему муж оставил тебя, а ты будешь им праведно отвечать, что он связался с другой женщиной. Но правда будет в том, что ты достала его, потому что он смотрел рекламу, которая тебе казалась плохой. Ты оставила его сердце. А он оставил твои чувства – и всё потому, что ты «играла в Святого Духа». Вспомни, как сказала мне, что больше не испытываешь любви или уважения к мужу и даже задумывалась после всего, подходящий ли он для тебя мужчина. Ты невольно выдала мужу свои мысли, и, будь уверена, он сейчас то же самое думает и о тебе.

Молодая мама, послушай меня. Не делай глупостей. Ты даже не представляешь, как всё может печально обернуться. **Дьявол жаждет заполучить души твоих детей. Но он достигнет этого не через телевизор, а через твоё неуважение к мужу.** В результате последствий рекламы, мальчики могут бороться со своим половым влечением, но многие юноши смогли пережить это, несмотря на возрастающие искушения. Зато очень немногие смогут пережить неустойчивый брак, в котором мама возмущается папой. Твоё поведение никоим образом не оградило детей от искушений. Не придирайся к мужу, и тогда ты сможешь любить и почитать его, а это принесёт детям гораздо больше пользы. Когда Бог дал Адаму Еву, то создал мужчине соответственную помощницу, а не совесть. У Адама уже была его совесть, до сотворения жены.

Я не говорю, что *ты* должна понизить стандарты. Несомненно, у мужа должны бы быть стандарты более высокие, но твоё ворчание и критика проводят к совершенно противоположному результату. В лучшем случае, если бы ты смогла сама придерживаться своих стандартов, держать язык за зубами и поддерживать мужа, то со временем смогла бы изложить свои доводы, не оскорбляя его при этом.

На данный момент ты или будешь продолжать приближаться к разводу, или сможешь встать на путь благословенного супружества, почитая мужа. Это элементарно.

- Деби

Одна

Дорогие супруги Пёрл,

Хочу поделиться своей историей, чтобы она побудила других задуматься. Мне 52 года, 23 из них я одинока, хотя никогда не думала, что в жизни меня ожидает подобная участь. Никогда не подозревала, что муж бросит меня.

Я совершила достаточно ошибок в отношениях с мужем. Сегодня вижу и слышу молодых жён, а также и более старших жён, которые, не думая о том, совершают точно такие же ошибки по отношению к своим мужьям.

Как должное они воспринимают тот факт, что муж никогда не подаст на развод и не оставит их. Их либеральную позицию в жизни поддерживает чувство полной безопасности, которое подпитывает в них понятие, что жёны могут противостоять ошибкам, падениям и заблуждениям своих мужей множеством различных способов. Думаю это или просто заблуждение, или же явный отказ повиноваться Божьим повелениям для жён, а может, и то, и другое, вместе взятое. Поэтому и пишу своё свидетельство, чтобы открыть глаза тем жёнам, которые действительно просто не знают, или же тем из них, которые явно непокорны.

Я не могу отвечать за супружеский долг и обязанности своего мужа. Это касается его и Бога. Но если бы тогда я знала то, что знаю сейчас о Божьих повелениях жёнам, а именно, что требуется мужу и как жена может восполнить его потребности, то это бы сыграло значительную роль в наших отношениях.

То, что я делала или отказывалась делать, было не повседневным открытым и явным неповиновением. Наоборот, это были трудно уловимые, незаметные и бессмысленные пустяки, однако...

- ***Когда** муж вёл себя дома эгоистично, срывался и даже выражался неприличными словами, а затем шёл в церковь и вёл себя очень духовно, то я, несомненно, могла бы молиться за него, а не отдаляться эмоционально, чтобы дать волю своему цинизму и показать своё разочарование им. Жалею, что не выражала открыто свою любовь и своё расположение к нему, а вместо этого нетерпеливо ждала, когда же он будет вести себя правильно.*
- ***Когда** у мужа не получалось заниматься детьми, проводить семейные молитвы, быть духовным и должным лидером, я жалею, что не уповала полностью на Бога и с радостью и верой в сердце не созидала наше единство, уважение к нему, почтение и послушание. Сокрушаюсь, что не научила детей молиться за отца и уважать его, а вместо этого открыто играла роль несчастной мученицы.*
- ***Когда** муж выражал своё мнение о ком-то или о чём-то, я жалею, что всегда критиковала его взгляды, давая ему понять, что он опять в очередной раз неправ.*
- ***Когда** он вёл себя, как порядочный негодяй, к сожалению, я не молилась за него и не молчала, а давала ему знать всё, что о нём думаю.*

• ***Когда*** *муж старался помириться со мной после определённых промахов, я жалею, что вела себя так холодно, желая, чтобы он ещё «помучился» и попросил тогда прощения с ещё большей искренностью.*

• ***Когда*** *супруг тратил деньги, а я переживала, что их у нас нет, сожалею, что не доверяла Богу и не могла смолчать. Раскаиваюсь, что, независимо от его решений, я не оказывала мужу свою поддержку.*

• ***Когда*** *он просил меня сделать что-то, что я не хотела, сокрушаюсь, что не выполняла его просьбу с радостью, а вместо этого заставляла его пожалеть о том, что он обратился ко мне. Твердолобость в жёнах не привлекает мужчин.*

• ***Когда*** *ему нужна была женщина, которая бы верила в него, восхищалась, поддерживала и принимала его таким, какой есть, независимо от его промахов, жалею, что не оказалась именно той женщиной.*

• ***Когда*** *я думала, что единственный способ изменить супруга, это напоминать о его малейших недостатках, цепляться ко всем мелочам в поступках и разговорах, а так же держаться с ним на расстоянии, очень раскаиваюсь, что никто не отвёл меня в сторону и не подсказал, как глубоко я заблуждалась, думая, что моей прямой обязанностью является оказание постоянного давления на мужа.*

• ***Когда*** *он выражался недостаточно ясно в своих деловых сделках или в разговоре с друзьями, сожалею, что не могла смолчать и не влезть со своей «помощью».*

• ***Когда*** *мы были в кругу родных и друзей, раскаиваюсь, что принимала вид мученицы каждый раз, как только он покидал меня, чтобы заняться чем-то своим.*

• ***Когда*** *он не знал, как выразить свою любовь, а я была эмоционально опустошена, очень жалею, что не любила мужа безгранично, продолжая надеяться и всё переносить, а вместо этого сдавалась и бежала к родным и подружкам за поддержкой и советами. Я никогда не пыталась привлечь его любовь к себе, а воспринимала как должное тот факт, что он обязан выполнять свой супружеский долг и любить меня. Жалею, что не пошла учиться в «Божью Школу Красоты» для женщин.*

Шло время. Под грузом ошибок, грехов и эгоизма со стороны нас обоих стал умирать и наш брак. В один прекрасный день, к моему удивлению и шоку, мой муж просто ушёл. Дети и я оказались практически в нищете. У мужа больше не было естественного желания заботиться о семье. Я получала жалкие алименты, но их постоянно не хватало. У нас никогда не было денег, когда дому или машине требовался ремонт. Всё постепенно разваливалось. Люди нам помогали, но никто не знает, как помочь разбитой семье.

Я с ужасом ожидала летних каникул. Каждое утро уезжала на работу и мучилась при мысли о том, что моим детям предстоит провести 10 часов дома без мамы, потому что я не могла позволить себе нанять приходящую няню или же не могла найти надёжного человека, который присмотрел бы за ними. Дети были уже взрослыми для детских садов, но всё равно ещё маленькими, чтобы оставаться дома самим. Поначалу никто не мог побыть с ними дома, когда они болели, и мне приходилось пропускать работу. Затем мы сваливались с недельным гриппом, и моё рабочее место уже зависело от моего выхода на работу. У меня не было никакой специальности, поэтому я начинала работать на самых низкооплачиваемых должностях, а потом я заболела очень долгой прогрессирующей болезнью, которая осложнялась ещё и стрессом, но мне приходилось продолжать работать. У меня не было выбора.

Но Бог оставался верен. Мы никогда не голодали и не замерзали. Однако всегда, год за годом, с нами дома было одиночество, чувство того, что от нас отказались, что мы брошены, да ещё финансовые трудности. Знаю, что жизнь моя сложилась бы по-другому, если бы в ранние годы своего супружества я знала и выполняла Божьи постановления для жён.

Некоторые из вас не верят, что с ними может случиться что-то подобное. Может, вы даже думаете, что для вас было бы облегчением, если бы муж освободил дом. Наверно, вы думаете: «Я сильна и здорова. Эмоционально спокойна. Справлюсь. Я симпатична и ещё встречу хорошего мужчину. Мои родные не оставят меня. У меня есть хорошая церковь, которая поддержит меня. Я смогу пройти консультирование и т.д. По крайней мере, в моём доме будет мир и покой, и я смогу жить, как захочу. У меня не будет никаких лишних проблем». Глупые жёны верят всем этим вещам. Но я знаю лучше. Мой собственный опыт, как и тысяч других, подсказывает, что подобное мышление является просто самообманом.

Каролина

Новое поколение женщин

Оглянитесь вокруг себя. Обратите внимание на новое поколение женщин. Они обслуживают ваши столики в местных ресторанчиках, постригают траву, работают в больницах, регулируют движение в местах ремонта дороги. Вокруг тысячи подобных женщин, они везде выполняют любую работу, которую могут найти. В основном это матери-одиночки. На них дешёвая одежда, неопрятная причёска, а темные круги под такими юными глазами подтверждают утраченные надежды. Это новая армия рабочей силы. Они остро нуждаются в работе, поэтому работодатели легко могут недоплачивать им. Работодатели могут положиться на них, потому что те ни в коем случае не рискнут потерять работу. Матери-одиночки постоянно рассеяны. Они всегда переживают об оставленных дома детях или о странном новом друге приходящей няни, который появляется в доме, как только мать уходит на работу.

Иногда они сходятся с другой матерью-одиночкой, чтобы разделить средства для существования, заботу о детях и свои проблемы. Последнее время я читаю, как многие из этих женщин обращаются друг к другу за поддержкой, а порой даже интимностью. Что же подталкивает их на это? *Новое поколение* женщин. Они независимы, несут полную ответственность, находятся под постоянным стрессом и рано стареют, тщетно стараясь заботиться о непослушных детях, которым ни один мужчина не хочет стать приёмным отцом. Женщинам становится мучительно больно, когда они видят, как подходящие кандидаты смотрят мимо них на молодых девушек, необременённых всяким багажом, и приходят в ужас, когда понимают что мужчины, проявляющие к ним интерес, на самом деле скрывают извращённые поползновения к их симпатичным маленьким мальчикам. Дети таких женщин озлоблены и часто попадают в не самые лучшие истории.

Но это не твоя вина. О нет, это *твой муж* изменял тебе, *твой муж* злился или увлекался порнографией, а сейчас у него прекрасная жизнь с кучей денег по сравнению с твоим жалким положением. Через выходные он забирает к себе детей и балует, заставляя их презирать тебя ещё больше. Он выглядит таким улыбающимся и жизнерадостным. У него есть деньги для развлечения детей. Тебя же сыновья и дочери знают, как скупую и сердитую. Они думают, что молоденькая подружка отца очень даже хорошая. Если ты обнаружишь уплотнение у себя в груди, то твоих подростков это не будет волновать, они даже не поймут всей серьёзности ситуации. Ты будешь бороться со своими страхами в одиночестве и думать по дороге к врачу, что если это даже не смертельный конец, то это конец всякой надежды.

А всё началось, когда тебя раздражала реклама по телевизору или когда муж смотрел автогонки по воскресеньям. Ситуация осложнялась, когда он просил тебя выполнить что-то экзотическое в постели. **Развод никогда не планируют, но он всегда возникает из-за необдуманного поведения или действий, которых можно было бы избежать. Не позволь подобному сценарию повториться в твоей жизни.**

Твой бедный, жалкий муж

Я помню вечер после нашей свадьбы. Мой муж решил, что нам надо съездить за продуктами и приготовить покушать, прежде чем мы ляжем спать. У меня не было ни малейшего представления о том, сколько он зарабатывает или сколько денег отложил на медовый месяц. Я никогда не думала о деньгах в своей жизни. Однако мы оказались в продуктовом магазине в воскресенье в 10 часов вечера, женатые менее одного часа, а я уже почувствовала, как во мне стал зарождаться дух критики. Майкл выбрал очень дорогой говяжий фарш, и я попыталась урезонить его: «Не кажется ли тебе, что это мясо очень дорогое, может, лучше выбрать что-то подешевле?» Мужу было уже двадцать пять лет, и никакая раньше женщина не требовала от него отчёта в действиях. Никогда не забуду изумлённое выражение его лица. Как будто Майкл пытался припомнить: кто же я такая и почему сомневаюсь в его выборе. **Я выглядела так, словно пыталась опекать его, разговаривая с ним, как с несмышленым ребёнком, осуждая его за этот поступок.** Именно так мне виделась ситуация в тот

> Между нами ещё не было супружеской близости, а сатана уже приступил ко мне, как когда-то и к Еве, с искушениями. И я попалась, как и моя старшая сестра Ева.

определённый момент. Но внезапно я сама удивилась своему поведению и подумала: «Какое право я имею обращаться с ним, как с круглым невеждой?! Откуда знаю, сколько у него денег? Я даже не успела стать ещё его женой, в библейском смысле слова, однако стою тут и рассуждаю: «Ах, как ты глупо тратишь деньги. Я бы СВОИ деньги так никогда не потратила!»

Между мной и Майклом ещё не было супружеской близости, а сатана уже приступил ко мне, как когда- то и к Еве, со своими искушениями. И я попалась, как и моя старшая сестра Ева, - и сама удивилась этому духу критики. Там, в магазине, стоя рядом с мясным прилавком, я твёрдо решила, что не позволю моей жизни складываться подобным образом, **а научусь быть женой по сердцу Божьему**, независимо от того, что покупает муж или как глупо мне будет казаться, что он тратит деньги.

Как ты поступала сегодня?

На этой неделе сердилась ли ты за что-то на мужа; может, он поздно вернулся, или резко тебе ответил, или накричал на детей? Закипела ли в тебе обида, и ты преднамеренно перестала встречаться с ним взглядом, чтобы показать своё недовольство? Ты понимаешь, о чём я говорю? Ты прекрасно знаешь недостатки своего сердца и души. Да, твой муж заслужил это. Да, у тебя есть на это право. Но испытала ли ты удовлетворение от своего недовольного поведения? Смиряется ли он теперь пред твоей обидой и исправляется ли в надежде избежать твоего осуждения? **Он практикуется в своих *недостатках*, а ты практикуешься в своей *обиде*. Вы оба практикуетесь в разводе. Дети всё видят и практикуются, как стать плохими мамами и папами.**

Отвратительное мышление

Приступы беспокойства, депрессия, подавленное настроение, чувство неспособности контролировать собственные мысли, необоснованный страх и вспышки гнева – всё это зарождается в нашем разуме. Это то, во что ты позволила превратить себя за 40 тысяч ежедневных мыслей. Постоянно реагируя одним и тем же образом, ты формируешь привычку, которая становится уже неотъемлемой частью тебя самой. Любой курильщик скажет, насколько сильной может быть привязанность. Отвратительнее мышление - это привязанность, которая может вскоре начать контролировать твоё тело и затмит твой разум. Бог предупреждает нас следить за своими чувствами: **«Ибо в вас должны быть те же чувствования, какие и во Христе Иисусе»** (Фил. 2:5), **«потому что, каковы мысли в душе его, таков и он»** (Прит. 23:7); **«больше всего хранимого храни сердце твоё, потому что из него источники жизни»** (Прит. 4:23).

Может, ты забыла, для чего была сотворена? Тогда, пожалуйста, приди к Иисусу такая, как есть, и скажи Ему: «С этого дня я хочу стать соответственной помощницей, которой Ты сотворил меня». Скажи Ему. Он ждёт, чтобы простить и полюбить тебя. Бог поможет тебе.

Я знаю, что обращаюсь с тобой резко. Но не более резко, чем реальная жизнь. На мгновение Бог разрушил твою стену оговорок и уважительных причин, и ты поняла, что должна отвечать за своё поведение.

> **«А <u>слушающий и неисполняющий</u> подобен человеку, построившему дом на земле без основания, который, когда напёрла на него вода, тотчас обрушился; и разрушение дома сего было великое»** (Лук. 6:49).
>
> **«...ибо дал нам Бог духа не боязни, но силы и любви и целомудрия...»** (2 Тим. 1:7)

Какова Божья воля для меня?
Быть верной помощницей мужу.

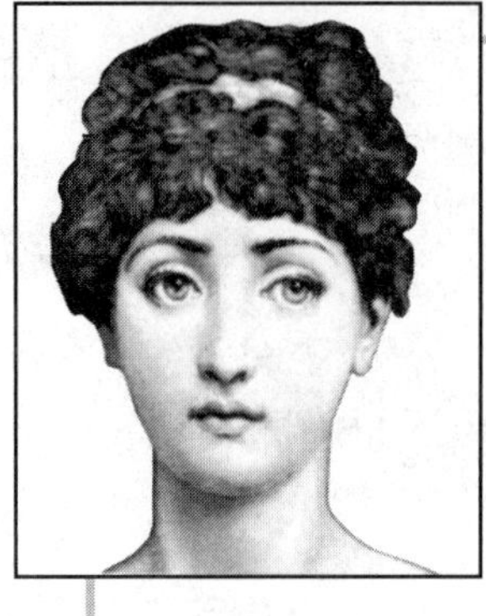

Время для размышлений

С самого начала у Бога был план для женщин и ты не исключение из этого плана.

Грех приводит женщин к саморазрушению. Поскольку это происходит очень медленно, почти незаметно, то жёны не предвидят надвигающегося удара, пока не становится слишком поздно, и мужа больше нет. Этот разрушающий процесс постепенно затмевает взгляд женщины на её роль в семье, и тогда она повторяет те же ошибки за ошибками, пока не становится слишком старой или надломленной, чтобы суметь привлечь другого мужчину стать частью его жизни.

> **«Течёт ли из одного отверстия источника сладкая и горькая вода?»** (Иак. 3:11)

Выработай в себе новую привычку

Подумай о вещах, которые тебя больше всего раздражают в муже и скажи себе: «Я не вижу ситуацию в целом и не знаю, что Бог совершает в моей жизни или в жизни мужа. Гораздо большим грехом является моя критика, чем его плохие привычки. Я виновна в порицании Слова Божьего, если не люблю и не почитаю мужа, поэтому прекращаю свою борьбу с ним в этом отношении, и понимаю, что в Божьих силах руководить моим мужем и обличать его. Я доверяю Богу».

С Богом наедине

Еще раз прочитай предыдущее свидетельство **«Одна»**. Каждый раз, как будешь читать слово ***«когда»***, остановись и спроси себя: «А если мой муж ведёт себя так же, как её, реагирую ли я подобным образом?» Напиши свой новый ответ на каждое *«когда»*. Попроси Бога дать тебе мудрости и смелости исполнить свои обещания.

Глава 8

Мудрость, чтобы понимать своего мужа

в соавторстве с Ревеккой (Пёрл) Анаст

Мудрая жена умеет подстроиться под мужа.

Три типа мужчин

Все мужчины разные. Однако я заметила, что существует три основных типа, которые выражаются в годовалых малышах так же, как и во взрослых мужчинах. Создаётся впечатление, что Бог сотворил каждого мужчину для выражения Своего Триединства. Ни один из них не может полностью отражать образ Бога. Но если бы мужчина мог соответствовать всем трём типам одновременно, то был бы просто идеальным, хотя я никогда не встречала, не слышала и не читала в художественной или исторической литературе о подобном мужчине, отражающем в себе одновременно все три типа. Конечно, Иисус был идеалом. Большинство мужчин немного относятся ко всем трём типам одновременно, но ярко выражен в них только один. И никакие усилия или испытания в жизни не смогут переделать мужа из одного типа в другой. Нет ничего более жалкого и унизительного, чем образ мужчины, пытающегося вести себя в разрез со своей натурой. Изучая эти три типа, ты, наверняка, узнаешь в одном из них своего мужа и увидишь, являешься ли для него наказанием или благословением.

К моменту, когда девушка достигает брачного возраста, она уже рисует себе тот образ, которому должен соответствовать будущий муж. Мужчины, которых она раньше знала, а так же персонажи из фильмов и книг создают в женском воображении образ идеального мужчины. Бедные мужья! Немало трудностей доставляют им наши сложившиеся заранее идеалы. Однако мужчины не идеальны, напротив, они очень далеки от этого. Бог дал каждому из них натуру, которая только частично, но не в совершенстве, отражает Его Самого. Добавьте в довершение ко всему тот факт, что все мужчины - падшие создания, и тогда любой девушке придётся серьёзно задуматься: зачем, вообще, она решила связать свою жизнь с одним из этих сынов Адама. Но Бог дал нам, женщинам, это необъяснимое желание быть нужными мужчинам, и наши гормоны усиленно работают в этом направлении.

Вы оба потерпите поражение, если будешь бороться с недостатками мужа. Но если ты как жена будешь продолжать любить и поддерживать его <u>вместе с</u> недостатками и <u>без</u> господства над ним, тогда вы оба преуспеете и возрастёте.

Когда молодая жена вдруг осознаёт, что уже связана с мужчиной, который совсем не такой, каким его себе воображала, то вместо того, чтобы учиться подстраиваться под него, она начинает изводить свой брак, который обычно длится недолго, пытаясь переделать своего мужа в того, каким он должен стать в её воображении. Большинству девушек достаточно прожить совсем короткое время в браке, чтобы с ужасом понять, что им, оказывается, достался совсем не тот мужчина. Вместо того, чтобы пенять на свою «судьбу», просите лучше мудрости у Бога.

Мудрость – это знание того, что ты уже «получила» выйдя замуж за этого человека, и умение подстроиться под него, такого, *какой он есть*, а не такого, каким бы хотела его видеть ты.

Мужчины не похожи друг на друга. Наверняка, твой муж не такой, как отец, или брат, или герой любимого романа. Каждый муж сотворён по образу Божьему, но потребуется огромное количество мужчин, чтобы хотя бы приблизительно попытаться отобразить образ Бога целиком. Ни один потомок Адама не идеален, а если бы и был таковым, то был бы уже слишком свят, чтобы нуждаться в тебе. **Бог даёт несовершенному мужчине несовершенную жену, чтобы она стала его сонаследницей благодатной жизни.** ***Вместе они становятся чем-то большим, чего никогда не смогли бы достичь в одиночестве.*** Вы оба потерпите поражение, если в роли жены ты будешь бороться с недостатками мужа или же пытаться командовать им. Но если ты как жена будешь продолжать любить и поддерживать мужа вместе с его недостатками и без господства над ним, тогда вы оба преуспеете и возрастёте.

Господин Командир

Наш Бог – это **господин**, властелин и повелитель. У Него также есть **воображение** – Он вездесущий и всемогущий в исполнении Своих замыслов. И наш Бог **постоянен** – наш верный Первосвященник, Который вчера, и сегодня, и вовеки тот же. Большинство мужчин отражают в себе одно из этих трёх качеств Бога.

Некоторые мужчины уже рождены с явно выраженной господствующей натурой и недостатком нежности на первый взгляд. Обычно они занимают руководящие должности. Давайте назовём их *Командирами*. Они прирождённые лидеры и зачастую выдвигаются другими на должности военного командования, политиков, проповедников или президентов корпораций. Уинстон Чёрчиль, Джордж Пэттон и Рональд Рейган являются примерами мужчин господствующей натуры. Так как наш мир не нуждается в огромном количестве лидеров, то, наверно, поэтому Бог и ограничил количество подобных *Командиров*. Человек, созданный по образу и по подобию Божию, на протяжении всей истории окружал себя хорошими людьми для выполнения своих замыслов. Однако *Командиры* обычно выполняют гораздо больше работы, чем требуется от них.

Тебе необходимо научиться общаться с ним так, чтобы не принижать его авторитета.

Командиры известны тем, что ожидают от жён полного, с головы до ног, повиновения. Они не желают, чтобы их вторая половина занималась чем-то посторонним, что будет отвлекать её от помощи мужу. Если ты так же, как и я, вступила в благословенный брак с сильным, волевым и властным человеком, тогда тебе просто необходимо научиться общаться с ним так, чтобы не принижать его авторитета. Позже в этой книге мы поговорим о том, как лучше выражать ему свою точку зрения.

У *Командиров* минимальный запас терпения, поэтому они могут покинуть свою недовольную жену гораздо быстрее, чем та осознает всю серьёзность сложившегося положения. К тому моменту, когда супруга всё-таки поймёт, насколько близка потеря брака, она уже окажется разведённой женщиной, пытающейся самостоятельно растить детей. Жена может сражаться до посинения, однако её *Командир* никогда не сдаст позиций. По сравнению с другими мужчинами, он не настолько откровенен и открыт в выражении своих эмоций и чувств к жене. ***Командир* выглядит уверенным в себе.** Будет просто ужасно оказаться отвергнутым им. Женщина, которая замужем за *Командиром*, должна **заслужить себе место в его сердце,** доказав, что всегда будет стоять рядом с мужем как верная, послушная и преданная жена. Если она сможет заслужить его доверие, то он безмерно будет дорожить ей.

Королю нужна Королева, вот почему мужчине-командиру нужна верная жена, способная разделить с ним славу и почести.

Муж-командир может призвать жену в любую минуту. Он всегда хочет знать, где она, что делает и зачем это делает. Он исправляет её, не думая. И радости, и в печали в нём говорит его господствующая натура.

Женщина замужем за подобным мужчиной несёт, обычно, нелёгкое бремя. Однако это бремя может послужить и благословением. В определённой степени ей гораздо легче быть в роли помощницы, потому что не существует никакой вероятности того, что она может взять бразды правления в свои руки. Нет никаких размытых границ. Жена *Командира* всегда знает свои обязанности, и это придаёт ей чувство спокойствия, уверенности и защищённости.

Командир считает своим долгом руководить другими, и именно так он и поступает, невзирая на то, желают ли другие его руководства или нет. Как ни странно, но это нравится обществу. У очень немногих хватит смелости действовать в одиночку и не пугаться при этом критики. Но *Командир* никогда не упустит своих шансов. Именно для этого Бог сотворил подобных властных мужчин. Их путь не из лёгких, поэтому Иаков и сказал: **«Братия мои! не многие делайтесь учителями, зная, что мы подвергнемся большему осуждению»** (Иак. 3:1).

11 сентября, когда был разрушен Всемирный Торговый Центр, террористами был захвачен ещё один самолёт, пролетающий над Пенсильванией. На том самолёте находился г-н Тодд Бимер. Это его голос произнёс ставшую затем знаменитой фразу «Поехали». Наверняка, он был сильным *господином Командиром*. Тодд и другие, ему подобные, смогли взять контроль над безысходной ситуацией и сохранить многие жизни, пожертвовав при этом своими. Если бы г-н Бимер не сумел трезво оценить ситуацию, принять решение и действовать соответствующим образом, то могла бы произойти ещё большая катастрофа. Он знал, что жизнь тех людей была в его руках. Это была большая ответственность, однако г-н Бимер действовал, «как и должен действовать настоящий мужчина». Может, вы помните, как мужественно и царственно держалась его молодая вдова, когда мы увидели её по телевизору после атаки. **Настоящий *господин Командир* видит гораздо больше и стремится помочь ещё большим людям**, даже если это стоит ему его собственной жизни или жизни дорогих ему людей. Если он честен, то согласится на финансовые потери, лишь бы помочь тем, кто нуждается в помощи. В итоге *Командир* всегда оказывается на высоте. Но если он корыстен, то эгоистично использует чужие средства для достижения собственных целей.

Он действует так, словно стоит на вершине горы и видит вдалеке свою цель.

Королю нужна Королева, вот почему мужчине-командиру нужна верная жена, способная разделить с ним славу и почести. Его победы тускнеют без женского восхищения. **Если в ранние годы брака жена научится радоваться преимуществу второго голоса, не будет обижаться на упрямую настойчивость мужа, тогда она станет его обожаемой правой рукой, потому что такие мужья просто обожают своих жён и дорожат ими.** Жена станет его самым близким или даже единственным доверенным лицом. С годами *Командир* может стать более уступчивым и нежным, а жена сможет подобрать тайные ключики к его сердцу.

Если ты замужем за королём, то тебе просто необходимо ежедневно почитать и уважать его, чтобы он смог стать милосердным, честным, сильным и совершенным мужем Божиим. В нём заложен потенциал замечательного лидера. Никогда не стыди мужа, не унижай и не пренебрегай его достижениям.

Командир всегда будет двигаться вперёд, а если жена отказывается от его руководства, то он всё равно будет продолжать идти вперёд, но уже в одиночку. Если же в таком муже нет твёрдых христианских убеждений, то он сможет подать на развод. Если жена пренебрегает им, то *Командир*, как и персидский царь Артаксеркс, не оглянётся назад, а заменит жену другой. Если же христианские убеждения не позволят супругу развода, то он всё равно будет продолжать упрямо руководить, а жена станет известна, как бедная и несчастная неудачница.

Если *Командир* не разовьёт в себе трудоспособность и, следовательно, достигнет очень малого, то всё равно будет стремиться хвастаться и рассказывать истории о себе, пока, вконец, не надоест окружающим. Если он оставит жену и потеряет детей, следовательно, оставшись без собственного «королевства», то превратится в ужасного болтуна.

Заблудший *Командир* может вести себя очень оскорбительно. Необходимо помнить, что, в большинстве случаев, реакция *Командира* зависит от того, насколько его уважает собственная жена. **Когда жена уважает и почитает своего *Командира* (заблудшего или спасённого), тогда она, как верная помощница, узнает, как прекрасно он может заботиться о ней и поддерживать её.** В большинстве браков проблема состоит не в том, что муж жесток и груб, а в том, что он не получает послушания, уважения и почтения, которого ожидает. Поэтому супруг срывается. Если же жена старается быть его помощницей, то *Командир* будет реагировать совершенно иначе. Конечно, некоторые мужчины настолько жестоки и испорчены, что, даже если жена и является настоящей помощницей, муж всё равно может поднять руку на неё или детей. В таком случае, жена обязана обратиться за помощью к соответствующим органам, чтобы те стали рукой Бога, творящего правосудие.

- Как правило, *господин Командир* не выносит мусор и не убирает рассыпавшийся мусор возле бака. Но он может поручить эту работу кому-то другому. *Любая женщина, пытающаяся переделать*

Командира в прекрасного мусорщика, наверняка, останется в одиночестве, брошенная мужем.

- *Господин Командир* рассказывает о своих планах, идеях и достижениях. Но он очень конкретен и объективен, **не довольствуется пустыми разговорами. *Командир* действует так, словно стоит на вершине горы и видит вдалеке свою цель.** В определённых ситуациях он рассчитывает на помощь жены.
- *Господин Командир ч*увствует себя неловко и потерянно в общении с больными, беспомощными и умирающими. Где нет надежды, там *Командиру* делать нечего.
- Прирождённый лидер – это мужчина, способный при необходимости подстроить свои принципы и правила под обстоятельства для большего блага ещё большего количества людей.

Господин Воображение

У Бога есть *воображение*, и мы видим это в лице Святого Духа. Господь сотворил некоторых мужчин, отражающих именно это качество Божества. К этому типу обычно относятся пророки или лжепророки. Некоторые из вас замужем за мужчинами, которые постоянно что-то встряхивают, что-то меняют или о чём-то мечтают. Подобные мужчины могут поставить всю семью в тупик своими вопросами, пытаясь, например, разобраться в следующем: почему мы празднуем Рождество? Надо ли нам получать разрешение на брак в государственных учреждениях? Должны ли христиане поддерживать систему социальной безопасности? Вопросы могут быть серьёзными и стоящими дальнейшего обсуждения, но у подобных мужчин, в определённой степени, взгляды очень категоричны, т.к. такие люди способны сконцентрировать своё внимание только на каких-то отдельных вещах. Подобные мужчины могут в один момент сорваться с места и переехать без малейшего представления о том, чем будут заниматься на новом месте. Они обычно те, кто разделяют церкви, требуют доктринальной святости или определённой манеры в одежде и в поведении. Как и пророки, такие мужчины обличают людей за их непостоянство. Если они недостаточно умны, то могут выставить себя

Величие – это состояние души, а не определённые достижения.

настоящими глупцами, пытаясь протолкнуть свои идеи и призывая других следовать за ними. Один *господин Воображение* может бороться за легализацию марихуаны, в то время как другой будет выступать за запрещение абортов. Большинство же будет просто сидеть дома и возмущаться, но в душе они всё равно будут воображать.

Господа Воображение, обычно, - очень одарённые мужчины. Они изобретатели. Я уверена, что только мужчины подобного калибра смогли завоевать Дикий Запад, однако же они не были теми фермерами, которые впоследствии осваивали эти земли. На сегодняшний день, *господа Воображение* – это проповедники на улицах, политические активисты или же организаторы и инициаторы любых передовых движений в обществе. **Они обожают борьбу** и просто терпеть не могут бездействия. «Если это можно изменить, то зачем оставлять всё, как есть?» Эти люди не дают всему оставшемуся миру застыть на месте. ***Господа Воображение* выражают себя словами, музыкой, сочинениями, высказываниями, произведениями искусства или делами.** Они **«глас вопиющего в пустыне»,** пытающиеся изменить образ мышления и поведения человечества. Добрые намерения не всегда предотвращают подобных мужчин от нанесения ещё большего вреда. Если они не обладают достаточной мудростью, то запросто могут заварить кашу и варить её до тех пор, пока она не сгорит. Глупая жена своими неодобрительными словами может только подлить масла в огонь, но мудрая жена простыми предостережениями может обратить внимание мужа на то, что вкусная каша уже сварилась и её пора снимать с огня. **Каждому *господину Воображение* необходима добрая, мудрая, благоразумная и верная жена, которая весело смотрит в будущее.**

Научись уступать и научись быть верной мужу.

Если ты замужем за подобным мужчиной, то ожидай от него или бедности, или богатства; что-то среднее бывает очень редко. Он может вложить все свои сбережения в первую попавшуюся сделку, в результате которой или сколотить себе состояние, или же потерять всё до копейки. *Господин Воображение* никогда не сможет работать с 9.00 до 18.00 на одном и том же рабочем месте в течение тридцати лет, а затем спокойно уйти на пенсию и продолжить беззаботную жизнь. Если он работает на самой обыкновенной работе, то будет или прогуливать половину рабочего дня, или же работать, как ненормальный, по 80 часов в неделю и радоваться каждой минуте. Он может купить крокодиловую ферму где-то во Флориде или лыжный курорт в Колорадо. Или же старый вагончик на колёсах для жилья за 150 долларов в надежде отремонтировать его и продать за 10 тысяч, и всё только для того, чтобы узнать, что эту развалюху нельзя даже сдвинуть с места. Тогда такой муж призовёт свою жену и детей, чтобы помочь ему разобрать верхнюю часть вагончика и вынести весь мусор на свалку (при этом сохранив всю бытовую технику в уже и так забитом гараже) в надежде превратить оставшиеся колёса и оси в фермерский фургон. Теперь имея фермерский фургон, но, не имея скота, *господин Воображение* купит три старых больных коровы и тогда... **Он, может, никогда не будет богат деньгами, зато всегда будет богат опытом.**

Он может потратить всю свою жизнь, глядя в телескоп или в микроскоп, и будет поражён тем, что увиденное им совсем не беспокоит окружающих.

Может, твой муж не стопроцентный *господин Командир*, потому что очень похож и на *господина Воображение*. Может, тебе уже приходилось несколько раз помогать ему разбирать чей-то старый сарай только для того, чтобы перенести весь хлам в свой собственный. Помни, что в большинстве мужчин может сочетаться несколько типов одновременно, но ярко выражен бывает только один.

Чтобы суметь радоваться совместной жизни с мужем, жене *господина Воображение* необходимо на кое-что закрыть глаза и стать более покладистой. Если ты замужем за подобным мужчиной, то необходимо научиться двум очень важным вещам (кроме того, как правильно выражать ему свои взгляды). **Научись уступать и научись быть верной мужу.** Ты не поверишь, насколько радостней станешь сама, сколь увлекательнее будет жизнь, если только научишься плыть по течению – *по его течению*. Жизнь превратится в одно большое приключение. Ты даже станешь сочувствовать тем, которые замужем за сидящими на одном месте, *постоянными типами мужчин*. И, если поймёшь, что муж не должен быть всегда «прав», чтобы ты следовала за ним, тогда, НАКОНЕЦ-ТО, сможешь помахать ручкой своим переживающим родителям, которые будут кричать вслед, что ты вышла замуж за ненормального. При виде тебя люди будут недоумевать, как это ты способна любить и уважать подобного мужа. Но для тебя не будет ничего странного, **ведь ты будешь видеть в нём его величие.**

Величие – это состояние души, а не определённые достижения. Томас Эдисон, ещё не считаясь таковым, стал *великим* после 999-ой неудачи в изобретении лампочки. Братья Райты стали *великими*, когда отказались от своей прибыльной работы по ремонту велосипедов и стали «тратить время» на то, чтобы один из них полетел. Если бы лампочка никогда не заработала, и самолёт никогда не полетел, и никто бы сегодня не помнил их имена, то эти люди всё равно оставались бы самими собой, их жизненный опыт был бы настолько же богат, и их дни были бы настолько же интересны. Видела ли жена Эдисона величие мужа, когда он тратил свою последнюю копейку на очередной неудавшийся эксперимент? Если нет, то она потеряла очень многое.

Именно в твоём лице он будет искать одобрения всех своих великих дел.

Господину Воображение **просто необходима поддержка супруги.** За это он будет ценить жену. Без неё он одинок. Поначалу жить с подобным мужем окажется нелегко. Большие скандалы станут обыкновенным началом семейной жизни для простой хорошей девушки (у которой папа был *господин Постоянство*), когда она выйдет замуж за такого «ненормального». Они или громко разведутся (жена оставит его) в первые годы семейной жизни, или же она научится дорожить им, потому что в действительности *господин Воображение* очень замечательный. Я получаю совсем немного писем от жён этих легко выходящих из равновесия и пытающихся-заново-изобрести-колесо мужей, зато получаю огромное количество писем от тёщ подобных мужчин, умоляющих меня написать их зятьям и вразумить их.

Большинство этих мужчин говорят со страстным вдохновением и энтузиазмом и с удовольствием обсуждают свои идеи, планы и мечты. Если ты замужем за подобным человеком, то он увлечённо будет рассказывать тебе о своей новейшей идее, а в ответ будет ожидать горячей поддержки, а не критики. Позже он сам с более критической точки зрения рассмотрит свою идею, но на данный момент она просто окрыляет его. У него будут тысячи идей для выполнения любого дела, за которое *господин Воображение* возьмётся. Многое он попробует и никогда не закончит, другое он закончит, но оно окажется бесполезным. Ты же будешь проговаривать, что «так и знала» с самого начала. Напомни ему об этом ещё раз, прежде чем супруг примется за новую идею, и ты разрушишь свой брак, но не сможешь изменить мужа. Он всё равно будет продолжать делиться своими «дурацкими идеями» с кем-то ещё.

Научись радоваться совместной жизни

Несколько лет назад одна молодая пара решила на медовый месяц отправиться в путешествие на велосипедах. Супруги выбрали по карте маршрут, приготовили велосипеды и собрали дорожные принадлежности. Через пару дней пути молодая жена заметила, что муж заехал явно не в ту степь. Она остановила его и попыталась показать на карте, что он сбился с пути. У женщины был природный дар ориентации, и супруга смогла с точностью определить на карте, где они находились. Муж же не был настолько одарён в этой области, но всё равно попытался доказать, что жена глубоко ошибается, а он едет в правильном направлении. Через несколько часов *господин Воображение* всё-таки понял, что заблудился, но отмахнувшись, обвинил во всём дорожные знаки и перечислил ещё кучу правдоподобных причин. Затем супруг опять свернул на неправильную дорогу, а жена опять стала спорить с ним. Муж попытался исправить маршрут, но молодожёны уже никак не могли сократить расстояние. Жена продолжала указывать *господину Воображение* на его ошибки. Эта часть медового месяца оказалась не совсем «медовой». Ничто не могло изменить взглядов мужа. Он знал, что был прав, а если не совсем прав, то прав настолько, насколько позволяли данные обстоятельства - и критика здесь была вовсе неуместна.

Что же могла поделать супруга? Молодая жена была не совсем рада тому, как складывались их отношения, и поэтому решила для себя, что это может послужить уроком для их дальнейшей совместной жизни. Размышляя над этим, женщина вдруг поняла, насколько важно было для него руководить и быть всегда правым, и совсем неважно было, какой дорогой они ехали. Супруги отправились в эту поездку, чтобы провести время вместе, а не для того, чтобы оказаться в определённом пункте назначения. Бог по Своей любви и милости дал этой милой молодой жене новое сердце. Она решила следовать за мужем без всяких вопросов и сомнений, независимо от выбранного им маршрута. Поэтому жена с удовольствием стала наслаждаться замечательным днём, своей юностью и прекрасной любовью, продолжая крутить педали велосипеда и следуя за мужем, независимо, куда семейная жизнь с ним может завести, пусть даже и в неотмеченный на карте пункт.

Мораль этой истории такова: твои мысли отражаются на твоих чувствах, а твои чувства отражаются на твоём поведении.

Эта маленькая женщина вышла замуж за 100%-го *господина Воображение.* Она правильно начала семейную жизнь, следуя за ним везде, независимо от того, согласна с маршрутом или нет. Жена уступила супругу и до сих пор радуется с ним совместной жизни. В один прекрасный день её муж поймёт, что может полностью довериться жене, и тогда он позволит ей стать его штурманом, оставив при этом за собой все заслуги. Мораль этой истории такова: твои мысли отражаются на твоих чувствах, а твои чувства отражаются на твоём поведении.

Если ты замужем за *господином Воображение,* **научись радоваться совместной жизни,** ибо, если муж когда-то изобретёт ещё лучшую лампочку, то захочет, чтоб ты была именно той, которая впервые включит её людям. Именно в твоём лице он будет искать одобрения всех своих великих дел. Ты для него являешься самым главным почитателем. Когда поймёшь, насколько сильно твой муж нуждается в тебе, тогда будешь радоваться всему.

Со временем подобный тип мужчин становится более практичным. Если мама считает твоего супруга совершенно ненормальным, значит, ты замужем за *господином Воображение.* На данный момент постарайся быть верной мужу **и уступай ему;** а затем позволь мечтателю мечтать. Положись на него и начни радоваться совместной жизни. Она обещает быть очень интересной.

Миру требуются *господа Воображение,* ибо это именно те, которые борются с лицемерием и неправдой или же сражаются с драконами. Такие мужчины возлагают ещё более высокие требования на себя и на окружающих. Они знают, как делать практически всё, и с удовольствием готовы давать советы другим. Со временем они достигают успеха сразу во многих делах.

- *Господин Воображение* может вынести мусор, если только не забудет. Но, скорее всего такой человек изобретёт какой-то способ, чтобы мусор выносился сам или перерабатывался в какую-то энергию. Или же потратит кучу времени и смастерит тележку для выкатывания мусора. Такого мужа не затруднит убрать что-либо (при необходимости), но он может настолько увлечься, что решит что-то покрасить, пока будет подметать, а затем переключится на что-то ещё, прежде чем закончит покраску. И, наверняка, он станет раздражаться, если жена будет надоедать ему с незаконченными делами.
- *Господин Воображение* будет говорить, и говорить, и говорить со своей любимой, если она поддерживает его. Он будет очень субъективно рассуждать о чувствах, настроении и духовных сторонах вопроса. **Ему просто необходима жена, умеющая мыслить трезво, объективно и благоразумно,** чтобы немного попридержать мужа на земле, прежде чем он совсем далеко улетит в своих рассуждениях. ***Господин Воображение*** **может потратить всю жизнь, глядя в телескоп или в микроскоп,** и будет поражён тем, что увиденное им (или то, что думает, увидел) совсем не беспокоит окружающих, и они этого не замечают. Любая мелочь может полностью занять его мысли. И если *господин Воображение* будет в них погружён, то его жене ненавязчиво, как бы мимоходом, придётся напоминать мужу о более серьёзных вещах и обязанностях, как, например, отношениях, финансах или здоровье. Возлюбленной придётся не терять головы, никогда полностью не погружаться в мир его воображения и не пытаться горячо поддерживать мужа в делах, которые, наверняка, заведут его в тупик. Позволь *господину Воображение* немного обжечься на своих опрометчивых действиях. Но не заливай его огонь водой. Пусть он столкнётся с реальностью этого мира и найдёт свою золотую середину. Наверняка, Божьи пророки в Ветхом Завете были именно этим типом мужчин. Помните Илию, Иеремию, Иезекииля и все их испытания?
- *Господин Воображение* – это инициатор и провокатор. Это первопроходец, передовой игрок и движущая сила в выполнении

задач. Он соберёт команду и сохранит её до того момента, пока не появится *господин Командир*, который возьмёт бразды правления в свои руки.

- **Господин Воображение может зациклиться на мелочах и запросто сделать из мухи слона.** Жена должна внимательно следить за своими негативными отзывами о людях. Её пустая болтовня может послужить причиной разрыва отношений между друзьями детства. Это относится ко всем мужьям, но в особенности к *господам Воображение.* Исследуй своё сердце и выясни причины своего мнения о людях. Что ты хочешь этим сказать? Хочешь ли ты приободрить и порадовать мужа или же желаешь подчеркнуть своё превосходство и лишний раз показать себя? Если не совсем хорошо отзываешься о людях, которые воспринимают тебя «как должное», то у мужа может сложиться впечатление, что родные и близкие обращаются с вашей семьёй несправедливо, и тогда он может стать замкнутым и подозрительным. Не ведая о том, ты сможешь потерять подход к супругу. Если желаешь видеть его уверенным и открытым мужем Божьим, тогда ему просто необходимы чистые отношения с родными и близкими. Бог говорит, что своей жизнью жена может возвратить заблудшего мужа. Подобным же образом пустые и нехорошие разговоры супруги могут сломить сильного мужчину и превратить его в недовольного, упрямого и раздвоенного человека. «**Также и вы, жёны, повинуйтесь своим мужьям, чтобы те из них, которые не покоряются слову, житиём жён своих без слова приобретаемы были, когда увидят ваше чистое, богобоязненное житиё**» (1 Пет. 3:1-2).
- *Господину Воображение* необходима жена, которую трудно обидеть. Она должна быть твёрдой и жизнерадостной. Подобный тип мужчин не умеет утешать ни себя, ни других. Его жена должна уметь с улыбкой расправить плечи и перестать обижаться.
- *Господин Воображение* может стать лидером, но из-за его наклонностей концентрировать внимание на мелочах такое лидерство может носить более ограниченный характер.

Господин Постоянство

Наш Бог постоянный. Он – твердыня вечная. В то же время Господь верный, заботливый и внимательный, как священнослужитель, *как Иисус Христос.* Он создал многих мужчин по этому образу. Давайте назовём их *господами Постоянство* – «посредине, которые не вдаются в крайности». *Господин Постоянство* не принимает поспешных решений и не тратит последнюю копейку на новую идею. Он избегает разногласий и не пытается говорить людям, что им надо делать. *Господин Постоянство* никогда не изобретёт лампочку, как *господин Воображение*, но зато будет именно тем, кто построит завод и установит конвейер по производству лампочек или самолётов. Он не прыгнет в самолёте наперерез террористу, чтобы перехватить нож, если только об этом не попросит *Командир. Господин Постоянство* никогда не возглавит революцию против правительства или церкви. Он будет молча игнорировать лицемерие в остальных и самоотверженно сражаться в битвах, которые развяжет *господин Воображение* и возглавит *господин Командир.* Такой человек строит корабли, обрабатывает землю и спокойно растит свою семью. Как правило, он остаётся верным до самой смерти, пока не умрёт в постели, на которой спал последние 40 или 50 лет. Более старшие, разведённые женщины, уже научившиеся на своих ошибках, **знают цену миру и покою, и они просто мечтают о подобных, замечательных, постоянных и достойных мужчинах.** Однако такие мужчины одиноки крайне редко, за исключением тех, которых оставили глупые жёны. Такой муж доволен женой своей юности.

На самом же деле, он похож на глубокую, глубокую воду. Сама глубина делает течение почти незаметным...

Радости и трудности

В совместной жизни с *господином Постоянство* есть свои радости, и трудности. С одной стороны, муж не требует от жены ничего невозможного. *Господин Постоянство* не считает, что супруга должна служить ему. Ты не тратишь своё время на успокоение нервов, потому что муж не создаёт напряжённой обстановки в доме. Тебя редко поторапливают, подталкивают, притесняют и заставляют. Жена *господина Воображение* смотрит на тебя с изумлением, потому что твой муж такой спокойный и уравновешенный. Жена *господина Командира* удивляется твоему количеству свободного времени. Если у тебя отец – *господин Постоянство*, то ты, наверняка, сможешь по достоинству оценить жизнь с таким простым и практичным мужем, ибо это в действительности является огромным благословением.

Нежность мужа не является слабостью – это его сила. Неторопливость мужа не является неуверенностью – это его предусмотрительная мудрость.

Если ты вышла замуж за постоянного и рассудительного человека, но оставила за собой немного высокопарной романтики, то возможно не сумеешь по достоинству оценить *господина Постоянство* или даже перестанешь уважать его. Ты, может, будешь недовольна тем, как он неторопливо ведёт себя или осторожно принимает решения. Властная женщина видит, что её спокойный муж неспособен действовать быстро и опрометчиво, поэтому принимает его за слабохарактерного человека. Его постоянство не позволяет меняться с лёгкостью. Кажется, что он только и делает, что следует за другими и редко бывает впереди колонны. В *господине Постоянство* нет никакой взволнованной спешки, просто размеренное спокойствие, без всяких излишних фанфар. Тебе хочется, чтобы он, наконец-то, решился, чтобы занял определённую позицию в церкви. Тебе кажется, что муж только и позволяет окружающим использовать себя. Иногда хочется, чтобы он чётко и ясно сказал, что именно надо делать и тебе бы не пришлось нести на своих плечах всю ответственность за сложившееся положение.

Некоторые женщины приравнивают нехватку энтузиазма и мудрую предосторожность мужа к недостатку духовности. Отсутствие в нём спонтанности и резкости выглядит, как безразличие к духовным вопросам. На самом же деле, он похож на глубокую, глубокую воду. Сама глубина делает течение почти незаметным, но оно есть, и оно очень сильно.

Муж может не понять причины твоего недовольства и будет стараться угодить ещё больше, тем самым всё более уничижаясь в твоих глазах, как мужчина. **Недовольство и неблагодарность выматывают сильнее любой работы.** Трудности с которыми, как ты думаешь, сталкиваешься из-за него, на самом деле, являются твоим собственным раздражением.

Ты раздражаешься на недостатки, которые видишь в нём. Не пытайся переделать мужа, прими его таким, каким сотворил его Бог, и тогда не будет никаких причин для недовольства. Это самое постоянство помогает мужу идти по жизни своим размеренным темпом, хотя многих властных женщин подобное поведение просто сводит с ума.

> **Вот, почему многие недовольные дамы, которые замужем за *господами Постоянство*, становятся жертвами гормональных нарушений, физических заболеваний и эмоциональных расстройств.**

Если женщина замужем за командующим и господствующим мужчиной, то люди восхищаются тем, что супруга согласна безропотно служить ему. Она выглядит чудесной женой с огромным запасом терпения и самопожертвования. Женщина замужем за легко выходящим из равновесия ***господином Воображение***, который подвергает семью различным испытаниям, всё равно вызывает во многих восхищение. «Как может жена так мирно и спокойно сносить сумасбродные выходки мужа?» Она выглядит святой или, может, даже великомученицей. Но если ты замужем за замечательным, добрым, любящим и старающимся угодить тебе человеком, но сама остаёшься эгоистичной, то поступаешь совершенно неблагодарно по отношению к мужу. Он тебе помогает, оберегает, заботится и восхищается тобой, а ты всё ещё недовольна. Стыд и срам!

Омыватель ног

Вчера я мыла из шланга церковную уборную во дворе. Для вас, городские девушки: уборная во дворе – это такая небольшая постройка над ямой в земле, с деревянными полами и сиденьем с дыркой. До установки водопровода в помещениях это служило обыкновенным туалетом. Уборная во дворе обычно находилась на несколько метров в стороне от дома, потому что, как вы уже догадались, подобное помещение очень неприятно пахнет. Когда я поливала сиденье и стены водой, мне очень хотелось, чтобы рядом оказался Чак. Если где-то есть неприятная и тяжёлая работа, которой многие стараются избежать, и в которой нет никакой славы, то можете быть уверены, что там будет молчаливый Чак.

Наш друг Чак - «омыватель ног». Его сила проявляется в заботе о других. Когда я читаю истории о том, как Иисус омывал грязь с ног учеников, как звал детей приходить к Нему, как накормил пять тысяч, то думаю о Чаке. Ученики все хотели управлять, быть на виду, принимать почести. Но Иисус потратил большую часть времени, уча апостолов служить молча, наставляя их работе *господина Постоянство.*

Иисус был омывателем ног. Во времена Христа омывать ноги путешественникам было вызывающими отвращение обязанностями самых низкооплачиваемых слуг, но Иисус омыл ноги ученикам во свидетельство Своих моральных ценностей. **«Итак, если Я, Господь и Учитель, умыл ноги вам, то и вы должны умывать ноги друг другу»** (Иоан. 13:14). В действительности же, Он учил: «Если вы хотите быть моими учениками, тогда будьте готовы проводить свою жизнь, чтобы помогать другим: что-то за кем-то убрать, починить раковину старой бабушке или далеко за кем-то заехать, чтобы подвезти в церковь на машине.

Многие женщины видят в пасторе сильного мужа Божьего. Регент им кажется исполненным духом. Однако, думаю, именно молчаливый муж - *господин Постоянство* - наречётся «большим в Царстве Небесном». *Господин Постоянство,* спокойный человек, не берущий контроль в свои руки, не является малостоящим мужем, ибо Иисус возвысил так много качеств, присущих именно этому типу мужчин. *Господин Постоянство* может быть сильным мужем Божьим. Его сила выражается в невозмутимом выполнении обязанностей, которых многие стараются избегать. Если бы каждая жена, научилась почитать мужа, которого Бог подарил, то пережила бы благословение, увидев, каким сильным мужем Божьим супруг может стать. Для восхитительного брака иногда недостаёт всего лишь уважения. Попросите у Бога мудрости почитать и уважать своего *господина Постоянство.*

> **«...так как Сын Человеческий не для того пришел, чтобы Ему служили, но чтобы послужить и отдать душу Свою для искупления многих...»** (Мат. 20:28).
> **«Был же и спор между ними, кто из них должен почитаться большим. Он же сказал им: цари господствуют над народами, и владеющие ими благодетелями называются, а вы не так: но кто из вас больше, будь как меньший, и начальствующий, как служащий. Ибо кто больше: возлежащий, или служащий? не возлежащий ли? А Я посреди вас, как служащий»** (Лук. 22:24-27).

Знай своего мужа

Жёны состоят из плоти и крови, и в молодости обладают далеко не всеми качествами, необходимыми хотя бы для хорошего брака, не говоря уже об идеальном. Прими мужа таким, каким Бог сотворил его и тогда перестанешь переделывать супруга в того, каким бы тебе *хотелось*, чтобы он стал. ***Весь смысл состоит в том, что жена должна знать своего мужа.* Если он *господин Постоянство*, то надо научиться быть благодарной и почитать его, именно такого, созданного для тебя по образу Божьему.** Слово Божие говорит: **«Иисус Христос вчера и сегодня и во веки Тот же»** (Евр. 13:8).

Позволь мужу быть таким, каким его сотворил Бог: спокойным, тихим и внимательным – для тебя!

Мужчина постоянного типа дарует мир и покой женской душе. Нежность мужа не является слабостью – **это его сила.** Неторопливость мужа не является неуверенностью – это его предусмотрительная мудрость. Если он не вступает в глубокие духовные разговоры, это не означает, что они его не интересуют; *господин Постоянство* пока только приоткрывает завесу своих сильных чувств. Если он когда-то и заговорит о настоящих чувствах, то, наверняка, на глазах его выступят слёзы.

Муж желает угодить тебе. **«Помыслы в сердце человека** [и жены тоже] **- глубокие воды, но человек разумный вычерпывает их»** (Прит. 20:5). Тебе не надо специально учиться высказывать супругу свою точку зрения, он и так всегда готов выслушать тебя.

Если это характеризует твоего супруга, то тебе надо научиться внимательно слушать и вовремя замолчать; а затем дать Богу возможность направлять мужа. Проси у Господа мудрости и терпения. Старайся всегда иметь кроткий нрав. Найди в Библии слово «стыдливость» и изучи его значение. Молись, чтобы у мужа была мудрость. Прекрати ожидать от него *выполнения твоих требований,* молитв с семьёй, свидетельства окружающим, твёрдой позиции в церкви. **Перестань пытаться рассердить мужа** на детей, чтобы дать ему понять, как плохо те с тобой обращаются. **Позволь мужу быть таким, каким его сотворил Бог: спокойным, тихим и внимательным** – *для тебя! Господа Командиры* и *Воображение* понимают и уважают *господина Постоянство.* Они тоже учатся постоянству у этого типа мужчин. Научись спрашивать совета у мужа и затем давать ему время на ответ, даже если на это требуются дни или недели. Покажи супругу уважение, спрашивая, в чём бы он желал, чтоб ты принимала самостоятельные решения.

Многие из этих замечательных мужчин предпочитают, чтобы жёны иногда сами проявляли инициативу. *Командир* говорит, что и как тебе надо делать. *Господин Воображение* хочет, чтобы ты делала то же, что и он.

> ***Господин Постоянство* желает, чтобы жена была рядом, однако возрастала самостоятельно пред ним и пред Богом.**

Если ты замужем за *господином Постоянство*, то необходимо ознакомиться с 31-ой главой Притч, чтобы узнать, как стать активной помощницей мужа (см. «Качества доброй жены»), и муж будет радоваться и разделять твои успехи в делах. Он будет гордиться твоими достижениями. *Господин Постоянство* желает, чтобы ты использовала свои природные способности, таланты и призвание. Твои достижения станут честью для мужа, но лень и неопрятность очень сильно разочаруют. Бессмысленная трата времени и денег ляжет на *господина Постоянство* тяжёлым грузом и похитит уважение и восхищение тобой. **Такому мужчине необходима изобретательная и трудолюбивая жена, благодарная и достойная его внимания, самостоятельная в повседневных делах.** Тебе надо научиться оплачивать счета, назначать встречи и умело развлекать гостей. Это придаст мужу чувство уверенности. Твоё хобби должно быть изобретательным, полезным, плодотворным и занимать детей каждый день. В доме должны царить чистота и порядок, чтобы это легко производило хорошее впечатление на друзей и сотрудников мужа. Твои способности и достижения – это резюме мужа. Если ты будешь мудрой и уверенной, тогда, тем более, благословенным будет выглядеть муж в глазах окружающих. В конце дня *господин Постоянство* с удовольствием сверит свои достижения с твоими, искренне оценит их и возрадуется о тебе, как о сонаследнице благодатной жизни.

Эти мужчины одни из самых необходимых в церкви, потому что они устойчивы, надёжны, верны, **принимают мудрые и обдуманные решения.** *Господа Постоянство* редко впадают в горячку или совершают опрометчивые поступки, однако (к их стыду) они сносят глупости и ошибки других без особых возмущений. В их детях заложено глубокое уважение к своему добродушному отцу. Если мать дурно обращалась с *господином Постоянство*, то повзрослевшие дети будут негодовать на неё или даже испытывать к ней неприязнь.

Обычно *господа Постоянство* не становятся настолько известными как *господа Командиры* или *Воображение*. Они не эпатажные и выделяющиеся личности. *Господа Постоянство* обычно тихи, нераздражительны и не особо блистательны. Если они и бывают замечены обществом, то только благодаря огромным достижениям или же потому, что им доверяют за явную честность и постоянство. Как для женщин, так и для мужчин *господин Командир* является предметом зависти и желаний. Зачастую людей притягивает и очарует собой *господин Воображение*. Но *господина Постоянство* принимают как должное. Он редко бывает активистом. В нём нуждаются, но подобный человек не настолько бросается в глаза, чтобы стать центром внимания. Такой мужчина никогда не хвастается собой и не умеет «рекламировать» себя и свои достижения. Он чаще ждёт, пока окружающие сами оценят его по достоинству и попросят о помощи. Это твоя работа: хвалить и восторгаться мужем до тех пор, пока остальные не увидят, что он именно тот человек, который им нужен.

Большую часть писем я получаю от женщин, критикующих спокойных, тихих, неторопливых, непривередливых, ничего не требующих, трудолюбивых мужей за их «плотские» наклонности. Эти жёны забывают о себе и тратят целую жизнь, пытаясь переделать мужей в господствующий тип только потому, что женищин так восхищает руководство, авторитет и сила. Эти христианки и понятия не имеют о том, какие требованиях предъявляют жёнам господствующие и командующие мужья.

Большая часть этой книги написана для того, чтобы помочь молодой жене научиться почитать, уважать и слушаться *господина Постоянство*, такого, какой он есть. Если жена не уважает постоянного мужа и контролирует его, то, скорее всего, он останется с ней; наверняка, супруги не разведутся. Но неуважение лишит мужчину уверенности в себе и повредит расширению деловых горизонтов. *Господин Постоянство* не станет рисковать и будет довольствоваться чем-то средним. Он будет тянуть лямку сам, зная, что у него нет помощницы. Но если бы этот самый мужчина был женат на благодарной и изобретательной женщине, которая бы восхищалась им и думала бы, что он самый умный, мудрый и нужный человек на свете, то, наверняка, этот муж стал бы преуспевать во всех областях жизни. Многие женщины думают, что заурядному *господину Постоянство* не хватает твёрдости и силы. На самом же деле этому мужественному и стабильному типу мужчины недостаёт хорошей жены.

- *Господин Постоянство* может вынести мусор и следить за порядком, однако жена будет склонна воспринимать положительные качества супруга как должное.
- Большую часть времени *господин Постоянство* может проводить в невозмутимых размышлениях. Однако это будет сводить его жену с ума, ибо супруга желает, чтобы муж делился с ней своими глубокими чувствами и мыслями, дабы она смогла «почувствовать» себя любимой. Но он не умеет. У *господина Постоянство* могут выступить слёзы во время сильного стресса или близости. Такой мужчина очень-очень медленно открывается и не сразу начинает доверять женщине, которую любит, потому что просто не понимает её. *Господин Постоянство* с удовольствием бывает в обществе и очень комфортно чувствует себя, беседуя с окружающими. **Из трёх типов мужчин, обычно, он больше всех нравится людям.**
- В *господине Постоянство* всегда нуждаются. Со всех сторон люди просят его отремонтировать машину, построить дом, починить компьютер, определить причину неисправности телефона, вылечить от рака и прочее. Ты недоумеваешь будет ли муж когда-нибудь полностью принадлежать тебе?! Ответ: никогда. Он принадлежит людям. Если ты желаешь приятно провести время с мужем вдвоём, то забудь обо всём остальном и *отключи его мобильный телефон.*
- *Господин Постоянство* может чудесным образом поддержать страдающих, больных и умирающих. **Он умеет утешать** и словно знает, что необходимо людям в трудные времена. **Его тихое присутствие приносит мир и покой.** *Для господина Командира* это равносильно чуду. Однако бесполезно переделывать *господина Постоянство* в *господина Командира.* Он создан не для того, чтобы руководить, но для того, чтобы помогать.
- *Господин Постоянство* не строит грандиозных планов и не зацикливает своё внимание в микроскопе, однако уважает и ту, и другую точку зрения. **Этот мужчина воспринимает жизнь такой, какая она есть.** Он может поднять свой взор к небу и размышлять о том, что в небесах есть что-то большее, недоступное взгляду. Но такой мужчина

также может глядеть на мутный водоём и восхищаться тем, что где-то под водой существует неведомый мир. Зачастую в жизни *господин Постоянство* служит связывающим звеном между двумя другими типами мужчин. Он просто необходим для более полного отражения образа Божьего.

Характеристика "разрушающей" жены

а) Жена *господина Командира* может разрушить брак посредством неуважения, непочтения и пренебрежения авторитетом и руководством мужа.

б) Жена *господина Воображение* может разрушить брак из-за нежелания следовать за мужем, верить в него и принимать искреннее участие в мечтах и идеях супруга.

в) Жена *господина Постоянство* может разрушить брак нежеланием ценить мужа, угождать и дорожить всеми его замечательными качествами.

Характеристика "устрояющей" жены

а) Жена *господина Командира* сумеет устроить брак, став обожаемой Королевой мужа, уважая и исполняя его каждое слово (обоснованное и необоснованное). Она будет одеваться, говорить и вести себя так, чтобы это вызывало уважение к её мужу, где бы тот ни появлялся.

б) Жена *господина Воображение* сумеет устроить брак, отложив в сторону собственные мечты и желания и взяв на себя роль активной помощницы мужа, веря в него и радостно следуя за ним, куда бы он ни направился.

в) Жена *господина Постоянство* сумеет устроить брак, показывая с радостью (словами и делами) благодарность мужу, как лучшему другу, возлюбленному и спутнику жизни. Такой мужчина начнёт возрастать, как только супруга перестанет пытаться переделать его. Тогда жена с удовольствием сможет заняться своими делами, которые увлекут и принесут мужу радость и удовлетворение её успехами.

Время для размышлений

Так кто же твой мужчина?

Составь список качеств мужа – характерные черты, отражающие в нём тот или иной тип. Возможно, это будет соответствовать нескольким типам одновременно, но ярко выражен будет только один. А теперь начни составлять список всего того, что ты сможешь сделать для мужа, чтобы дать ему свободу быть именно тем, кем Бог сотворил его.

> **«Итак, умоляю вас, братия, милосердием Божиим, представьте тела ваши в жертву живую, святую, благоугодную Богу, для разумного служения вашего, и не сообразуйтесь с веком сим, но преобразуйтесь обновлением ума вашего, чтобы вам познавать, что есть воля Божия, благая, угодная и совершенная»** (Рим. 12:1-2).

Попроси у Бога мудрости, чтобы увидеть, где тебе надо измениться. Стань верной помощницей мужа, сотворённого по образу Божьему.

Помни, что большинство мужчин немного относятся ко всем трём типам одновременно, но ярко выражен бывает в них только один.

Глава 9

Поиски своей жизни в его

С самого начала Бог определил жене быть утешением, благословением, наградой, подругой, ободрением и правой рукой своего мужа.

Дорогие воспоминания

Однажды я смотрела фильм, который назывался «Папа». В нём рассказывалась история последних лет жизни одной престарелой пары. Жена обращалась с мужем так, словно он ничего не мог сделать сам. Она словно свысока постоянно покровительствовала ему и даже не позволяла самостоятельно наливать молоко в овсяные хлопья на завтрак. Он же выглядел очень дряхлым, живущим в каком-то своём отдалённом мире. Взрослый сын приехал пожить с престарелыми родителями. Пожилая женщина потратила всю жизнь, опекая и контролируя своего замечательного *господина Постоянство.* Но вдруг эта бабушка заболела и оказалась в больнице. Муж, заручившись поддержкой взрослого сына, стал бывать в разных местах и получать от этого удовольствие. Внезапно «дедушка» стал выглядеть на много лет моложе, словно время

♥ **Жена знала, что женщина, о которой муж так нежно вспоминал, была явно не она.** ♥

вернулось лет на пятьдесят назад. Теперь он был счастлив. Когда же бабушка выписалась из больницы, она повстречала дома совершенно изменившегося человека. С огромным энтузиазмом он рассказывал ей о родных и друзьях, которых никогда не существовало, о жизни на молочной ферме, о… четырёх детях… Но у них было только двое! С большой тоской муж говорил о любимой, нежной и послушной жене, совершенно отличающейся от той, с которой он прожил многие годы. Старушка была потрясена происходящим, ведь она знала, что семья никогда не жила на молочной ферме и не растила более двух детей. Жена знала, что женщина, о которой муж так нежно вспоминал, была явно не она.

На дом был вызван психолог, чтобы помочь разобраться, что же всё-таки произошло с дедушкиным разумом. Врач объяснил семье, что в течение пятидесяти лет этот человек честно проработал на одном и том же заводе, выполняя руками одну и ту же работу. Но пока руки работали, разум мечтал о той жизни, которой он действительно хотел. Это была жизнь солнечного света и физического труда на молочной ферме с большой семьёй, в которой дети работали рядом с родителями. **Когда разум дедушки начал стареть, то прекрасный и правдоподобный мир, о котором он так долго мечтал, начал существовать для него реально, в отличие от той изолированной жизни, которую он на самом деле прожил.** Благодаря господствующему духу жены и стремлению нравиться ей и «исполнять свои обязанности», дедушка так никогда и не смог осуществить радужные мечты. Супруга сделала его настолько слабым своей критикой и руководством, что он унёсся в свой собственный мир, где царили надежда и счастье. Эта грустная история очень верно описывает печальную действительность многих семей.

Бухгалтер

Это письмо пришло от жены, муж которой решил осуществить свои мечты. Потребуется ещё одна книга, примерно такого же размера, чтобы объяснить этой женщине, что она должна стать той, о которой мечтает её супруг. Я знаю, что она хочет именно этого. Просто на время она утратила свою проницательность.

Дорогие супруги Пёрл,

Вот уже 19 лет я состою в браке с замечательным человеком. Он знает Бога, но не настолько регулярно читает Библию, как мне бы того хотелось. Но я пока ничего не говорю ему об этом. Примерно три года назад в нашем браке возникли проблемы из-за определённых обстоятельств.

Когда мы поженились, мой муж учился на бухгалтера. Я помогала ему на последнем курсе и в течение последних 15 лет провела с ним немало утомительных часов, помогая считать и оформлять налоговые декларации его клиентам. Мне это не очень нравилось, но он сам выбрал такую профессию. Затем муж решил сменить род занятий и начал работать на себя, чтобы больше времени находиться дома. Я согласилась, это было очень благородно с его стороны, ведь он смог бы проводить больше времени с нашими подрастающими сыновьями.

В общем, я просто не могу перенести того, чем он решил заняться сейчас! Муж решил обзавестись молочной фермой. Мы городские жители. Я продолжаю говорить ему, что у меня нет совершенно никакого желания перебираться на молочную ферму. Но всё, что он делает последние три года, – это много читает и тщательно изучает этот вопрос. Знаю, что муж с этим справится, но это не то, чем я бы хотела заниматься. Мне пришлось пережить очень многое. Муж продолжает работать в городе, но, возвращаясь домой, бежит в коровник. Вчера супруг сел ужинать в 7 часов вечера, а затем опять убежал в коровник. Мне было очень больно это видеть. Я устала работать, но мы не двигаемся с места. Это разрывает на части семью. Знаю, что должна быть послушна, но это не то, чем хочу заниматься. Это не мои мечты. 19 лет назад о ферме не было и речи!

Донна

У Донны совершенно неверное представление о браке. Бог задумал семейный союз иначе. Господь не создал Адама и Еву одновременно и не сказал им советоваться друг с другом, дабы каждый из них смог достичь собственной цели. Но Бог в начале создал Адама, вдунул в него дыхание жизни, велел владычествовать над всею землёю, дал определённые обязанности и повеления. Адам начал владычествовать над землёй, **прежде чем Бог создал Еву, которая бы помогала мужу в исполнении его обязанностей.** Адаму не требовалось получать согласия Евы. **Бог дал её Адаму, как ЕГО помощницу, а не его напарницу. Она была**

сотворена, чтобы служить, а не чтобы её обслуживали; **чтобы помогать**, а не обсуждать его решения. Не говоря уже о смене рода занятий или места жительства! Взгляните на Еву. Можете ли вы представить себе, чтобы она сказала Адаму нечто подобное: «*Когда Бог привёл меня к тебе в том прекрасном саду, и мы начали нашу совместную жизнь, то почему ты не предупредил меня о терниях и волчцах, о муках деторождения, о дойке овец и сбивании масла? Мне не подходит этот дикий образ жизни!*»

Бог сотворил нас, женщин, помощницами.

Неудивительно будет, если муж Донны забросит осуществление своей мечты из-за того, что жена будет частенько припоминать ему, что девятнадцать лет назад он ничего не говорил о планах стать молочным фермером. Наверняка, её недовольные, отработанные высказывания разрушат мечты и похитят радость мужа. А может, он вернётся на прежнюю работу бухгалтера, но до конца своих дней будет мечтать о другой жене, о куче счастливых детей, о хлеве, полном молочных коров. **Живи сейчас.** Не ломай жизнь мужа, заставляя его считать чужие деньги. Найди свою жизнь в его.

Бог сотворил нас, женщин, **помощницами**, и этого требует наша природа. Это наше духовное призвание и **совершенная Божья воля о нас.** Эта роль принесёт нам успех в жизни, и именно в этой роли мы найдём своё полное удовлетворение, как женщины и как праведницы. Бог сказал в Бытие: **«сотворим ему помощника, соответственного ему».** Павел говорит: **«Ибо не муж от жены, но жена от мужа; и не муж создан для жены, но жена для мужа»** (1 Кор. 11:8-9). **«Жене сказал... и к мужу твоему влечение твоё, и он будет господствовать над тобою»** (Быт. 3:16).

Если мы боремся против плана Божьего и против идей мужа, то оказываемся в итоге измотанными и опустошёнными. Если твой муж добрый *господин Постоянство*, вроде мужа Донны, то в результате он окажется разочарованным и прекратит всякие попытки осуществить свои мечты, стараясь, вместо этого, ублажить тебя. Если твой муж *господин Командир*, то он сможет оставить тебя и найти себе другую молочную фермершу, которая любит коров. Если твой муж *господин Воображение*, то он будет кричать и делать твою жизнь невыносимой до тех пор, пока ты не убежишь к мамочке и не окажешься в холодной постели, получая помощь от государства талонами на продовольствие.

Жизнь полна решений. Решения, которые примешь сейчас, скажутся на всей дальнейшей жизни. **Живи сейчас**. Научись радоваться, когда выносишь мусор или доишь корову, и будешь поражена, как Бог наполнит тебя Своим присутствием. В свои счастливые старческие годы ты оглянёшься назад, возрадуешься своему месту в жизни, и удивишься, что была когда-то разочаровавшейся неудачницей с вытянутым лицом. В один прекрасный день люди скажут тебе: «Ты просто радуешься жизни, потому что у тебя такая жизнерадостная натура. Не так ли?» Ты засмеёшься в ответ, ведь будешь знать, что только жизнь в соответствии с Божьим замыслом может принести столько радости. Бог не ищет счастливую женщину, чтобы превратить её в помощницу хорошего мужа. Но Богу нужна женщина, желающая стать верной помощницей того человека, за которого вышла замуж, дабы потом Он смог *наполнить* её Своей радостью.

Бог не ищет счастливую женщину, чтобы превратить её в помощницу хорошего мужа. Но Богу нужна женщина, желающая стать верной помощницей того человека, за которого вышла замуж, дабы потом Он смог наполнить её Своей радостью.

Его образ

Мы рассмотрели три типа мужчин и то, как каждый тип относится к своей жене. Мы вспомнили, что Бог даёт мудрость тем, кто попросит Его об этом. К этому моменту ты начинаешь осознавать, что потребуется Божественная мудрость, чтобы понимать, принимать и уважать мужа, именно такого, каким Бог сотворил его. Он может быть всеми тремя типами в разные периоды жизни, или же он может быть совсем немного одним и ярко выраженным другим. Но суть состоит в том, чтобы понять, что муж именно такой, каким Бог сотворил его, и ты должна стать верной помощницей. Знание того, по какому именно образу Бог сотворил твоего мужа, поможет тебе помогать ему ещё лучше. Бог говорит очень ясно и понятно: **«Если же у кого из вас недостаёт мудрости, да просит у Бога, дающего всем** [и жёнам тоже] **просто и без упрёков, - и дастся ему»** (Иак. 1:5). Попроси у Бога помощи понимать и уважать мужа. Молись, чтобы Бог послал Свою благодать и дал мудрости разделять мечты супруга, дабы, в итоге, ты оказалась именно той, о которой мечтает он.

Время для размышлений

Мудрость – это знание того, что ты уже приобрела, выйдя замуж за этого человека. Это умение радоваться своему выбору в жизни и желание подстроиться под мужа, такого, какой он есть.

«Жене сказал... и к мужу твоему влечение твоё, и он будет господствовать над тобою» (Быт. 3:16).

➢ *Выработай в себе новую привычку*

В чём состоит Божья воля: чтобы муж подстраивался под тебя или же, чтобы ты подстраивалась под него? Какие привычки тебе надо изменить в жизни, чтобы ты смогла восполнять нужды мужа? Начни сегодня же.

➢ *С Богом наедине*

Исследуй Библию и найди стихи, в которых упоминается слово **«мудрость»**. Бог начнёт совершать Свою работу в тебе и даст **мудрость,** которую ты ищешь. Библия учит, что **мудрость** – это сестра Божьих заповедей и родственница разума (Прит. 7:4). Выпиши себе любимые стихи о **мудрости**. Хотя бы раз в день не забывай просить её у Бога. Например, я решила для себя, что каждый раз, когда останавливаюсь на светофоре, буду вспоминать молиться о муже. Каждый раз перед едой мы молимся о Божьей охране и **мудрости** для себя и для своих детей. Выбери определённое время или место, когда бы ты не забывала просить у Бога **мудрости** для себя и для мужа.

Вот несколько моих любимых стихов о мудрости:

«Научи нас так счислять дни наши, чтобы нам приобрести сердце мудрое» (Пс. 89:12).

«…чтобы познать мудрость и наставление, понять изречения разума…» (Прит. 1:2)

«…так что ухо твоё сделаешь внимательным к мудрости и наклонишь сердце твоё к размышлению…» (Прит. 2:2)

«Главное - мудрость: приобретай мудрость, и всем имением твоим приобретай разум» (Прит. 4:7).

Глава 10

Реакция показывает настоящую тебя

Мудрая жена не сожалеет о том, «что могло бы быть». Она не воображает о себе, словно является «Божьим даром всему человечеству». Мудрая жена радуется и довольна своей повседневной жизнью.

К **тому моменту, как ты вышла замуж,** у тебя уже сложились определённые взгляды на жизнь. Ты знала, что такое хорошо и что такое плохо, поступала хорошо, как это понимала, и никто уже не мог переубедить тебя. Теперь же твои взгляды на жизнь определяются кем-то ещё, кто может даже и не разделяет твоих понятий и твоего мировоззрения. Может быть, он более мягок и более снисходителен, чем ты, или же, наоборот, более строг и более требователен. Появление детей ещё больше усугубляет ситуацию. Ты от всего сердца желаешь дать им самое лучшее, но в то же время должна подчиняться чьему-то авторитету.

Жизнь складывается не по твоему сценарию, и ты не можешь реагировать или вести себя, как бы того хотелось. Твоё терпение иссякает, и тогда ты срываешься в бурном, эгоистичном гневе.

Реакция – это не хорошо продуманное и взвешенное поведение, запланированное заранее из самых наилучших побуждений. Но это эмоциональный ответный удар, который выстреливает из нас, когда мы чувствуем себя обиженными, обделёнными, обманутыми или использованными. Чаще всего ответной реакцией мы обвиняем других, ссоримся с ними или защищаем себя. В результате, всё переходит в грубую месть. **Своей реакцией мы разрушаем общепринятые мерки поведения в обществе и обнажаем, кто мы есть *на самом деле* и во что верим в глубине души.** Попадая под сильное давление, мы теряем своё тщательно замаскированное лицо. И тогда нас становится видно насквозь.

Ты можешь заметно изменить свою реакцию, изменив образ мышления, прежде чем попадёшь под давление. Каждый день образ мыслей отражается на твоих чувствах, которые в свою очередь служат ответной реакцией в напряжённых ситуациях.

Исследования показали, что ежедневно у обычного человека в уме проносится более 40 тысяч мыслей. **Наше сердце наполнено мыслями, и именно из этого источника одновременно исходят слова благословений и слова проклятий.** Когда давление увеличивается и источник открывается, ты больше не можешь контролировать свои слова и говоришь от избытка всех тех тысяч мыслей, которые царили в твоём сердце как *в этот день*, так и во все предыдущие. **«Добрый человек из доброго сокровища сердца своего выносит доброе, а злой человек из злого сокровища сердца своего выносит злое, ибо от избытка сердца говорят уста его»** (Лук. 6:45). Ты, жена, можешь изменить свои слова не силой воли, но силой своих мыслей, **«потому что каковы мысли в душе его, таков и он...»** (Прит. 23:7). Тебе надо принести **«всякое помышление в послушание Христу»** (2 Кор. 10:5), **«ибо из сердца исходят злые помыслы…»** (Мф. 15:19). Как сказал апостол Павел, **«в вас должны быть те же чувствования, какие и во Христе Иисусе»** (Фил. 2:5) Библия не учит нас силой воли держать язык за зубами, но говорит: **«преобразуйтесь обновлением ума вашего»** (Рим.12:2). Бог учит нас, *как* надо мыслить в своей роли жены и помощницы. Если ты веришь Ему, то ты сможешь мыслить иначе.

К примеру, я стою у выдачи багажа в аэропорту, ожидая свой красный чемодан, и вдруг вижу, как мой чемодан хватает какой-то парень. Конечно же, я буду крайне возмущена, но только до тех пор, пока не узнаю, что это мой муж послал парня помочь мне с чемоданом. Когда изменились мои мысли, изменились и мои чувства.

Женщина замужем за превратившегося-в-фермера-бухгалтера сидит дома недовольная, когда её муж задерживается. В результате он приходит домой и сразу же бежит к своим коровам. Она не может смолчать, не может изменить свои чувства, потому что уже потратила целый день, нет, целую неделю... месяц... три последних года, размышляя о том, какой несчастной сделал *её* муж своим решением. Эта женщина себя чувствует, словно *у неё* украли «красный чемодан». «У него нет никакого права», - думает она снова и снова. «Это не то, о чём мы мечтали, когда поженились, - повторяет жена про себя по несколько раз на день. - Ужин уже остыл. Он должен придти и сперва поужинать, а не бежать доить своих коров», - повторяет она про себя последние три часа, когда стало ясно, что муж запаздывает. Жена наполнила своё сердце уймой эгоистичных мыслей. И это изобилие искажённых мыслей поработило её поведение и действия.

Реакция показывает кто мы есть на самом деле и во что верим в глубине души.

Если бы супруга могла изменить свои мысли, то научилась чему-то новому, и не только из советов этой книги, но и из Божьей книги Библии. Жена не была сотворена, чтобы выбирать профессию своего мужа или же их совместный образ жизни. Женщина была сотворена Богом, чтобы стать помощницей мужа. В данном случае, это значит жить в сельской местности и помогать молочному фермеру. Эта жена не должна любить коров, но она была сотворена, чтобы помогать мужу, который любит коров.

Представьте, насколько бы изменилась ситуация, если бы все три часа, пока муж задерживался на работе, эта женщина размышляла о благословении иметь хорошего мужа, отца её детей, который приходит домой в семь часов вечера и приносит зарплату, о любви и заботе супруга, о тёплой постели всю ночь и об обещанном светлом будущем с большим количеством коров, лучшим доильным оборудованием и, может даже, растущих ценах на молоко. Какой увлекательной стала бы жизнь! Каким бы новым и захватывающим стал бы каждый день – одно большое приключение на ферме, совсем никакого застоя, как у всех этих чудных городских жителей. Многие женщины сидят дома в семь часов вечера в страхе, что их бывший муж опять будет ломиться в двери. Они переживают о том, куда бы податься с детьми на следующий месяц, если придётся съехать с квартиры. Многие женщины с радостью согласились бы оказаться на кухне этой жены, мирно ожидая самого простого мужа, запоздавшего на ужин и спешащего к своим коровам. А когда бы супруг, наконец, зашёл в дом, то его бы там ждали улыбки жены, тёплые объятья, горячий ужин и жаркая постель.

Твоё поведение отражает твои мысли, а Бог говорит тебе, как надо правильно мыслить.

Твоё поведение отражает твои мысли, а Бог говорит тебе, как надо правильно мыслить. **Думай об истине.** Это не сила положительного мышления, но **сила Божьей истины.** Ты сотворена помощницей своего мужа; ни его совестью, ни его ревизором и, тем более, ни его критиком.

Когда ты создаёшь враждебные отношения с мужем, то исходишь из предпосылки, что опять права, а он нет, и предполагаешь, что это твоя прямая обязанность противостоять, сопротивляться и возражать ему. Думая, что он неправ, а ты права, выставляешь себя более мудрой, чем супруг, более духовной, более проницательной, более жертвенной и пр. В итоге, всё сводится к тому, что ты взяла на себя роль лидера, учителя и судьи. Это греховно, отвратительно и противоречит Богу. **Ни одна женщина не сможет обрести мир и покой, пока не исполнится доброжелательности по отношению к мужу** и не поставит пред собой цель стать его верной помощницей. Реагируешь ли ты в своей жизни на настоящие или воображаемые ошибки? Настолько ли ты мудра, как думаешь? Проверь себя по следующему тесту на мудрость?.

Тест на мудрость

1. Достаточно ли в тебе страха Господня, чтобы не сомневаться в Его Слове?
2. Кажется ли тебе иногда, что повиновение мужу – это Божье наказание?
3. Используешь ли пред Богом оговорки, вроде, «мой муж очень грубо со мной обращается» или же «я по натуре очень сильная, а он слабый»?
4. Как бы ты отреагировала, если бы Бог сказал тебе, как надо разговаривать, а когда промолчать, как одеваться или какую носить причёску?
5. Может, тебя больше прельщает мысль о неверном истолковании роли женщины в Библии, поскольку мы живём в другое время?
6. Когда Бог говорит почитать мужа (что, вернее, означает испытывать трепет перед ним), думаешь ли ты, что Господь требует от тебя сильно многого?
7. Можешь ли сказать: «Если Бог потребует или просто попросит чего-то, то я с удовольствием выполню»?

Если можешь сказать **«не моя воля, но Твоя да будет»**, значит ты знаешь, что твоя молитва основана на страхе Господнем. Это начало мудрости. Попроси у Бога дать тебе начало мудрости и научить тебя бояться Его.

Время для размышлений

- Мы узнали, что Бог сотворил жену подходящей помощницей мужа.
- Мы узнали, что помощница, соответственная ему – это та, которая помогает супругу во всех его жизненных начинаниях.
- Мы узнали, что наша сила – это радость в Господе, а весёлое сердце – это настоящее преимущество верной помощницы, поэтому решили стать весёлой подругой мужа, его сонаследницей благодатной жизни.
- Мы все дружно решили, что не хотим превращаться в состарившихся религиозных фанатичек, которые уверены, что повинуются Богу и при этом пренебрегают Его Словом. Мы узнали, что страх Господень есть начало мудрости, и нам просто страшно представить, что мы могли бы превратиться в недовольных своими мужьями старых ворчуней, так хорошо знакомых некоторым из нас.
- Мы узнали, что Божий дар мудрости даётся всем, кто об этом попросит. Эта мудрость открыла нам глаза на то, что каждый мужчина сотворён по образу Божьему. Это или господин Командир, или господин Воображение, или господин Постоянство, или же скомбинированный тип, совсем немного один, но ярко выраженный другой.
- Мы узнали, что прямая обязанность верной помощницы – это помогать мужу в его мечтах и стремлениях.

➢ *Качества доброй помощницы*

- Она просит мудрости у Бога.
- Она понимает, уважает и принимает мужа таким, какой он есть.
- Она старается угодить своему мужу.

➢ *С Богом наедине*

Теперь же, поразмыслив поглубже о роли доброй помощницы, настало время добавить пункты в список того, что ты можешь сделать для мужа, чтобы дать ему свободу быть именно тем, кем Бог сотворил его.

Глава 11

Природа мужчины и женщины

Мужчина был сотворён, чтоб обладать.
Женщина была сотворена, чтоб помогать.

Бог создал их такими

Бог сотворил мужчину агрессивным по своей натуре и повелел ему владычествовать над всей землёй (Быт. 1:28). Господь наделили мужчин дополнительной дозой гормона тестостерона, который побуждает их тяжело работать, покорять всё на своём пути и всем обладать. Вот почему мужчины преуспевают в военных профессиях, исследованиях, архитектуре, науке, изобретениях и пр. Ни одна женщина никогда не станет объезжать дикую лошадь, чтобы после свить верёвки из её хвоста и гривы, а затем заарканить на эти верёвки медведя только для того, чтобы показать, что она это может, – и ни одна женщина на додумается хохотать во время подобного «развлечения».

Если бы женщины были изобретателями, то создавали бы комфортабельные микроавтобусы. Мужчины же изобретают джипы с четырьмя ведущими колёсами, а затем с каждым разом ещё более усовершенствуют их, чтобы техника была выше и ездила быстрее. Представители сильного пола добавляют впереди машины лебёдку, чтобы этот транспорт мог пресекать места, где обитают только крокодилы или горные бараны. Мужчины летают на луну, покоряют горные вершины, охотятся на диких животных, соревнуются друг с другом в спорте, смеясь от дикого восторга. Они любят смотреть или принимать участие в соревнованиях, где надо сбивать соперника, только для того, чтобы показать, кто на самом деле сильнее и смелее. Все действия сильного пола должны заканчиваться тестостероновой победой. И они ещё думают, что нас, женщин, тяжело понять! Женщина может делать почти всё то же самое, что и мужчина, но именно сильный пол задумывает это, а затем приглашает слабый пол, чтобы сделать приключение ещё более интересным. Опять-таки тестостерон! Некоторые женщины всегда будут стараться принимать участие в мужских играх, пытаясь доказать половое равноправие. Мужчины же не пытаются доказывать никакого равенства, они просто выпускают свой пар. Мужчины не такие, как мы, и нам надо согласиться с этим фактом.

> **Господь наделили мужчин дополнительной дозой тестостерона, который побуждает их тяжело работать, покорять всё на своём пути и всем обладать.**

К счастью, мужчины и женщины не были сотворены одинаково. Мужчины были сотворены с определёнными качествами, которые я никогда не желала видеть <u>в себе</u>! И, конечно же, в своё время вышла замуж за человека, который обладал всеми этими качествами. Женщина испытывает неописуемую радость, когда раскрывает в муже чувствительность, духовность и понимание, ведь эти качества так явно отличаются от более грубой видимой мужской натуры. Природа сильного пола желает всем обладать, но больше всего мужчина мечтает обладать той женщиной, которая будет сражаться с ним чисто символически, а затем подчинится его силе, разуму и очарованию. Мужчина должен одержать полную победу. Это именно то сражение, которое я всегда проигрываю с удовольствием. Мне просто нравится сдаваться и подчиняться своему мужу. Такова уж моя природа.

Жена была обманута

Когда Адам был сотворён и поселён в раю, падший херувим Люцифер стал завидовать Адаму, как хозяину новой планеты. Люцифер, он же дьявол, ещё раньше сделался врагом Бога и Его планов и не желал, чтобы Господь успешно населил землю. С самого начала в тёмном сердце дьявола затаилась мысль искусить Адама через непослушание Творцу. Сатана желал, чтобы первый мужчина так же, как когда-то и сам дьявол, воспротивился Богу. Но враг сразу не приступил к Адаму. Он наблюдал и выжидал.

Когда Бог сотворил Адама, то поручил дать имена всем животным, заповедал не есть с дерева познания добра и зла, повелел обладать землёй и владычествовать над всем животным миром. Основной обязанностью человека было возделывать и хранить сад (Быт. 2:15). Поэтому ещё до сотворения Евы, Адам был взрослым человеком, тесно связанным с Богом и выполняющим порученные ему житейские обязанности.

Адам был один, когда работал и повиновался повелениям Творца. Это во время выполнения своих обязанностей в раю первый человек на земле заметил, что ему чего-то не хватает, чего-то, что сам не мог объяснить, но заметил в саду в поведении животных мужского и женского пола. Адам был одинок. Ему не с кем было разделить свои успехи и достижения. Бог, наблюдавший всё это время за Адамом, сказал: **«не хорошо быть человеку одному; сотворим ему помощника, соответственного ему»** (Быт. 2:18). Бог навёл на Адама крепкий сон, взял одно из его рёбер и создал из этого ребра жену, которая и стала соответствующей помощницей человека.

Сатана мог искусить одинокого Адама в любое время, ибо тот ещё не познал добро и зло. Но враг ждал – ждал сотворения более слабого сосуда. **«Ибо прежде создан Адам, а потом Ева; и не Адам прельщён; но жена, прельстившись, впала в преступление»** (1 Тим. 2:13-14). Сатана знал, что невозможно прельстить мужчину, но можно женщину. Поэтому, когда она оказалась возле дерева, лукавый убедил её, что жизнь станет намного лучше, если они станут, «как боги», познавшие добро и зло. Ева была обманута в трёх отношениях:

Сатана выжидал

1. Она послушалась своей плоти, обратив внимание, что на дереве есть съедобные плоды.
2. Она прельстилась красотой дерева, возжелав его за приятный плод, и следовала своим чувствам, а не разуму.
3. Она желала более глубоких духовных переживаний, чем те, которые даны были Богом.

Причиной падения Евы стало её нежелание довериться Богу и мужу.

> **Ева была сотворена помощницей Адама, но, вместо этого, она решила помочь самой себе в духовном познании. Действуя самостоятельно и в одиночку, жена послужила мужу падением, а не помощью.**

Так почему же сатана пренебрёг Адамом и приступил к Еве с обещанием более глубокой духовности? Люцифер знал естественную сопротивляемость мужчины, который скажет «нет» только ради того, чтобы доказать, что принимает решения самостоятельно. Но Люцифер видел, что это милое и нежное женское создание очень уязвимо. Бог по своей природе сотворил женщину чувствительной; она была доверчива и наивна. Поэтому Еву и легче было обмануть – из самых лучших её же побуждений.

Восприимчивость – это лучшее достоинство женщины и её же самое слабое место.

Я себе представляю, что мужчина был хорошо защищен. У него была и духовная, и физическая защита. Бог наделил Адама стойкостью, дав сомневающуюся, скептическую, волевую и пробивную натуру. Господь знал, что для того, чтобы человек выжил и даже процветал, ему необходима естественная защита, которая бы помогала идти вперёд, несмотря ни на что, и при этом радоваться испытаниям. Бог знал, что сатана – обманщик и отец лжи, поэтому и сотворил мужчину, который бы сперва сомневался, а только потом верил. Из-за своей объективности и отсутствия интуиции он кажется менее духовным, чем доверчивая и чувствительная женщина. Как правило, мужчина руководствуется разумом, в то время как женщина чувствами.

Поэтому Бог сознательно и создал женщину без собственной защиты, ведь Он предопределил Еве стоять под защитой мужа, который будет её защищать, оберегать и охранять. Сатана обманул жену, когда она сама отошла от Адама и столкнулась с дьявольской логикой. У Евы не было природной защиты, способной отразить огненные стрелы лукавого.

Бог сотворил женщину чувствительной и восприимчивой ради малышей, которых она растит. Душа матери и должна быть восприимчивой, с очень тонкой оболочкой. Она должна любить, уметь сострадать, легко чувствовать, быть ранима, собирать осколки и верить в лучшее. Восприимчивость – это лучшее достоинство женщины и её же самое слабое место. Женщина *может* стать грубой и твёрдой, скептичной и осторожной в отношениях, прямо как мужчина. Она может стать осмотрительной и циничной, но, превращаясь в таковую, теряет женственность, не привлекает больше мужчин и даже не нравится себе. Выйдя из-под защиты мужа, жена становится несчастна, самостоятельно вступает в сражения и пытается выжить наравне с мужчинами. Просто посмотрите на лица и манеры откровенных феминисток и лесбиянок. В своих попытках избавиться от природной восприимчивости и показать независимость, феминистки отражают поведение и качества, которые идут в разрез с их женской природой. Такие женщины теряют своё очарование и красоту и превращаются в жалкое мужское подобие.

Господь знал, что для того, чтобы человек выжил и даже процветал, ему необходима естественная защита, которая бы помогала идти вперёд, несмотря ни на что, и при этом радоваться испытаниям.

Прекрасные обманутые мечтательницы

В большинстве своём, женщины производят впечатление более духовных натур, чем мужчины. Они любят предаваться возвышенным размышлениям. Духовность может выражаться многими способами, но большинство из них не имеют ничего общего с духом Иисуса Христа. Мы, женщины, более доверяем своим чувствам и интуиции, чем мужчины, и это чаще вводит нас в заблуждение, как когда-то и нашу сестру Еву. Чувства и интуиция постоянно меняются. **Но Слово Божье верно и твёрдо – оно неизменно. Для религии это то же, что неопровержимые доказательства для науки.**

Нечасто вы услышите от мужчины что-то, вроде: «Бог сказал мне сделать то-то и то-то» или «Бог привёл меня туда-то». Я знаю очень немногих мужчин, которые бы выражались подобными фразами, но и тогда представители сильного пола ни в коем случае не демонстрируют, что являются более духовными, чем остальные братья. Когда Бог говорит к моему мужу и ведёт его сверхъестественным образом, Майкл не разглагольствует об этом на публике. У него нет нужды выставлять себя напоказ. Муж понимает, что, если на самом деле слышал от Бога, Господу не нужна его огласка. Творец может Сам проявить Себя. Однако многим женщинам-христианкам присуще связывать практически любое событие со сверхъестественным водительством. Опыт показывает, что женщины склонны видеть руку Божью даже там, где Бог не имеет к происшедшему совершенно никакого отношения. Очень неприятно видеть в настоящее время подобное поведение, особенно после того, как Бог по своей милости показал нам пример Мариами, сестры Моисея. Желание встать наравне с Моисеем навлекло позор на её голову в назидание для нас (1 Кор. 10:6,10), которое **«написано нам в наставление, чтобы мы терпением и утешением из Писаний сохраняли надежду»** (Рим. 15:4). Господь очень снисходителен к нашим «причудам», а именно так мы и поступаем, когда напрасно произносим имя Бога (в определённой степени богохульство), чтобы как-то подтвердить наши интуитивные действия. **Факт остаётся налицо – женщины «наслаждаются» своей самовнушённой духовностью.** Это чисто женское качество, которые немногие мужчины понимают или одобряют. Однако мужчины *могут* погрузиться с головой в собственные амбиции и совершенно забыть о духовной стороне вопроса. Женщины, в свою очередь, воспринимают это как «плотское» поведение мужей и предполагают, что сами, как более «духовные», находятся ближе к Богу – совершенно неверное предположение.

Женщины воспринимают это как «плотское» поведение мужей и предполагают, что сами, как более «духовные», находятся ближе к Богу – совершенно неверное предположение.

Практически все спиритуалисты, в прошлом и настоящем, были женщины. Женщины читают по руке, глядят в хрустальный шар, предсказывают будущее и гадают на картах. Сборище ведьм возглавляют женщины. Большинство медиумов (вызывающих мертвых) – это женщины, как была волшебница из Аэндора, к которой обратился царь Саул с просьбой вызвать мёртвого Самуила. Когда Иисус говорил притчами, что истина о Царстве Небесном искажается лжеучениями, то Он использовал именно образ женщины, как ложной пророчицы[1] (Мф. 13:33). В книге Откровения именно женщина, называемая Иезавель, вводит в заблуждение народ Божий. Мы знаем, что она производит эту работу посредством своего *учения*. Иоанн писал Фиатирской церкви и предупреждал их, что верующие позволяют учить женщине Иезавели (Откр. 2:20). И в прошлом, и в настоящем женщины имели прямое или косвенное отношение ко всем христианским культам.

Библия говорит очень ясно о характерной женской природе, когда запрещает жёнам учить мужей, потому что **«не Адам прельщён; но жена, прельстившись, впала в преступление»** (1 Тим. 2:14).

Тот факт, что мужчины менее чувствительны, чем женщины, ни в коей мере не должен принижать их в наших глазах; так же как и тот факт, что женщины более склонны к обольщению, ни в коем случае не унижает их пред мужчинами. Просто у тех и у других разная природа творения. Благодаря этой разнице, женщины должны иметь страх Господень и не

Тот факт, что мужчины менее чувствительны, чем женщины, ни в коей мере не должен принижать их в наших глазах; так же как и тот факт, что женщины более склонны к обольщению, ни в коем случае не унижает их пред мужчинами. Просто у тех и у других разная природа творения.

1 В некоторых толкованиях притчи о закваске, мука символизирует пищу для Божьего народа, закваска – зло или пагубное учение, а женщина – это ложная пророчица, которая учит и вводит в заблуждение. Таким образом, небольшое количество лжеучения может «заквасить» всю истину. - Прим. переводчика.

спешить доверять своим природным наклонностям. У разных творений разные способности и разные обязанности.

Адам знал

Бог дал повеления Адаму, а Адам давал повеления Еве. Первый человек ясно понимал, что обещание сатаны о духовном прозрении было ни что иное, как дьявольская клевета на Бога. Благодаря природной защите, данной свыше, Адам обладал здравым смыслом, достаточным, чтобы не доверять дьяволу и противостоять его лжи. Но в защитной броне человека было одно слабое место. **Он руководил своими чувствами, за исключением, когда эти чувства касались жены. Душа Адама была открыта и восприимчива пред женщиной, которую он любил.** Первый мужчина желал, чтобы Ева была счастлива, даже если это счастье означало неповиновение Богу или действия в разрез с природными убеждениями об истине. Ради своей женщины Адам отбросил в сторону все здравые рассуждения. Влияние Евы на Адама в корне изменило историю. Необходимо учитывать ту соблазнительную силу, которую жена имеет над мужем, дабы не вовлечь его в явное неповиновение Богу. **Адам** – первый человек, **Самсон** – самый сильный человек, **Соломон** – самый мудрый человек, даже **Давид** – муж, названный по сердцу Божьему, – все пали из-за женщин, которых любили. Когда мужчина любит женщину и желает видеть её счастливой, то зачастую из-за сердечной привязанности уступает в духовных вопросах. Муж, под твоим влиянием, может отбросить в сторону здравый смысл и убеждения, если дашь понять, что чем-то недовольна или несчастна. Место, которое занимает женщина в сердце мужчины, приведёт его или к великим победам, или к великим поражениям; всё зависит от отношений между супругами. Именно с помощью жены мужчина достигает больших триумфом, благодаря ей же он глубоко подает или, что ещё хуже, остаётся не использованным Богом.

Необходимо учитывать ту соблазнительную силу, которую жена имеет над мужем, дабы не вовлечь его в явное неповиновение Богу.

Помните ту обезумевшую жену, которая довела близких до полного финансового краха только потому, что чувствовала, что семье надо переехать, и мужу надо сменить род занятий? Муж ЗНАЛ, что это не сработает, но не мог противостоять ежедневным уговорам и глубокой «духовности» жены. **Этот человек искренне желал стать мужем Божьим, которым супруга так жаждала видеть его, но тем самым он утратил мужское призвание, которым наделил его Господь.** Затем жена стала надоедать мужу и уговаривать пожертвовать на десятину те немногие сбережения, которые остались, в надежде, что это заставит Господа возместить недостающий доход незаслуженным богатством. Какое глупое неповиновение – и всё во имя духовности! В конце концов, супруги потеряли всё, и жена потеряла разум. Мужчины всё ещё позволяют женщинам брать в свои руки духовные бразды правления, которые слабый пол уверенно берёт, как взяла когда-то Ева и думает, что делает это для блага семьи. Но это не только плотское желание. Это духовное желание, которое разжигается неповиновением. Женщины просто обмануты. Поэтому Бог так настоятельно и советует нам следить за собой и выполнять роль помощницы. Мы должны полностью доверять Божьим предопределениям в обязанностях, независимо от того, что в данный момент «чувствуем».

Бог ясно и понятно показывает, какими станут женщины в последнее время. Пророческая картина подобных жён раскрывается крупным планом. Это духовная Иезавель, полная противоположность помощницы и похоронный звон семье – самому прочному основанию общества. Когда вы будете читать следующую главу о пророчице Иезавели, постарайтесь возненавидеть её качества, чтобы не пасть жертвами лжепророческого учения.

Религиозная пророчица Иезавель отражает образ жён-христианок "последнего времени".

*Далее следует сокращённый вариант статьи, которая впервые была опубликована в нашем журнале **"Нет Большей Радости"** в марте-апреле 2002 года. На* *нашем сайте www.nogreaterjoy.org можно прочитать эту статью целиком (на английском).*

Образ Иезавели

Когда упоминается имя *Иезавели*, большинство из нас представляет себе соблазнительно одетую женщину с накрашенным лицом и пристально глядящую в глаза мужу, которому явно недостаёт благоразумия. Но Библия рисует Иезавель в совершенно ином свете. Книга Откровение (2:20) говорит, что Иезавель **называла себя пророчицей**, и мужчины принимали её учение. Это доказывает, что она была частью действующего христианства, тем самым, «проповедуя» святым. Иисус предупреждал церковь о женщинах, или Иезавелях, которые проповедуют. Любая женщина, которая отвергает библейский запрет о женщинах-проповедницах в церкви, следует по стопам опасной Иезавели.

Я специально вернулась к третьей книге Царств, чтобы рассмотреть, что же говорит Библия об исторической Иезавели. **Во-первых,** бросился в глаза тот факт, что Иезавель была *более духовна и религиозна*, чем её муж. Она использовала познания, чтобы руководить им. Ахав же был слабохарактерным человеком, и поэтому Иезавель взяла бразды правления в свои руки. Библия говорит в 1-м Послании к коринфянам (11:3): **«Хочу также, чтобы вы знали, что всякому мужу глава Христос, жене глава - муж, а Христу глава - Бог»**. Если женщина, независимо от обстоятельств, берёт на себя бразды духовного правления, то выступает против поставленной над ней Богом главы.

Во-вторых, я заметила, что Ахав был эмоционально неустойчивым и подавленным человеком. Может, и твой муж склонен отступать или идти на попятную? Может, он раздражителен, зол и подавлен? Когда женщина берёт бразды правления в семье в свои руки, то это делает её и так уже слабого мужа ещё слабее до такой степени, что он «ложится на постель свою», как произошло в случае с Ахавом и Иезавелью.

Третье, и самое важное моё наблюдение, это что Иезавель использовала эмоциональную подавленность Ахава, чтобы расположить его к себе, – довольно-таки странный способ господства над мужем. Если вы ещё раз прочитаете эту историю, то заметите, что Иезавель смогла подстроить ситуацию, обвинить и убить невинного человека, чтобы Ахав смог завладеть его виноградником. Ахав в подавленном состоянии «отворотил лицо своё» и позволил жене заниматься грязными делами. И сегодня, если жена вступает в руководящую роль мужа в семье, то супруг теряет всякое желание нести ответственность. Он просто отворачивает своё лицо.

В-четвёртых, бросилось в глаза: насколько легко жена обвела вокруг пальца Ахава для выполнения своих замыслов. Она возмутила его слабый дух и заставила реагировать гневом. Иезавель использовала власть мужа для истребления пророков Господних. Зачастую мужчина бывает вовлечён в служение поместной церкви, но не потому, что Бог призвал его на служение, а потому, что муж старается угодить жене, дабы хотя бы ВЫГЛЯДЕТЬ духовно. Когда мужчина берёт на себя духовное служение под эмоциональным давлением и уговорами жены, то всё служение сводится к её чуткому «руководству». Иезавель оказала прямое давление на выбор собственных пророков, тем самым, вынудив мужа истребить настоящих пророков Божьих, которые были ей неугодны. Может, ты когда-то настраивала супруга против начальствующих только потому, что они тебе не нравились?

Иезавель знала, что не являлась полноправной главой, поэтому действовала от имени Ахава для выполнения своих замыслов. Приходилось ли тебе когда-нибудь говорить: «О, мой муж не позволит мне этого сделать», - зная, что на самом деле твоему мужу до этого нет совершенно никакого дела? Это верный способ оставлять за собой контроль и отшивать пристающих к тебе с вопросами. Когда женщина преступает границы определённой Богом роли и берёт бразды правления в свои руки, то очень быстро истощается физически и морально и даже становится опасна.

Господство и руководство - это исключительно мужские качества.

Руфь

Однако Библия повествует об идеальных жён, которые почитали Бога. История Руфи рассказывает о молодой девушке, которая пережила трагедию, нищету и тяжёлый рабский труд, но осталась послушной и благодарной. Прочитав Книгу Руфь вы увидите **замечательный пример истинной женственности,** который заставил Вооза восхищаться и полюбить эту девушку. Обратите внимание на её смирение и уважение ко всем, стоящим выше неё. Заметьте, что она желала работать и добровольно исполняла наставления состарившейся свекрови Ноемини. В итоге, Бог излил на неё чудесное благословение, сделав прародительницей Своего единственного Сына.

Есфирь

Книга Есфири рассказывает историю юной еврейской девушки, которая рано потеряла родителей и силой была взята во дворец, чтобы стать женой язычника, мужчины разведённого и гораздо старше её. **Она могла бы задать себе глупый вопрос, вроде: «Может, я вышла замуж не за того человека?»** Или же ещё более глупый, вроде: «Если он разведён, то, может, уже не является моим мужем на самом деле?» Если бы Есфирь задалась подобными вопросами, то НИКОГДА бы в Библии не появилось книги, повествующей о её смелости, мужестве и достигнутом почёте.

Указ мужа мог унести не только жизнь Есфири, но и жизни всего её народа, иудеев. Однако она сумела подняться над обстоятельствами, и её благоговейный страх пред мужем, даже когда она просила его о спасении собственной жизни, принёс избавление всему народу.

Бог дал нам, женщинам, всего несколько простых правил, которые соответствуют нашей женской природе и отвечают природе мужчин. Именно послушание Есфири этим правилам завоевало любовь царя и его восхищение ей, как царицей. Обе эти женщины, Руфь и Есфирь, сумели остаться женственными и любящими в разгар самых суровых испытаний. Эти женщины получили благословение и Бога, и мужа.

Добродетельная жена

Добродетельная жена трудолюбива.

В 31 главе Притчей описывается добродетельная жена. Это НЕ робкая и тихая мышка. **Она уверенна, трудолюбива, изобретательна и находчива.** Первая добродетель мудрой жены заключается в том, что муж уверен в ней. Супруг без страха может доверять ей самые сокровенные чувства и мысли, зная, что она никогда не ранит его. Муж будет держаться подальше от жены и никогда до конца не откроется, если почувствует, что она может необдуманно афишировать его самыми сокровенными чувствами или использовать их, чтобы больно жалить во время очередного выяснения отношений. Мужчина, чьё сердце не уверенно в жене, никогда не станет говорить с ней о своих намерениях или чувствах, потому что прежде она всегда брала на себя командную роль, заботясь о том, как бы стать совестью и контролёром мужа, чтобы напомнить: «Ведь ты мне пообещал. Что с тобой призошло? Ты разве не помнишь?» - супруг понимает, что гораздо спокойнее держать все мысли при себе. Жёны, никогда не играйте на сокровенных чувствах мужа с целью добиться своего.

Добродетельная жена находчива.

Если бы современные взгляды описывали добродетельную жену, то они бы превозносили её за «молитвенное уединение» или блистательные качества «духовного воина», наставницы или советницы. Во всех библейских портретах праведных жён, включая 31-ю главу Притчей, совершенно отсутствуют подобные характеристики. В нашей современной культуре мы утратили всякое понимание о достоинствах добродетельной жены и ослеплены современной идеей «духовной» жены, вращающейся в религиозных кругах и совершенно забывающей о том, что Бог не видит её в таком же «блистательном» свете. То, что мы представляем себе духовным, Бог называет «Иезавелью». **«Мои мысли – не ваши мысли, ни ваши пути - пути Мои, говорит Господь»** (Ис. 55:8).

Жена, трудящаяся рядом с мужем, служит духовной поддержкой. Жена, предоставляющая мужу хорошую интимную близость и необходимое общение, дарует ему так же и духовную поддержку. Жена, готовящая вкусную пищу и стригущая в субботу траву вместо мужа, чтобы он мог сходить на рыбалку, воистину является духовной женщиной, потому что она ставит его интересы превыше собственных. Нет больше той любви, как поставить кого-то выше себя.

Господство и руководство – это исключительно мужские качества. Женщине очень важно понять, что она должна быть женственной (свободной от командования и руководства), чтобы муж видел в ней полную противоположность и желал оберегать её с любовью и нежностью.

Жена, критикующая мужа за то, что он слишком много смотрит телевизор, увлекается спортом или чем-то ещё, выражает таким образом неуважение. Когда в отношениях между супругами царит гармония, жена всегда может уловить удачный момент, чтобы объяснить мужу свою точку зрения, ни в коем случае не принижая при этом его авторитета. В последствии мы поговорим о том, как лучше выражать своё мнение. Но будьте уверены, если женщина постоянно настаивает на своём, вопреки понятиям мужа, приговаривая при этом, что он не прав, значит, она пытается взять верх, командует и не уважает его. Женщина с подобным поведением порицает Слово Бога и может ожидать от Него заслуженной «награды».

Я повторюсь ещё раз: когда женщина преступает границы определённой Богом роли и берёт бразды правления в свои руки, то очень быстро истощается физически и морально.

Мужчина не может нежно любить сильную женщину, которая высказывает ему своё неуважение. Ты скажешь, что он должен возлюбить её, как и Христос, независимо от поведения. Это то, чего желаешь ты? Это то, чего желает Христос? **Ты хочешь заставить мужа полюбить тебя через силу?** Стать ещё одним испытанием своего мужа – его примером преодоления великого искушения? Дом не должен быть местом духовного боя; но местом, где муж может отдохнуть и расслабиться с женщиной, которую нежно любит. Мужчина всегда будет мысленно возвращаться в то время, когда любовь была интересна и свободна, без всяких претензий, когда ты дарила ему свою нежную девичью улыбку, словно желая сказать: «Ты такой замечательный». Тогда ты была такая женственная девушка. Муж хотел обнимать тебя, потому что ты была полна радости. Он готов был сделать для тебя всё что угодно.

Время для размышлений

Бог поставил мужа ГЛАВОЙ семьи, не потому что он мудрее или способнее, но потому что это часть Божьего замысла.

Когда люди думают о твоей семье, видят ли они твоего мужа, как главу, или же они думают о тебе, как о главной в семье? Называют ли они вашу семью «Катина семья» или «Ванина семья»? Может, ты заняла не то место?

Самая первая заповедь, которую Бог дал женщине, звучала так: **«к мужу твоему влечение твоё, и он будет господствовать над тобою»** (Быт. 3:16). Испытываешь ли ты влечение к мужу? Живёшь ли ты, угождая ему, или ожидаешь, что он должен жить в соответствии с твоими прихотями и капризами? Тратишь ли время на возмущение тем, что муж не желает подстраиваться под тебя? Если да, то ты стала Иезавелью.

Сравните библейские образы

Иезавель	**Добродетельная жена**
1. Пророчица	1. Помощница
2. Учит	2. Молчит
3. Жалостлива	3. Ободряет
4. Религиозна	4. Трудолюбива
5. Командует	5. Слушается

Глава 12

Божественный замысел

Только в роли помощницы, соответственной своему мужу, ты получишь полное удовлетворение, как женщина.

“Хочу также, чтобы вы знали, что всякому мужу глава – Христос, жене глава – муж, а Христу глава – Бог» (1 Кор. 11:3).

«…потому что муж есть глава жены, как и Христос – глава Церкви, и Он же Спаситель тела…» (Еф. 5:23)

Муж, каким бы неподходящим он тебе не «казался», назначен прямым начальником жены по повелению Самого Бога. Жену Бог поместил на нижестоящую должность для её же духовного, морального и физического блага. Это единственная должность, в которой ты получишь полное удовлетворение, как женщина. Не беспокойся о качестве руководства мужа, ибо за ним наблюдает Сам Иисус Христос. Супруг будет отвечать пред Богом за то, как руководил своими подчинёнными. Ты же будешь отвечать пред Богом за то, как подчинялась своему начальству. Нужна вера и доверие Богу, когда кажется, что тобой руководит такой плотской человек – и «Бог знает, как» это делает.

Во всех этих повинуйтесь-своим-мужьям рассуждениях не забывайте о главном: **Бог заостряет наше внимание на небесном образе.** Дело не в том, что жёны повинуются мужьям, но в том, что здесь на земле женщины служат прообразом того, как Сын повинуется Отцу там на небе.

«Но он не спасён!» - скажешь ты. Всё равно Слово Божье остаётся наивысшим авторитетом. Твой муж – это твоя защита, облечённая в Божьи доспехи. Даже если его доспехи немного заржавели и потускнели, он всё равно является Божьей защитой, и ты будешь с ним в безопасности.

Бог говорит тебе быть **помощницей**, что значит слушаться, почитать и даже бояться мужа. Бог также говорит, ПОЧЕМУ женщине дана роль помощницы.

1. Ева была сотворена *из* ребра мужчины и *для* мужчины. Жена – это часть мужа.

> **«Итак, муж не должен покрывать голову, потому что он есть образ и слава Божия; <u>а жена есть слава мужа.</u> Ибо не муж от жены, но жена от мужа; и не муж создан для жены, но <u>жена для мужа</u>»** (1 Кор. 11:7-9).

2. Роль жены в отношении мужа является прообразом великой тайны, которая есть Христос и Церковь. Мы, как тело Христово, сотворены *для* Него, нашей Главы. И никак не наоборот!

> **«Хочу также, чтобы вы знали, что всякому мужу глава Христос, жене глава - муж, а Христу глава - Бог»** (1 Кор. 11:3).
>
> **«Тайна сия велика; я говорю по отношению ко Христу и к Церкви. Так каждый из вас да любит свою жену, как самого себя; а жена <u>да боится своего мужа</u>»** (Еф. 5:32-33).

Бог так же говорит нам, ПОЧЕМУ мужу предопределена роль главы семьи. И Господь объясняет, почему Он не желает, чтобы жена управляла.

1. Грехопадение в раю произошло благодаря врождённой женской восприимчивости.

> **«Ибо прежде создан Адам, а потом Ева; и не Адам прельщён; но жена, прельстившись, впала в преступление»** (1 Тим. 2:13-14).
>
> **«...потому что он** [муж] **есть образ и слава Божия; <u>а жена есть слава мужа</u>...»** (1 Кор. 11:7)

2. После грехопадения все виновные понесли наказание.

> **«Жене сказал: умножая умножу скорбь твою в беременности**

твоей; в болезни будешь рождать детей; и к мужу твоему влечение твоё, и он будет господствовать над тобою» (Быт. 3:16).

Ещё **до грехопадения** Бог замыслил, чтобы влечение жены было к мужу и чтобы он господствовал над ней. Подобный порядок подчинения ещё не был наказанием, однако после грехопадения мужское господство послужило причиной страданий для женщины. Бог сотворил женщину помощницей мужчины – безгрешного человека. Но после того, как этот человек с женской помощью согрешил, жена всё равно осталась помощницей мужа, она всё равно помогает ему в достижении его целей, и он всё равно господствует над ней, как и раньше, **но только теперь её муж - падший, эгоистичный и грешный человек.**

Бог определил границы

Бог очень ясно и понятно говорит нам: «**...а учить жене не позволяю, ни властвовать над мужем** [это включает и власть над служителями]**, но быть в безмолвии...**» (1 Тим. 2:12)

А теперь вернёмся к вопросу, заданному в 5-ой главе этой книги:

«Я испытала огромное благословение через женщин, проповедующих за кафедрой. Не понимаю, как Бог может действовать настолько сильно через женщин, которые, якобы, нарушают Его волю».

Эта сестра предполагает, что Бог запретил женщинам проповедовать только потому, что у них это плохо получается. Раз она испытала благословение через женщин-служителей, то думает, что слова Библии не являются словами Самого Бога, или же не относятся к современному обществу, или же неверно истолкованы. Но автор письма не понимает, что именно по причине того, что женщины *умеют* блестяще проповедовать, Господь и не разрешает этого делать. Здесь дело не в умении, здесь дело в разрешении. Бог распределил роли в семье и установил определённый порядок подчинения, который отвечает природе мужчины и женщины.

«Стыд означает беспокойное состояние души, после неприличного поступка». Что может быть ещё более неприличным, чем женщина, извратившая природу своего творения?

Эти повеления дошли до нас с небесного престола и являются самыми разумными и полезными для благословенного брака и для блага детей. Женщина действует в разрез с природой своего творения, когда берёт на себя роль духовного лидера. Если же она своим успешным руководством *заменяет* безуспешные действия мужа, то ситуация становится ещё хуже! Потому что тогда, как говорит Библия, жена властвует над мужем, попирая его славу, уважение, водительство и руководство. Супруга выполняет то, что должен выполнять её глава, тем самым обращая на себя внимание, которого заслуживает её муж. Это извращает природу творения мужчины и женщины.

«Жёны ваши в церквах да молчат [Павел пишет это уже как новозаветное повеление]**, ибо не позволено им говорить, а быть в подчинении, <u>как и</u> закон говорит»** (1 Кор.14:34).

Павел уже заранее отвечает тем, которые неверно истолкуют это повеление о женщинах, отнеся его только к определённой культуре того времени, а не ко всем нам. Он отмечает, что нет ничего странного и необыкновенного в этом повелении, ведь по закону Иудеев оно соблюдалось уже сотни лет.

Бог заполнил драгоценное место в Своём Слове, чтобы помочь понять очень важную и простую истину, в которой мы так остро нуждаемся. Современное христианство превратило женщин в полную противоположность Божьего творения, позволяя и даже поощряя жён духовно господствовать над мужьями. Уже на протяжении последних десятилетий плоды этого заблуждения очевидны в несчастных женщинах и разочаровавшихся мужчинах. К нашему стыду, статистика доказывает, что фундаментальная христианская семья такая же неустойчивая, как и все остальные семьи этого мира.

«Если же они хотят чему научиться, пусть спрашивают о том дома у мужей своих; ибо <u>неприлично</u>[1] жене говорить в церкви» (1 Кор. 14:35).

Стыдно. Стыдно. Стыдно. – Да, это стыдно. В «Библейских комментариях» Матфея Генри говорится: «Стыд означает беспокойное состояние души, после неприличного поступка». Что может быть ещё более неприличным, чем женщина, извратившая природу своего творения?

---

1 В английском переводе Библии Короля Иакова слово «неприлично» переводится дословно, как «стыдно».

А как насчёт Деворы?

Библия не шутит, и всё, что в ней написано, совершенно серьёзно. Но, несмотря на это, современные образованные *книжники, фарисеи и лицемеры* преподносят искажённое толкование относительно роли женщин и установленного Богом порядка подчинения.

Зачастую мне приходится слышать или читать подобный аргумент: «А как насчёт Деворы? Она была судьёй Израиля». Если вы ещё раз прочитаете эту историю, то обратите внимание, что текст делает ударение на то, что мужчины были постыжены, позволив женщине занять самую высокую должность. Нет никаких сомнений, что Девора отлично справлялась со своими обязанностями, что она спасла Израиль и что Господь использовал её; это неоспоримые факты. Однако стыдом для Израиля послужило то, что мужчины позволили женщине не только занять руководящее место, но и блестяще справиться с этой ролью. Девора всё понимала и предупреждала мужчин об этом. Глупо строить доктрину на одной истории, игнорируя при этом большинство библейских стихов о женской роли; так же глупо, как видеть Девору, командующую израильской армией, раз на её место не нашлось достойного мужчины.

Аргумент, который зачастую выдвигается в оправдание неверного истолкования Слова Божьего о роли женщин, звучит обычно так: «но мы справляемся с этим не хуже мужчин, а иногда даже лучше». Повеление Господа, запрещающее жене командовать мужем, ни в коем случае не говорит, что жена менее способна или в чём-то хуже мужа. Но **это Божье повеление** о том, что в сферу наших полномочий просто не входит командование мужчинами, поучение их или занятие высокой должности среди них. Да, мы можем учить, и учить очень хорошо. Например, я сейчас учу вас, но эта книга написана не для мужчин. Она написана «старицей», вразумляющей молодых слушаться Господа и своих мужей. Я просто выполняю данное Богом повеление (Титу 2:3-4).

А как насчёт Акилы и Прискиллы?

Ещё современные демагоги любят рассуждать о служении Акилы и Прискилы, как будто упоминание имени женщины вместе с именем её мужа каким-то образом умаляет значение около сотни остальных библейских стихов о женской роли помощницы. Напротив, независимо от того, что Акила и Прискилла раз пять упоминаются в Библии, имя жены ни разу не встречается одно, без имени мужа. Прискилла всегда рядом со своим мужем так же, как и я со своим. Когда мой муж ездит и проводит семинары на семейные темы или о воспитании детей, то под названием семинаров всегда стоят оба наших имени – «Майкл и Деби Пёрл». Муж говорит за кафедрой, а я сижу в зале и морально поддерживаю его. Иногда Майкл просит меня помочь ответить на некоторые вопросы аудитории, вроде воспитания или домашнего обучения детей. Но я никогда на публике не преподаю никаких доктрин ни мужчинам, ни женщинам. Напротив, я беседую с женщинами наедине, стараюсь, чтобы муж хорошо отдохнул, вкусно поел, не забыл, где он находится сегодня и куда ему надо следовать завтра. Зачастую Майкл спрашивает моё мнение по определённым вопросам, и я помогаю ему сформулировать идеи для предстоящих семинаров. **Моя основная роль – это поддержка мужа**, как я уверена, и было в случае с Прискиллой.

Союз, заключённый на небесах

Так будет ли женщина творением второго сорта на небе? А может, она – это униженная, запуганная мужской частью населения прислуга? Конечно, нет! Учение Библии не переселяет женщин обратно в каменный век, а так же не превращает нас в безликую массу мусульманоподобных, замотанных в плотную чёрную паранджу женщин. Если бы вы были лично знакомы со мной (и к моменту, как закончите читать эту книгу, узнаете меня достаточно хорошо), то вы заметили бы, что я очень далека от робкой и запуганной мышки. Но я знаю, что Бог говорит о женщинах, и понимаю, чтобы вы были счастливы (по-настоящему счастливы, как и я), вы должны следовать и исполнять Господни повеления для женщин.

Бог ясно и понятно говорит, почему Он сотворил нас такими и какую роль предопределил нам.

Однако современные, так называемые учителя Библии, искажают повеления Господни и тем самым заставляют обыкновенную молодую жену, читающую заповеди о женщинах в Библии, чувствовать себя так, словно Слово Божье оскорбляет слабый пол. Я тоже женщина и провела жизнь, консультируя других женщин. После почти 35 лет замужества, бесед с различными женщинами, чтения тысяч и тысяч писем и собственного жизненного опыта я пришла к выводу, что библейские слова на этот счёт являются неоспоримой истиной, и эта истина действует! Мне так же приходилось сталкиваться с печальными результатами учений, опровергающих эту простую истину.

Можно так выразиться, что мои выводы с научной точки зрения доказаны т.е **приведшее меня к этому заключению «доказательство» можно воспроизвести опять: любой может попробовать и получить аналогичный результат. Творец знает лучше, и *Его* метод действует. Его Слово надо воспринимать так, как оно есть.** И, если любая женщина последует моему примеру, её ждут необыкновенные благословения! Я получаю тысячи писем от женщин, которые последовали чудесному и благословенному замыслу, доверившись Богу и исполняя Слово Господа о женской роли. Мне приходилось видеть освобождённых лесбиянок, превратившихся в достойных жён, жалких блудниц, наркоманок и церковно-наученных бунтующих дам - всех их, превратившихся в верных, почитающих своих мужей помощниц. Я видела браки, порождённые в аду, но обновленные на небесах. ЗНАЕТЕ ли вы лично хоть одну супружескую пару, которая говорит, что у них благословенный брак? Я знаю, что ангелы на небе восхищаются тем, как сильно мужчина может любить женщину и как слёзы могут навернуться ему на глаза только при одной мысли о том, насколько дорога жена для него. Муж настолько сильно любит свою половину, потому что она НА САМОМ ДЕЛЕ дорога ему и полностью заслужила его восхищение и любовь. Она такая, какой Бог желает видеть её, и поэтому муж дорожит ей больше всего на свете.

Если кто-нибудь будет пытаться навязать вам, что в греческом оригинале слова «повиноваться», «почитать» или «молчать» имеют иное значение, просто спросите их: «А как ваш брак? Можете ли вы назвать его восхитительным? Может ли Бог использовать ваш брачный союз, как пример отношений между Христом и Церковью?» Все, пытающиеся неверно истолковать Слово Божье о роли женщины-помощницы, поступают так, потому что ничего не знают о чуде божественного союза, заключённого на небесах. Я же знаю.

Если ты желаешь обладать тем, что есть у меня и у тысяч женщин, то надо *следовать Божественному замыслу, изложенному в Библии.*

> **«Овцы Мои слушаются голоса Моего, и Я знаю их; и они идут за Мною»** (Иоан. 10:27).
>
> **«...всякий, кто от истины, слушает гласа Моего»** (Иоан. 18:37).

Время для размышлений

Бог установил определённый порядок отношений, сначала там, на небе, а затем здесь, на земле. Если ты пренебрегаешь порядком Господа, то пренебрегаешь Самим Богом. Если не покаешься, то рискуешь пожать горькие плоды.

«Хочу также, чтобы вы знали, что всякому мужу глава Христос, жене глава – муж, а Христу глава – Бог» (1 Кор. 11:3). Не сомневайся в Божьем порядке подчинения и не пытайся изменить его, перепрыгнув через какое-то звено.

Выработай в себе новую привычку. Представь, что муж – это начальник организации, а ты его секретарша, и веди себя соответственно. Подумай, как ты можешь помочь ему в руководящей должности.

Качества доброй помощницы

- Она боится Господа.
- Она верит Слову Божьему так, *как оно написано.*
- Она считает свою роль помощницы большой привилегией.

С Богом наедине

Составь для себя подобный список на каждый день недели.

Понедельник: подумай какие три черты характера ты можешь исправить в себе, чтобы стать ещё более дорогой и приятной для мужа.

Вторник: подумай и запиши три дела, в которых ты можешь помочь мужу.

Среда: придумай три способа, как ты можешь ободрить мужа.

Четверг: попробуй изменить три вещи в своей внешности, чтобы наверняка понравиться мужу.

Пятница: подумай какие три вещи можно изменить в доме, чтобы это понравилось мужу.

Суббота: придумай три способа (например, ваше личное время вместе), чтобы заставить мужа почувствовать себя именно твоим МУЖЧИНОЙ.

Воскресенье: подумай и запиши три способа, как ты можешь на людях показать своё искреннее почтение и уважение к мужу.

Глава 13

Великая тайна

Мудрая жена понимает, что должна уважать мужа не только за его заслуги, но почитать саму природу мужского творения и Богом поставленную главу. Мудрая жена быстро учится с энтузиазмом откликаться на идеи и планы супруга. Она повинуется мужу и знает, что это Божья воля в её жизни.

«**Тайна сия велика; я говорю по отношению ко Христу и к Церкви. Так... жена да боится своего мужа»** (Еф. 5:32-33). Слово Божье повествует о **двенадцати тайнах**, но только седьмая из них названа **великой.** Каждая тайна сама по себе – это загадочная и прекрасная истина, которую нелегко понять. Вебстерский толковый словарь объясняет слово «тайна» - «*что-то скрытое от человеческих знаний, но порождающее чувство восхищения; что-то совершенно непостижимое, выше нашего разума, искусно сокрытая от нас загадка*».

Иисус видит в нас своих друзей. Он ищет спутницу, с которой смог бы разделить Свои идеи; подругу, с которой смог бы смеяться и радоваться жизни; напарницу, с которой смог бы вместе проводить время; возлюбленную, о которой смог бы заботиться и которая бы заботилась о Нём. Господь ищет помощницу, с которой смог бы разделить Свой труд творения и управления этим миром. Христос будет женихом, и Церковь будет Его невестой. Это великая тайна. **В отношениях между женой и мужем Бог желает показать нам пример отношений между Христом и Церковью в вечности.**

Как бы невероятно это не звучало, но Бог избрал союз между мужчиной и женщиной, как самый точный образец отношений между Христом и Церковью, Его невестой. Повинуясь мужу, ты выполняешь часть Божественного плана. Именно повиновение, страх и почтение Бог желает видеть в невесте Своего Сына. Брак с мужем готовит тебя к браку с Христом. Наверняка, ты скажешь: «Но быть замужем за Христом легко». Значит, ты не знаешь Библии. Что, если твой муж потребует от тебя принести сына в жертву всесожжения на алтарь? Но именно этого Бог потребовал от Авраама. Что, если муж убьёт тебя за обман? Но именно так Бог поступил с Сапфирой.

Моя жизнь изменилась, как только я поняла, что в своей роли жены отражаю отношение Церкви ко Христу.

Для женщины пренебрежение руководством мужа равносильно вызову в лицо Самому Богу или измене в военном лагере. Это всё равно, что мужчина начнёт командовать Христом, или же Церковь позавидует руководящей роли Иисуса и начнёт жить сама по себе. Это равносильно действиям Люцифера, когда он сказал: **«взойду на небо, выше звезд Божиих вознесу престол мой и сяду на горе в сонме богов, на краю севера... буду подобен Всевышнему»** (Ис. 14:13-14). Люцифер, как и Ева, был недоволен своей ролью в Божественном замысле. Он захотел перепрыгнуть рангом повыше и нарушить установленный Богом порядок подчинения, но Творец низверг его. Господь может так поступить с любым, пытающимся взять на себя чужую роль.

Моя жизнь изменилась, как только я поняла, что в своей роли жены отражаю отношение Церкви ко Христу. Когда я, жена, «да боюсь своего мужа», то показываю, как мы, Церковь Христова, испытываем благоговейный страх пред нашим Женихом. Если раньше вы и сомневались, почему Бог повелел жене бояться мужа, то теперь знаете.

«Тайна сия велика; я говорю по отношению ко Христу и к Церкви. Так... жена да боится своего мужа» (Еф. 5:32-33). **Бояться: страшиться, трепетать; благоговейный страх, смешанный с почтением и уважением.**

1. **Послушание** – добровольное выполнение повелений мужа.
2. **Повиновение** – добровольное и искреннее подчинение воле мужа.
3. **Благоговейный страх** – больше, чем просто выполнение требований мужа. Это наивысшая степень женского трепета и уважения.

Послушание, повиновение и благоговейный страх – это акт твоей доброй воли, не зависящий от чувств. Почтительное отношение к мужу – это акт глубокого трепета пред Богом, определившего тебе роль помощницы.

Королева дня

А вот письмо от женщины, у которой есть все веские основания бросить мужа; но вместо этого она изо всех сил старается показать ему почтение, считая его самым лучшим отцом. Из своего многолетнего опыта консультаций могу смело сказать, что именно эта жена смогла полностью завоевать сердце мужа. Она – моя королева дня.

> *Дорогая Деби,*
>
> *Я ни о чём не прошу Вас, а просто хочу поделиться радостью! Спасибо, что открыли истину, которая освободила меня. Я верю, что Бог – это Начальник и Совершитель веры мужа. Супруг начал посещать стриптиз-клубы и встречаться с проститутками через короткое время после свадьбы. Я это точно знаю, потому что он мне сам во всём признался, когда почувствовал себя виноватым. Вначале хотелось развестись, потому что я не представляла, как смогу всё это пережить, и все поддерживали моё решение, за исключением одной супружеской пары, с которой в воскресенье утром я разговорилась о любви Бога. В то же утро пастор в церкви проповедовал о любви. Бог дал мне любовь к мужу, и совершенно уверена, что Господь желает, чтобы я осталась с ним.*
>
> *Супруг - хороший отец и кормилец семьи. Он поддерживает меня в воспитании детей и за последнее время очень сильно возмужал. Муж не включает телевизор, пока дети не улягутся спать. Я благодарна ему за это.*
>
> *Раньше я плакала и высказывала мужу обиду. «Как я могу доверять тебе? Как могу знать, чем ты там занимаешься?» Но не хотелось,*

чтобы сын постоянно видел меня в подобном состоянии. Я знала, что муж сильно устаёт и выматывается на работе. Мои речи и кислое лицо ничем не скрашивали появление супруга дома вечером. Но мне хотелось показать мужу свою любовь, ведь он и так знает, что я всегда мечтала, чтобы он больше времени проводил дома, и не нуждается в моём ежедневном недовольстве.

*Сын думает, что его папа сильнее всех в мире! Я и сын решили показать свою любовь, поэтому склеили два больших листа бумаги, написали на них «**Папа №1**» и поехали встречать его с работы. Мы подождали, пока муж вышел на парковку, а затем высоко над головой подняли плакат, чтобы видел наш папа и все окружающие. Когда купили новый телефон, я стала заносить в память телефонные номера, и сын сказал: «Папин номер будет один, потому что наш Папа №1». Ребенок не пытался пошутить, просто он действительно думает, что изо всех мужчин, которых он знает, его Папа №1.*

Пожалуйста, молитесь о нас. Иногда мне бывает тяжело и хочется свернуть мужу шею, но верю, что Бог поможет.

Любящая Его,

Джуди

Бог доверил мужчине и женщине отражать прообраз великой тайны своей супружеской жизнью.

Должна признаться, что расплакалась, печатая письмо Джуди в эту книгу. Эта женщина обратила сердце к Богу, ибо только Он мог дать столько милосердия. Она глубоко чтит совершенно недостойного человека. Но, почитая таким образом мужа, жена почитает Самого Бога.

Теперь ты уловила смысл? **Почитая мужа, жена тем самым почитает Бога не потому, что её муж - достойный христианин, и не потому, что он подобен Христу, но потому, что сам Бог поставил её в подчинение мужу.** В голове не укладывается, почему Джуди подчиняется этому падшему человеку. У неё не осталось никакого основания уважать его, за исключением только одной причины – Бога. Джуди боится и почитает Бога и никого, кроме Него. А этому жалкому мужу посчастливилось получать почтение, предназначенное Самому

В хорошем браке один или оба супруга научились любить другого, как самого себя, не обращать внимания на недостатки, не пытаться изменить другого и не заставлять его раскаиваться.

Богу. **Вера этой женщины смотрит дальше грешного человека. Она видит Бога, который нас всех сотворил и так возлюбил этот мир, «что отдал Сына Своего Единородного...»** (Иоан. 3:16)

Даже если верность этой жены никогда не будет вознаграждена возрождённым мужем, усилия всё равно не окажутся тщетными, ибо милость Божья действует в её сердце и готовит стать самой подходящей Невестой Христа. В душе творится Божественная работа. Грех отца не сможет повредить сыну, ибо от этого его защищает послушание матери Богу, которая старается изо всех сил. Своей любовью и прощением жена сумела покрыть множество грехов (1 Петра 4:8).

«Ибо неверующий муж освящается женою верующею, и жена неверующая освящается мужем верующим. Иначе дети ваши были бы нечисты, а теперь святы» (1 Кор. 7:14).

Давай проиграем это ещё раз

Когда мы рассчитываем на собственные силы, то женские мысли становятся похожи на старую заевшую пластинку. Женщина замечает недостатки мужа, а затем снова и снова проигрывает их в уме: «он такой чёрствый... такой чёрствый... чёрствый... чёрствый...» Она заостряет внимание на малейших промахах, и тогда недовольство перерастает в озлобленность. Три дня подряд муж забывает покормить собаку. Жена же смотрит на пустую миску собаки и приписывает супругу целую кучу преднамеренных злостных причин. Муж заставляет лишних десять минут подождать в машине. Жена же сама себя убеждает, что он не проявляет к ней должного уважения и это в нём пока ещё только цветочки. Раз уж эта женщина считает себя примерной «христианкой», и к тому же на неё смотрят дети, то решает не устраивать громких сцен, а просто перестаёт разговаривать с мужем. Он должен знать, как сильно её обидел, и лучшим способом будет воздать ему злом за зло. Поэтому жена лишает мужа самого необходимого – уважения, почтения и любви, зная, что он сразу это заметит и смирённо вернётся просить прощения. К тому времени кислая физиономия должна заставить его искренне раскаиваться в содеянном. «О да, я заставлю супруга чувствовать себя виноватым! Зато заранее знаю, что муж забудет о дне рождения и попытается загладить вину, купив конфеты, которые я терпеть не могу. А я ему уже говорила, что терпеть не могу именно эти конфеты и поэтому ещё больше злюсь на мужа за то, что он не помнит, что я терпеть не могу эти конфеты». Практика. Мы постоянно практикуем подобное мышление.

Помните те 40 тысяч мыслей в день? От избытка сердца говорят уста. Сколько негативных мыслей проносится в уме за три или четыре часа? Это твой *долг* пред Богом мыслить иначе. Господь говорит, как надо мыслить. Когда наши эмоции не позволяют мыслить должным образом, то сила воли может дать команду плоти, и тогда последуют должные мысли. **«Предай Господу дела твои, и предприятия твои совершатся»** (Прит. 16:3).

Вспомните отрывок из 2 Послания коринфянам (10:5): **«...и всякое превозношение, восстающее против познания Божия, и пленяем всякое помышление в послушание Христу».**

Я получаю множество писем, в которых жёны жалуются на оскорбления, которые каждая из них переносит от мужа. В 90% случаев жена просто реагирует на раздутое воображением оскорбление, на которое на самом деле можно было бы даже не обращать внимания. Разница между хорошим браком и плохим браком заключается не в хороших или плохих мужьях и жёнах, ибо все браки состоят из двух грешников с множеством недостатков. ***В хорошем браке один или оба супруга научились любить другого, как самого себя, не обращать внимания на недостатки и не пытаться изменить другого или заставить раскаиваться.*** В плохом браке у мужа с женой ничуть не больше недостатков, но там один или оба супруга заостряют внимание на тех вещах, которые супруги из хорошего брака стараются просто упустить из виду или же покрыть прощением и любовью. Жена никогда не получит ничего, кроме полной противоположности хорошего брака, если не расстанется с идеей сначала изменить мужа, а уж только потом показать ему своё почтение и уважение.

У Евы много сестёр

В то время, как мужчины страдают от фантазий при виде плоти, то женщины целиком и полностью погружаются в эмоциональные фантазии, воображая для себя и окружающих мир, полный боли и обиды. Сатана приступает к мужчинам напрямую, предлагая удовольствия, силу и славу; точно так же как приступал к Иисусу во время искушения в пустыне. Но к нам, женщинам, враг подступает с хитростью так же, как когда-то и к Еве. Искуситель задал Еве только один вопрос с расчётом раздуть воображение и заставить усомниться в том, что у Бога были добрые намерения для блага самой же Евы.

«Змей был хитрее всех зверей полевых, которых создал Господь Бог. И сказал змей жене: подлинно ли сказал Бог: не ешьте ни от какого дерева в раю?» (Быт. 3:1). Сатана заставил женщину усомниться в повелениях Господа. Он продолжал утверждать, что Бог сокрыл что-то от неё, ибо: **«знает Бог, что в день, в который вы вкусите их, откроются глаза ваши, и вы будете, как боги, знающие добро и зло»** (Быт. 3:5). Ева была обманута посредством своего раздутого воображения. В корне согрешения лежали сомнения в том, что Бог желает только добра. Сегодня у Евы много сестёр. Мы продолжаем сомневаться в поставленной над нами Богом главе и воображаем, что муж не желает нам добра. Как и Ева, мы думаем, что можем пренебречь авторитетом Слова Божьего и авторитетом нашего мужа, ибо опять вообразили себе более высокое призвание – стать ещё духовнее.

Мы снова заблуждаемся, когда думаем себе, что мужья оскорбляют нас, или когда считаем себя более духовными благодаря всем нашим откровениям. Все согласятся, что любой мужчина, живущий похотливыми фантазиями, является безбожником. И я говорю вам, дорогие читательницы, что любая женщина, погрязшая в обиде и видящая только плохое в поведении мужа, является безбожницей, потому что живёт больным воображением. Пора вернуться под руководство поставленной над нами Богом главы. Доверьтесь Господу и ищите самое лучшее в муже, в соседях, в церкви, в семье... и получите благословение и радость в жизни и в браке.

Джуди, наша королева дня, перестала проигрывать в голове заевшую пластинку, но вместо этого обратила помышления на то, чему она благодарна. Бог говорит:

> **«Наконец, братия мои, что только истинно, что честно, что справедливо, что чисто, что любезно, что достославно, что только добродетель и похвала, о том помышляйте»** (Фил. 4:8).

Джуди сумела очистить себя от проказы «обезумевшей жены», прежде чем эта болезнь смогла поразить и сына. Малый ребёнок уважает отца, потому что мать уважает его. В один прекрасный день этот маленький мальчик превратится во взрослого мужчину. Подрастая, он будет видеть, что у отца есть недостатки, но будет прощать его так же, как прощает мать. Когда же сын, повзрослев, ещё раз взглянет на эту картину, то поймёт, что его мать - одна из самых замечательных женщин на свете. Однажды сын встанет и ублажит её, как ублажают дети добродетельную жену. Когда-нибудь может муж и победит свою грязную похоть, и тогда так же в полной мере оценит жену. Она приобретёт его преданность и любовь только потому, что почитала мужа даже тогда, когда в нём не осталось ничего, достойного уважения, и любила его только потому, что Бог в начале возлюбил её.

Предполагаю, что в тот момент, когда Джуди подняла высоко над головой плакат «Папа №1», ангелы на небе и демоны на земле затрепетали пред великой силой любви и прощения этой «слабой», маленькой женщины и матери. Это было чудо, показывающее, что Бог действительно существует. Я уверена, что у мужа встал комок в горле, когда он увидел не только её прощение, но и почтение. Нет большей любви, ведущей к покаянию.

Честно говоря, далеко не все из нас думают, что муж Джуди заслужил почтение или любовь. Он самый отпетый негодяй и заслуживает спать под скамейкой на улице. Но Бог дал нам более высокое призвание. И именно в этом высоком призвании мы раскрываем и в жизни, и в любви божественное чудо прощения. Именно в этот момент мы становимся нежно любимыми. Немногие мужчины способны продолжать сердиться, блудить и думать только о себе, столкнувшись лицом к лицу с силой благоговейного почтения.

Обещание

За всю жизнь я встречала только два случая, когда мужчина смог изменить свою обиженную и возмущённую жену, а также превратил свой брак в благословенный. Во всём Писании не даётся ни одного обещания мужу, что он может в корне изменить поведение и тем самым спасти жену и брак. Но Библия, наоборот, даёт удивительное обещание женщинам: именно они обладают силой обратить своих заблудших мужей к себе и к Богу. Библия говорит, что жена может приобрести мужа *даже без Библии*. Во многих церквах сегодня женщины не могут вернуть своих заблудших супругов потому, что каждая усиленно старается евангелизировать мужа, вместо того, чтобы просто быть любящей женой.

«Также и вы, жёны, повинуйтесь своим мужьям, чтобы те из них, которые не покоряются слову, житиём жён своих <u>без слова</u> приобретаемы были» (1 Пет. 3:1).

Жена приобретает своего мужа так же, как и Джуди приобретает своего - житиём, иначе говоря, образом жизни. Позже мы поговорим о том, как приобрести и **твою** заблудшую половину.

Зона комфорта

Мужчины совсем не бесчувственные существа, какими иногда кажутся. Каждый мужчина очень сильно дорожит семьй, любит отдыхать дома – быть в своей зоне комфорта – и жаждет уважения в семье. Семья служит для них смыслом жизни, а так же их защитой. Каждый мужчина высоко ценит жену и детей, даже если семейная жизнь и кажется монотонной.

Похотливая плоть может увести мужчин от семьи, которой они так дорожат, но всё равно мужья всегда будут стремиться вернуться обратно в свою зону комфорта. В их натуре есть совершенно естественная тяга

кормить семью и заботиться о ней. Если жена не старается сделать семейный очаг уютным для мужа и если не почитает свою главу, то ей остаётся уповать только на его праведность в надежде, что он останется верным. **Если жена не желает стать должной помощницей, которой Бог сотворил её, то будет очень глупо ожидать себе хорошего мужа взамен.** Мужчине, возвратившемуся домой в напряжённую обстановку и бардак, к невкусной еде и недовольной критикующей жене, может и не хватить «праведности» остаться верным, когда милая молодая девушка на работе постарается увести его с обещанием (иллюзией) более уютного гнёздышка.

Жёны принимают за должное тот факт, что это прямая христианская обязанность мужей оставаться верными (это и есть их прямая обязанность). **Но это так же прямая христианская обязанность жены быть верной помощницей мужа: бояться, почитать, уважать и повиноваться ему.** Опыт показывает, что если мужчина чувствует к себе небрежное отношение со стороны жены, то ему, наверняка, не хватит сил сохранить обеты супружеской верности. Зато довольный мужчина, наоборот, будет настолько дорожить «зоной комфорта», что сумеет дать на работе отпор «развратной женщине» с её пустыми обещаниями.

Семейные консультанты согласны, что практически во всех семейных конфликтах вина ложится в равной степени на мужа и на жену. Вина мужа обычно ярче выражена. Вину жены не сразу легко заметить, однако у неё такая же разрушающая и пагубная сила. Бог определил женщинам быть помощницами. Жена должна радовать мужа, дарить ему покой и удовлетворение. Обычно в семье начинается «ад», когда жена отказывается повиноваться Слову Божьему. Зато она пожнёт богатый урожай, когда будет повиноваться Богу, даже состоя в браке с «заблудшим» человеком.

Во многих церквах сегодня женщины не могут вернуть своих заблудших супругов потому, что каждая усиленно старается евангелизировать мужа, вместо того, чтобы просто быть любящей женой.

*Следующая история повествует о молодой жене, которая так же открыла для себя, что **глубоким почтением** возможно приобрести заблудшего мужа.*

Заслужить его доверие

Не все женщины настолько мудры, как Джуди. Много лет назад я была знакома с милой молодой девушкой, которая была очень глупа. У неё было мягкое сердце (она думала, что оно отражает Божью любовь и милосердие) и слабость к ребятам, которые просто «нуждались» в ней. Её звали Санни[1], и она была такая же светленькая и миленькая, как солнышко. Но обычно при вождении автомобиля девушка была склонна подбирать на дороге странных попутчиков, которым она желала свидетельствовать, хотя люди более старшего возраста неоднократно предупреждали её о неблагоразумности подобного поведения. И вот однажды Санни

1 В переводе с английского это имя означает «солнечная». - Прим. переводчика.

подобрала на дороге какого-то молодого парня арабского происхождения, который выглядел и говорил очень романтично. В итоге, девушка вышла за него замуж.

Вскоре она забеременела, а через несколько недель муж начал бушевать. В течение последующих семи лет Санни постоянно подвергалась пьяным побоям и ругани, а так же сносила открытую супружескую неверность. Молодая жена оставалась одна с детьми на несколько дней или даже недель, пока муж где-то там гулял с «друзьями». Он возвращался домой, чтобы сорвать зло и забрать последние копейки, которые жена зарабатывала, пытаясь прокормить растущую семью. Когда Санни была беременна третьим ребёнком, Ахмед вернулся домой пьяным и пытался убить её мясным ножом. Только благодаря чудесному вмешательству Всемогущего Бога она осталась жива.

Каждый раз, когда Ахмед приходил вдрызг пьяный, Санни выбегала из дома с громкими воплями и убегала к маме, чтобы выплакать там всю боль, а затем сразу садилась на телефон, обзванивала знакомых и жаловалась, как муж обращается с ней. Но молодая жена не уходила от супруга.

Однажды я увидела Санни на собрании в церкви – одна обмякшая и промокшая масса слёз и эмоций. Молодая жена призналась мне, что не может так больше жить, но знает, что нужна детям. Поэтому, вместо того, чтобы покончить со своей жизнью, она решила убить Ахмеда. Если бы Санни не остановил Сам Бог, то этот план убийства мог бы оказаться успешным, настолько хорошо был продуман.

В тот вечер я несколько часов молилась и беседовала с Санни, умоляя её принять решение: или раз и навсегда уйти от Ахмеда и попытаться устроить свою жизнь, или же немедленно принять серьёзные меры, чтобы завоевать его сердце и спасти совместную жизнь. Я была уверена, что жена бросит супруга в тот же вечер. Но, как оказалось, я глубоко ошибалась: Санни желала Божьей воли в жизни. Она взглянула на жизнь в перспективе вечности и поверила, что Бог спасёт мужа.

Я знала слабость Санни болтать направо и налево. Она бы не сумела удержать секрета даже ценой собственной жизни. Я так же знала, что Ахмед был очень замкнутым человеком. Как и любого падшего мужа, его раздражала повсеместная болтовня жены о его греховных похождениях. Я объяснила Санни, что, в надежде завоевать сердце мужа, ей надо научиться глубоко чтить его. Это не означало, что надо искать в Ахмеде какие-то добрые и достойные качества, которых там и в помине не было. Но жена должна оказывать мужу должное уважение, ради себя и ради своих детей. Всё остальное Санни уже делала правильно. Она была хорошей хозяйкой и помощницей, послушной, верной и жизнерадостной. Я предложила Санни сделать ещё один шаг и найти способ показать мужу почтение. Она не должна была больше плохо говорить об Ахмеде. Её разговоры с окружающими, а так же с мужем, должны были быть полны только хвалы и благодарности.

Санни оказалась хорошей ученицей и последовала совету. Уже через неделю перемены в её муже были весьма заметны. **Просто удивительно, каким восприимчивым становится мужчина, когда жена оказывает ему глубокое почтение.** Ахмед перестал гулять с пьяными дружками и нашёл работу, чтобы хоть как-то содержать семью. Иногда он стал появляться в церкви и был просто наповал сражён некоторыми фразами в свой адрес. «Санни говорила, что Вы великолепно играете на саксофоне». «Санни говорила, что Вы очень приятный человек». «Нам очень хотелось познакомиться с Вами, Санни говорила, что...» Ахмед был поражён, а Санни продолжала свою миссию. Примерно через неделю после этого ей приснился удивительный сон.

Просто удивительно, каким восприимчивым становится мужчина, когда жена оказывает ему глубокое почтение.

Санни увидела во сне, что в контору, где её муж работал уборщиком, пришёл один очень высокопоставленный чиновник, который встретился с начальником этого заведения и поведал следующее: «Мне нужно найти человека на руководящую должность в моё учреждение. Подходящий кандидат должен быть верным, трудолюбивым, честным, пунктуальным и умным... образование не обязательно. Мы всегда сможем обучить его обязанностям, но никак не сумеем изменить отношение к работе. Можете ли вы порекомендовать человека, который примерно относится к работе?» Начальник конторы ответил: «У меня есть только один кандидат, который мог бы подойти вам, но он всего лишь уборщик». Санни приснилось, что высокопоставленный чиновник сказал: «Мне не важно, может ли он писать и читать. Но если это честный и трудолюбивый человек, на которого я смог бы положиться, то беру его к себе на работу и удваиваю зарплату». Во сне высокопоставленный чиновник взял мужа Санни к себе на руководящую должность.

Когда Санни проснулась, она взволнованно пересказала Ахмеду сон. Она была уверена, что это был знак того, что **её мужу предопределено величие.** Помните, чему мы научились, изучая *господина Воображение*? Величие – это состояние души, а не определённые достижения или полное отсутствие таковых. Раньше Санни обзванивала знакомых и рассказывала им, каким муж был негодяем; тем самым она снова давала ему понять, насколько низко он пал в её глазах. Жена стыдила его на людях, а Ахмед продолжал постыдно вести себя. Её мнение о нём превратилось в его собственное мнение о себе. Теперь же Санни начала хвалить мужа на людях, и результаты превзошли все ожидания.

Ахмед сказал, что сон глупый, однако расправил плечи и впервые явился на работу вовремя! А Санни побежала домой к маме и села на телефон. Она обзвонила знакомых и рассказала сон. Но только в этот раз муж нисколько не возражал против её болтовни!

Насколько мне известно, Ахмед до сих пор работает уборщиком, и сон Санни так и остался просто сном. Но он открыл мужу сердце жены, а её мнение о нём оказалось намного важнее, чем любая должность, которую Ахмед мог бы занимать. В этом сне муж Санни оказался на высоте, и жена не замедлила рассказать всем об этом. Ахмед же стал стремиться к этой высоте и почувствовал столько радости и удовольствия в похвалах жены, что стал интересоваться и её Богом. Со временем этот человек уверовал в Господа Иисуса Христа. В последний раз, когда я виделась с Санни и Ахмедом, они возрастали в Господе вместе. Как и говорит Писание, жена завоевала его **«без слова»** (т.е. без Библии), но своим **«житиём»** (1 Пет. 3:1). Слово Божье действует. Кто бы мог подумать? Но Санни поверила этому – и сделала это без помощи «современных понятий» или «толкователей» греческого оригинала.

Время для размышлений

Бог повелевает нам, жёнам, испытывать благоговейный страх пред мужьями:

«...а жена да боится своего мужа» (Еф. 5:33).

Выработай в себе новую привычку

Попробуй показывать мужу глубокое уважение хотя бы три раза в день. Начни своё почтительное отношение с малого, но только старайся не забывать об этом. Со временем подобное поведение станет для тебя естественным.

Качества доброй помощницы

- Она замечает в муже все положительные качества.
- Она отзывается о муже с уважением.
- Она повинуется супругу.
- Она никогда не отвечает ему с презрением или насмешкой.

С Богом наедине

Исследуй в Слове Божьем следующие слова, которые описывают чувство *глубокого почтения* по отношению к другому человеку:

Поклоняться – 2 Цар. 9:6, 3 Цар. 1:31
Падать ниц – Есфир. 3:2,5
Постыдиться – Мф. 21:37, Марк. 12:6, Лук. 20:13
Бояться – Еф. 5:33, Евр. 12:9

Читая эти места, поймёшь, как именно Бог велит жене почитать мужа. Подумай в чём ты раньше не оказывала мужу почтения. А теперь реши для себя, какими способами можешь ему это почтение оказать. Всегда помни, что, почитая мужа, почитаешь Самого Бога. *Почтительное отношение к мужу является прямой Божьей волей для тебя.*

Глава 14

Короли и королевства

Мудрая жена всегда с восхищением принимает знаки внимания мужа, неважно насколько неуклюже он выражает их.

Бог сотворил Адама и определил ему руководящую роль. С тех пор каждый сын Адама автоматически вступает в эту должность. Мужчина был сотворён, чтобы управлять. Это его природа. Но единственное место, где может руководить абсолютно каждый мужчина, это в собственном маленьком королевстве, называемом *домом*. Каждому мужчине предопределено руководить, по крайней мере, семьёй. Если ты пренебрегаешь этим законным правом мужа, то действуешь вопреки своим обязанностям, а так же против воли Бога. Когда мужчина управляет своим маленьким королевством, но не испытывает должного почтения и повиновения со стороны жены, то это королевство приходит в запустение, а подчинённые короля так и не могут познать его нежную любовь и доброту. Пренебрегая уважением к мужу, ты рискуешь потерять самое дорогое в жизни – супруга и детей.

Когда президент Соединённых Штатов Америки посещает один из пятидесяти штатов, то все там готовятся к приезду главы государства, даже если президент и не пользуется в этой местности особым успехом. С приехавшим президентом обращаются очень почтительно, ведь люди показывают признание не просто человеку или его политике, а самой сущности высокой руководящей должности и соответственно всему связанному с ней. Бог поставил мужа «президентом» семьи. В обязанности супруга не входит оказывать тебе повиновение или быть твоим помощником. Бог НЕ повелевает мужу повиноваться жене. Бог не советует тебе спокойно сидеть за столом или отдыхать в кресле, ожидая, что муж сам себя накормит. Современная культура вселила в нас извращённое понятие, что муж обязан обслуживать жену. Тебе становится обидно, когда муж не обращается с тобой в соответствии с твоими ожиданиями. Но Божий план в этом и не заключается. Недостаток знания и веры в Слово Божье заставил нас поверить обманам современного общества. Наша культура целиком и полностью противоречит Богу. Нам давно пора понять, что волна феминизма захлестнула не только большинство государственных школ, но и христианское вероучение. Бог говорит: **«Истреблен будет народ Мой за недостаток ведения: так как ты отверг ведение, то и Я отвергну тебя от священнодействия предо Мною; и как ты забыл закон Бога твоего то и Я забуду детей твоих»** (Ос. 4:6).

Современные представительницы прекрасного пола считают, что падут в собственных глазах, если подчинятся далеко не идеальному мужу. Подчинение своей воли другому – это участь не слабовольных. Люди обычно говорят о послушной жене: «Ох, она такая безвольная и робкая по натуре. Ей надо научиться жить собственной жизнью». Люди и понятия не имеют, о чём говорят. Подчинение – это не замысловатая и непонятная теория. Оно реально и приемлемо в повседневной жизни. Чем больше я повинуюсь мужу, тем больше он ценит меня и обращается со мной, как с королевой. Бог так устроил мужчину, что почтение и уважение к нему вызывает в нём непреодолимое желание оберегать и нежно заботиться.

Почтение – это не только твоё поведение, но и чувства. Это как ты реагируешь словами и что показываешь делами. Недостаточно просто обслуживать мужа; но огонёк в твоих глазах и лёгкая походка могут дать ему понять, что ты делаешь это с удовольствием. Мужа не обманешь. **Он видит твоё сердце так же, или даже лучше, чем ты сама.** Следи за его тарелкой во время ужина, может, мужу захочется добавки. Почтение – это чашка горячего чая, когда помогаешь ему разуться после тяжёлого дня на работе. Это радостное выражение лица, которое встречает его по возвращению домой. Это благодарность за заботу и внимание. Почтительное отношение к мужу – это вершина настоящей женственности. Женщина становится доброй и прекрасной. Ей восхищаются все и тем более муж.

В следующей истории приводится пример полной противоположности почтительного отношения к мужу.

Не порть мою причёску

Несколько лет назад, я и Майкл присутствовали на совещании, где местное руководство обсуждало наболевшие проблемы и пыталось принять правильное решение. Мужчины расположились за круглым столом, а их жёны непосредственно рядом или прямо за ними. Напротив меня сидел серьёзный и рассудительный молодой человек, которого я назову Чарльз. Рядом с ним находилась его привлекательная молодая жена. В самый разгар обсуждений Чарльз немного откинулся на спинку стула и обнял жену за плечи. Однако та мгновенно отреагировала явным недовольством, отбросила руку мужа и пододвинулась поближе к столу, как бы пытаясь освободиться от объятий. Затем эта женщина аккуратно поправила причёску именно в том месте, где её коснулась рука мужа. Внимание мужчины сразу переключилось с обсуждения серьёзных проблем на жену так же, как и внимание большинства окружающих. Для супруги Чарльза подобное поведение явно ничего не означало. Зато всем присутствующим (включая и её мужа) такая реакция показалась похожей на раздражение надоедливым и неуклюжим ребёнком. Все в зале почувствовали, как жена унизила мужа. После этого Чарльз не произнёс больше ни слова. Супруга поставила его на место и до самого конца совещания молодой человек сидел с опущенной головой и сложенными на коленях руками. Мне захотелось встать и хорошо встряхнуть эту молодую дамочку, чтобы она к своему удивлению поняла, как отвратительно поступила с мужем. Все окружающие испытывали к ней явную неприязнь. Она же продолжала невозмутимо поправлять причёску, совершенно не подозревая о том, что только что полностью пренебрегла почтением и уважением к мужу. Теперь она зря старалась выглядеть красиво, ибо своим недовольным поведением сразу утратила всю женственность и привлекательность.

Если жена будет продолжать отвергать Чарльза подобным образом, то муж никогда не сможет нежно дорожить ей, а так же не сумеет стать успешным служителем или руководителем. Да, она его супруга, и он, несомненно, будет продолжать любить её. Но эта любовь всегда будет даваться ему силой. Если жена не раскается, муж никогда не сможет любить её с нескрываемой радостью. Мужское самолюбие очень уязвимо. Как может мужчина дорожить той, которая так мало заботится о его репутации?

Почтительное отношение к мужу – это вершина настоящей женственности. Жена становится доброй и прекрасной. Ей восхищаются все.

Действия жены отражают её сердце. Эта молодая дама больше переживала о причёске, чем об уважении к мужу. Она не оказала должного почтения супругу и действовала против воли Бога. *Почитать – это глагол настоящего времени.* Это то, что надо делать сейчас. Это не только чувство, но и добровольное поведение. Когда жена почитает и уважает мужа, то он свободно возрастает в Господе и свободно свидетельствует окружающим. Чарльз не был свободен; он был смущён и скован.

Жена всегда может сделать для себя правильный выбор – прямо сейчас начать почитать мужа и добровольно повиноваться ему; а не ждать, пока её побудят к этому правильные чувства. Муж должен любить жену, но в этом он уже может руководствоваться только искренними чувствами. *Начни* исполнять обязанности помощницы сейчас. Не жди, пока в тебе зародятся определённые эмоции. Как мы заметили ранее, за правильными действиями всегда последуют правильные чувства.

«Женщина безрассудная, шумливая, глупая и ничего не знающая...» (Прит. 9:13)

«Мудрая жена устроит дом свой, а глупая разрушит его своими руками» (Прит. 14:1).

Несправедливо

Очень несправедливо звучит тот факт, что жена должна почитать мужа и повиноваться ему, даже если он не заслуживает подобного отношения. Однако слабая половина тоже должна заслужить право быть любимой. Если она почитает мужа независимо от его поведения, то почему бы и супругу не любить жену независимо от её поведения? Когда Майкл беседует с мужчинами, то он говорит им любить своих жён не взирая ни на что. Но не забывайте, что эта книга для молодых жён, в которой старица, то есть я, наставляю молодых, как достичь благословенного брака. Ты не сумеешь заставить мужа полюбить тебя через силу. Ты также не должна ожидать, что он будет любить тебя, когда сама обращаешься с ним весьма некрасиво. Бог создал жену *способной* пробудить в муже нежную заботу и любовь. Господь даровал нам, женщинам, ключи к сердцу мужчины. Бог всё так устроил, что жена может *умело подвести* мужа к выполнению его Богом данных обязанностей. Вся его мужская природа откликнется на старания, если супруга будет оказывать почтение. Мужчинам не даны подобные способности оказывать влияние на жену, и в женщинах не заложена подобная ответная реакция. Господь не дал мужу чудесного обещания, которое дал жене. Бог не сказал, что мужчина примерной жизнью может приобрести непокорную жену. Но именно женщинам дана прекрасная надежда в Слове Божьем.

Про девушку в пижаме в фиолетовый цветочек

Как-то раз, поджидая дочь в машине на парковке супермаркета, я сидела и наблюдала за людьми, которые заходили в магазин. Подобные наблюдения за человеческими отношениями оказались очень даже познавательными. Примерно из 25 зашедших в магазин пар, только три прикасались друг к другу. И только в этих трёх парах из всех 25 женщины улыбались. На шкале от 1 до 10, где отметка 10 – это самые красивые, эти три женщины заслужили бы отметку 1 или 2. Одна женщина выглядела на несколько (много) лет старше молодого, высокого, симпатичного мужа. У него на лице была довольная улыбка, когда он внимательно вёл её под руку и любовался каждым движением жены. Она же увлечённо что-то рассказывала мужу. Я поняла, что это было что-то интересное, потому что мужчина откинул голову и непринуждённо рассмеялся.

Другая пара прошла мимо, крепко держась за руки. Они не сказали друг другу ни слова, но улыбка на лице женщины говорила о многом. Зато третья сияющая пара приковала всё моё внимание. Он был очень подтянут, мускулист и привлекателен. Она же не поддавалась никакому описанию, потому что была одета в пижамные фланелевые штаны, обрезанные чуть выше колена, на которых красовались крупные фиолетовые цветочки, рассыпанные по почти просвечивающемуся белоснежному фону. К тому же эта невысокая особа весила килограмм на 20 больше нормы; и все эти килограммы «осели» в обтягивающих её фигуру белых пижамных штанах. У неё были неопрятные волосы, неровно уложенные в какую-то непонятную причёску. Но прекрасный спутник мёртвой хваткой обнимал молоденькую жену за плечи. Она смеялась, тыкала его в бок и пищала, чтобы тот отпустил её. Судя по широкой улыбке мужа, можно было подумать, что он обнимает саму Мисс Америка. **Мужчина по-настоящему наслаждался спутницей в штанах в фиолетовый цветочек.** Я поймала взгляд этого человека, и он ухмыльнулся мне в ответ. Он ничуть не стыдился своей половины. Эта девушка полностью завоевала его сердце и моё уважение. Мужчина гордился ей. Из всех прекрасных особ, которые заходили в магазин, пока я ждала, только этой открыто восхищался и дорожил муж. Я подозреваю, что она так никогда ни под каким предлогом не пожелала освободиться от объятий супруга и уж тем более не переживала о своей причёске. Молоденькая жена принимала знаки внимания мужа с благодарением и восхищением.

> Принимай его знаки внимания с благодарением и восхищением.

Далее в книге мы поговорим о том, как надо готовить, убирать, следить за детьми и пр. Всё это важно и необходимо. Но ударение всегда должно делаться на почтение. **Мужчина простит женщине множество недостатков, если у него есть полная уверенность в том, что жена**

считает его самым лучшим. Если жена с восхищением смотрит в его глаза и благодарит за любовь, то супруг всегда будет нежно любить её. Пусть даже она плохо одета, с неопрятной причёской, слишком много весит, невкусно готовит, немного ленивая, глупая и совершенно не привлекательная, но если женщина думает и показывает мужу, что он у неё самый замечательный, то он всегда будет любить её. Звучит элементарно, но так оно и есть.

В самом смысле почтения заложена искренняя благодарность и глубокая признательность за то, что этот человек, такой, какой он есть, выбрал и полюбил меня, такую, какая я есть.

Женщины, напротив, ожидают от мужчины действий и хотят, чтобы он был духовным, трудолюбивым, аккуратным, чувствительным и примерным. В противном случае отсутствие подобных качеств слабый пол воспринимает, как личное оскорбление и начинает бороться, перекраивая мужа под «свои» стандарты. Я всегда поражаюсь тому, что женщина выходит замуж за МУЖЧИНУ, а потом обижается, когда он ведёт себя как таковой.

Элизабет Эллиот в книге «*Позвольте мне быть женщиной*» пишет дочери: «Я оставалась вдовой тринадцать лет, пока мне не сделал предложение человек, который и стал твоим приёмным отцом. Для меня это было подобно чуду. Я удивлялась тому, что кто-то захотел жениться на мне в самый первый раз. В школе и в колледже я очень редко бывала на свиданиях. Но просто уму непостижимо оказалось то, что кто-то захотел жениться на мне ещё и во второй раз. Я сказала тому человеку, что многие женщины желали бы выйти за него замуж, и они смогли бы предложить ему то, чего нет у меня, – красоту и деньги, но добавила: «Могу подарить тебе то, в чём ни одна женщина на свете не превзойдет меня, – это мою искреннюю благодарность. Меня научила этому участь вдовы».

Я перебирала в уме, какой бы пример глубокого уважения мужчины предложить читательницам, и письмо Элизабет Эллиот дочери всплыло в памяти.

В самом смысле почтения заложена искренняя благодарность и глубокая признательность за то, что этот человек, такой, какой он есть, выбрал и полюбил меня, такую, какая я есть.

Элизабет Эллиот приятная, талантливая и преуспевающая женщина. Однако она с благодарностью выражает почтение тому мужчине, который полюбил её. Это состояние сердца.

Мой муж всегда советует молодым ребятам, желающим найти хорошую жену, искать в девушке одно-единственное, совершенно необходимое каждой женщине качество – благодарное сердце. Он говорит, что девушка, на которой молодой человек думает жениться, должна быть радостна и благодарна ему за любовь. «Самое прочное основание счастливого брака двух юных сердец – это если девушка искренне верит, что ей повезло, раз выбор юноши пал именно на неё. Если же она думает, что ТЕБЕ повезло в том, что ты выбрал ЕЁ, то беги от такой подальше, ибо она ищет себе своего личного помощника и думает, что ты неплохо справишься с этой ролью. Всю свою оставшуюся жизнь такая жена будет пытаться переделать тебя».

Почитать мужа – это значит быть довольной и благодарной, как та девушка в пижаме в фиолетовый цветочек. Это значит стать полной противоположностью «не-порть-мою-причёску дамы» и настолько верить в супруга, что думать и мечтать только о нём. Это значит внушать своим сыновьям и дочерям, что их папа - №1, а затем помочь им сделать плакат и поднять его высоко над головой, чтобы все окружающие видели, что вы думаете о муже. И в заключении, это значит верить тому, что *тебе* повезло стать женой такого замечательного человека.

Время для размышлений

Составь себе список того, как ты можешь выразить почтение, уважение и повиновение мужу. Это могут быть самые простые вещи, как, например, встретить у дверей, когда он вернётся с работы или нежно прикоснуться в машине, когда вы будете ехать вместе. Старайся не забывать о новых привычках и пообещай себе продолжать подобное поведение всегда, при любых обстоятельствах

Что нового мы узнали?

- Бог сотворил нас помощницами. Если станешь помощницей, соответственной своему мужу, то раскроешь совершенную волю Божью в жизни.
- Помощница – это та, которая помогает.
- Благодарное сердце производит радость.
- Быть благодарной – это значит быть довольной волей Божьей.
- Руководство и превосходство – это мужские качества. Призвание женщины - это быть покладистой и уступать мужу; всё обратное является грехом.
- Чтобы получить Господни благословения, мы должны уважать, принимать и исполнять установленный Богом порядок подчинения.
- Мы, жёны, отражаем образ Невесты Христа. Это высокое призвание называется великой тайной, которое должно отражаться в повседневной жизни.
- Наше послушание в роли помощницы не зависит от послушания нашего мужа Богу.

- Бог велит жене повиноваться мужу. Женщина, которая не повинуется и не почитает свою главу, выступает против установленного Богом порядка, против Его воли и повелений.

Бог определил твою роль, когда сказал: **«жене глава – муж»**. Мужчина был поставлен главой ещё до сотворения женщины. Бог очень просто изложил Свой план, когда сказал: **«сотворим ему помощника, соответственного ему».** Бог ясно и понятно говорит, что мужчина не сотворён помощником жены: **«Итак муж не должен покрывать голову, потому что он есть образ и слава Божия; а жена есть слава мужа».**

Бог так же говорит нам, почему жена не должна руководить или думать, что она более духовна, чем муж: **«Ибо прежде создан Адам, а потом Ева; и не Адам прельщен; но жена, прельстившись, впала в преступление».**

Ты сможешь зажить благословенным браком, только когда полностью согласишься со своей ролью помощницы, начнёшь выражать радость и благодарность в выполнении этой роли и обратишь сердце к мужу, уважая и повинуясь ему.

Часть 2
Послание к Титу
вторая глава

«...чтобы старицы также одевались прилично святым, не были клеветницы, не порабощались пьянству, учили добру; чтобы вразумляли молодых [быть благоразумными][1]**, любить мужей, любить детей, быть целомудренными, чистыми, попечительными о доме, добрыми, покорными своим мужьям, да не порицается слово Божие»** (Тит. 2:3-5).

Можете ли вы назвать восемь Божьих правил, не выполняя которые, женщины становятся виновными в хуле или порицании Слова Божьего? За последние несколько лет я задавала подобный вопрос множеству женщин, однако большинство из них отвечали удивлённым взглядом, не имея ни малейшего представления, о чём идёт речь.

Бог сказал, чему именно должны учить старицы, и об этом можно прочитать во 2-й главе Послания к Титу. Во второй части книги мы более подробно рассмотрим эти правила.

1 В Синодальной Библии в данном стихе выражение «быть благоразумными» отсутствует, однако оно есть в английском переводе Библии короля Иакова. Эта фраза выделена квадратными скобками в тексте, т.к. последующая 15-я глава книги основана именно на выражении «быть благоразумными», присутствующем в английском переводе. - Прим. переводчика.

Восемь простых правил

Когда я была ещё ребёнком, то слово «*хулить*»[1] вызывало у меня ужас в сердце. Мои родители были новообращёнными христианами и ещё мало знали Библию, но каким-то образом наш проповедник сумел донести до моего детского разума стих о хуле на Духа Святого. Тогда я знала одно только место из Писания, где встречалось это страшное слово, и оно звучало так: **«но кто будет хулить Духа Святого, тому не будет прощения вовек, но подлежит он вечному осуждению»** (Мар. 3:29).

И до сих пор, в уже более зрелом возрасте, слово «*хулить*» вызывает у меня дрожь. Это слово и должно вызывать подобную реакцию. В какой-то степени слова «хулить» или «богохульствовать» означают: ставить себя словами или делами выше Бога. Фарисеи слышали, о чём учил Иисус, и искали причину, чтобы убить Его. Они обвинили Христа в том, что Он богохульствует, **«делая Себя равным Богу»** (Иоан. 5:18).

Эта книга написана для женщин: она о жёнах и матерях, поэтому вы, наверно, удивлены, какое отношение к нашей теме имеют слова «хула» или «порицание». Самое прямое! Как только я серьёзно взялась за написание книги, то стала перебирать в уме различные места из Писания. Помню, однажды ночью проснулась от того, что у меня в памяти промелькнул отрывок из Послания к Титу (2:3-5). Лежа в постели, я попыталась вспомнить восемь вещей, которым старицы должны научать молодых жён. И тогда стало ясно, что в этих простых восьми правилах Бог заключил самые необходимые наставления для жён.

«...чтобы старицы также одевались прилично святым, не были клеветницы, не порабощались пьянству, учили добру; чтобы вразумляли молодых [1] [быть благоразумными], [2] **любить мужей,** [3] **любить детей,** [4] **быть целомудренными,** [5] **чистыми,** [6] **попечительными о доме,** [7] **добрыми,** [8] **покорными своим мужьям, <u>да не порицается слово Божие</u>...»** (Тит. 2:3-5)

---

1 В английском переводе Библии короля Иакова слово «хулить» переводится так же, как «злословить» или «порицать». В данном случае имеется в виду Послание к Титу (2:5): «да не порицается слово Божие» или же, другими словами, «да не хулится слово Божие». - Прим. переводчика.

Мне бросилось в глаза слово «*порицание*», **«да не порицается слово Божие».** Старицам (это мне) заповедано вразумлять молодых, чтобы те не порицали Слова Божьего! Порицаете ли вы, молодые мамы, Слово Божье? В этом месте Писания не говорится о непростительном грехе хулы на Духа Святого, но о ***порицании Слова Божьего***. Даже если это и не является непростительным грехом, это всё равно остаётся очень страшной вещью, о которой Павел желает предупредить молодых жён.

Слово ***«порицание» (хула)*** всегда казалось мне очень резким в этом месте Писания – явное преувеличение. Как может женщина хулить Слово Божье, если она нецеломудренна? Если жена не покорна мужу, на самом ли деле она порицает Слово Божье? А если муж неправ? А что, если она немного соблазнительно одевается и не настолько чиста, как кажется? Считается ли это порицанием или хулой? Что значит быть попечительными о доме? **Почему эти восемь правил настолько важны, что пренебрежение ими равносильно *хуле* или *порицанию* Слова Божьего?**

Лёжа той ночью в постели и размышляя о подобных вещах, я попросила Бога открыть мне это место Писания, ведь надо знать, как правильно наставлять молодых, чтобы те не порицали Слово Божье. И Господь открыл! Этот ответ сокрушил моё сердце. Я не могла себе и представить, насколько трагичным окажется осознание того, что слово «порицание» (или «хула») является самым точным словом в этом месте Писания. Но сперва давайте рассмотрим, одно за одним, все восемь правил, которые Бог повелевает старицам вразумлять молодых.

Глава 15

1. Быть благоразумными

«...чтобы вразумляли молодых [быть благоразумными]...» (Тит. 2:4)

Быть благоразумным: исполнять свои обязанности, придерживаться правильных взглядов, учиться принимать правильные решения, уметь сдерживаться, думать и контролировать себя.

«И настанут безопасные времена твои, изобилие спасения, мудрости и ведения; страх Господень будет сокровищем твоим» (Ис. 33:6).

Здравый смысл

Благоразумная жена соглашается с тем фактом, что она уже не свободная особа и не может больше распоряжаться временем, как ей вздумается. Она знает, что брак – это приятная, но пожизненная обязанность. Жена не может просто так взять и передумать. Она старается стать самой лучшей женой, матерью, хозяйкой – и становится исполнительным директором крупного предприятия, владельцем которого является муж.

Её прямая обязанность – это стараться, чтобы предприятие супруга работало без перебоев. Жена следит за всеми семейными делами. Брак не сможет стать счастливым и воспитание детей не принесёт удовлетворения, если семья не будет функционировать в надлежащем порядке. **Жена сумеет стать умелой помощницей, когда научится благоразумно распоряжаться временем и средствами семьи, а также заботиться о необходимом** Подобные меры предотвратят ненужные трения и создадут спокойную обстановку в доме. Самые незначительные вещи в жизни могут разрушить брак и привести к печальному разводу. Однако с позитивной точки зрения такие же, казалось бы, незначительные мелочи могут принести здоровье, благополучие, мир и счастье в семью, а также установить радушные семейные отношения. Мужчины (и дети тоже) очень дорожат вкусной едой, порядком и спокойной атмосферой в доме – своеобразной тихой гаванью, в которой можно укрыться от бурь этого мира.

Бесчувственный эгоист и грубиян

Дорогая Деби,

Вчера я была просто измождена, когда мой муж вернулся домой с работы. Дети заболели. У нашего новорожденного малыша поднялась температура. А муж пришёл домой и даже не поинтересовался, как я себя чувствую или как прошёл мой день. Прямо с порога он спросил, почему у нас такой бардак и когда будет готов ужин, ведь вечером ему надо было ехать на спевку, и он думал приехать туда заранее. Муж вёл себя очень грубо и бесчувственно и даже не обратил никакого внимания на моё полное изнеможение, болезнь детей и прочее. Он поступал эгоистично, и мне было обидно. Что мне делать? Продолжать с любовью ухаживать за этим бесчувственным эгоистом и грубияном?

Джилл

Дорогая Джилл, ухаживать за мужем – это в твоих самых наилучших интересах, это твой долг и прямая обязанность.

- Деби

Никто не спорит, что муж Джилл поступил бесчувственно, но два эгоиста никогда не заживут счастливым браком. Зато один супруг, поступающий правильно, способен внести ОГРОМНУЮ разницу в семейную жизнь и изменить другого бесчувственного эгоиста. Всегда помни о том, что в твои прямые обязанности входит старательно ухаживать за мужем, поэтому тебе придётся научиться **планировать заранее.** Если бы Джилл сумела справиться с обязанностями, то её муж не отреагировал бы настолько резко. Твой супруг ожидает, что ты сумеешь распланировать время заранее. Ему приходится заранее планировать время на работе, иначе бы его уволили. Если ты научишься планировать заранее и на своей работе, то подобных конфликтов можно будет избежать, а твой муж станет гордиться тем, что у него такая хорошая жена, лучше, чем у всех остальных. Если ты будешь продолжать старательно ухаживать за супругом, то со временем он станет более чувствителен к твоим нуждам. Сейчас же тебе придётся проявить стойкость в этом сражении.

Никто не спорит, что муж Джилл поступил бесчувственно, но два эгоиста никогда не заживут счастливым браком.

У меня тоже болели дети, и мне тоже бывало тяжело, но всё равно ты можешь успеть навести порядок в доме и приготовить кушать. Матери обычно сильно переживают за больных детей, но это не является оправданием для пренебрежения всеми остальными обязанностями. Благоразумная жена сумеет найти выход из любого положения.

Задание

Научись использовать кухонную чудо-технику – медленноварку. Сегодня воскресенье. Утром в 8 утра я сложила в электрическую медленноварку немного сырого риса и мороженную куриную грудинку. Добавила воды, сельдерея, болгарского перца и специй, а затем включила всё на медленный режим. Когда мы в обед вернулись домой, то по дому витал приятный аромат, и обед уже был готов, за исключением простого салата, который я нарезала за несколько минут. После обеда в медленноварке оставалось немного риса с бульоном и кусочками курицы, я добавила туда ещё воды и специй. Этот простой суп томился у меня до самого вечера и послужил основным блюдом на ужин. На собрании я спросила одну одиннадцатилетнюю девочку о приготовлении еды для их семьи из двенадцати человек: «Если мама в воскресное утром попросит тебя сложить курицу с рисом и специями в медленноварку (или три курицы в три медленноварки), сможешь ли ты это сделать?» Двенадцатилетняя сестричка этой девочки засмеялась и ответила: «Конечно».

Упрощай, упрощай, упрощай

Не предлагай детям большое разнообразие еды на завтрак. Широкий выбор не только запутает их, но и заставит спорить и возмущаться. Одна и та же простая еда по утрам (за исключением, может, субботы) научит ребёнка радоваться любимому блюду в субботу утром. Это поможет твоим детям стать более благодарными, а завтраки будут проходить более гладко. Простой, но сытной едой по утрам может послужить тост с арахисовым маслом, поданный на бумажной салфетке. Салфетку можно запросто выбросить после завтрака.

Благоразумная жена принимает решение, составляет план действий и придерживается его во избежание дальнейшей путаницы.

Если муж не обедает дома, то ты можешь готовить похожую, но полезную еду каждый день. Забрось немного сушёной фасоли с овощами в медленноварку, и из неё у тебя получатся простые и полезные блюда, которые ты тоже сможешь подать в бумажных одноразовых тарелках.

Как просто приготовить еду

- В воскресенье вечером замочи на ночь в медленноварке сушёную фасоль. В понедельник утром включи медленноварку на медленный режим, а вечером поджарь немного мяса, запеки картошку и подавай к столу с фасолью на ужин.

- В оставшуюся в медленноварке фасоль долей воду и оставь готовиться на ночь на медленном режиме. Потом ты сможешь обжарить эту фасоль и использовать для ужина по-мексикански. За час до ужина помой и порежь немного салатных листьев, луковицу, болгарский перец и два помидора. Обжарь на сковородке примерно килограмм говяжьего фарша и сразу же отложи в холодильник половину, он пригодится тебе в среду для блюда из лапши. Вторую половину фарша заправь специями и оставь на плите. К ужину накрой стол и поставь на него сметану, тёртый сыр, острый соус, кукурузные чипсы, порезанные свежие овощи, обжаренную фасоль и горячее мясо.

- В среду днём опять включи медленноварку и сложи в неё отложенный во вторник готовый фарш, обжаренный лук, мелко-порезанный болгарский перец и сельдерей. Добавь протёртые помидоры, баночку томатной пасты и специи. За час до ужина порежь свежий салат и закипяти воду. За десять минут до ужина отвари лапшу и подавай к столу с мясным соусом. После ужина помой медленноварку и замочи в ней на ночь чёрную сушёную фасоль.
- В четверг утром включи медленноварку с фасолью на медленный режим. За два часа до ужина добавь к фасоли порезанные сосиски. Отвари достаточно риса, чтобы хватило на два дня. Подай к столу фасоль с сосисками поверх риса, а так же сметану, мелко-порезанный лук, помидоры и тёртый сыр. После ужина добавь в медленноварку оставшуюся фасоль и небольшую горсточку риса. Пусть потомится всю ночь. В пятницу тебе и детям получится вкусный обед. Оставшийся готовый рис сложи в холодильник. В пятницу вечером ты приготовишь из него на ужин жареный рис по-китайски.
- В пятницу в обед накорми детей оставшимся рисом с фасолью. Достань из холодильника готовый вчерашний рис и приготовь из него жареный рис по-китайски. Для этого обжарь мелко порезанный лук с кусочками мяса (курицы, ветчины, бекона или говядины). Немного потуши и добавь готовый рис. Затем к рису добавь взбитые яйца и соевый соус. Посоли, поперчи. Порежь к ужину свежий салат.
- В субботу можно пожарить гамбургеры, открыть банки с печёной фасолью и испечь печенье к чаю.
- К воскресенью достань курицу для медленноварки. Рано утром в воскресенье сложи в медленноварку курицу, порезанную палочку

сельдерея, банку куриного протёртого супа и специи. Перед самым уходом в церковь порежь десять кукурузных лепёшек на широкие полоски. Забрось их в медленноварку к курице. По возвращению из церкви вас будет ждать вкусное блюдо с клёцками.

У молодых жён проблемы с едой и уборкой дома возникают не из-за недовольного мужа и не из-за тяжёлых дней. Проблемы возникают из-за того, что жена не сумела распланировать время заранее.

Когда я была ребёнком, нас дома всегда кормили одинаковой едой в определённые дни недели. Ужин всегда подавался ровно в 5 часов вечера.

- Мы всегда ели горох, картошку и жареное мясо в понедельник.
- Мясной рулет со сладким картофелем и капустным салатом во вторник.
- Запечённое в духовке мясо с картофельным пюре и зелёными бобами в среду.
- Лапшу и салат в четверг.
- Рыбу, чипсы и салат в пятницу (похожую еду Иисус приготовил Своим ученикам).

С подобным меню моей маме было легче планировать и покупать необходимые продукты на неделю вперёд. Мой папа всегда с удовольствием возвращался после работы домой, где его ждал вкусный и горячий ужин. Главное научиться планировать заранее. В этом очень поможет составленный на неделю вперёд список блюд.

Совершенствуйся в роли жены и старайся угодить мужу.

Иногда хорошие отношения с мужем зависят от очень простых вещей: чистого дома и вовремя приготовленного вкусного ужина, даже когда это кажется нелегко.

Качества доброй помощницы

- Добрая *помощница* умеет создать дома райский уголок для мужа.
- Она не стремится угодить себе, а готовит еду, которая нравится мужу.
- Она умеет планировать время и готовить всё заранее.
- Она требовательна к себе.

Клубника и сладкая любовь

У меня остались яркие воспоминания из детства, когда мы собирали клубнику. Больше всего мне запомнился мой сморщенный дедушка, собирающий клубнику рядом со мной на коленках и без устали рассказывающий о бабушке и как сильно он любит её. Почему-то он не замечал болтающегося на ней деревенского платья, поредевших седых волос и морщинистого лица. Одна мысль о том, что дедушка настолько сильно любит бабушку, что считает её самой прекрасной, приводила мой детский разум в полное изумление. Помню, я так много хихикала, что с трудом собирала клубнику. Однако мне было радостно от любовных признаний дедушки.

Таить обиду и недовольство считалось большой глупостью. Ни одна уважающая себя женщина не высказывала своих претензий и обид

Моя бабушка всегда уважала и слушалась дедушку. Их семья (а также семьи их родственников) была очень крепкой и держалась на прочном основании взаимной любви и уважения. Следующую историю написала моя двоюродная сестра и подруга (это были её бабушка с дедушкой тоже). Обратите внимание, как нас учили угождать мужу. Нас учили не обижаться и не высказывать своих обид. Если бабушка когда-то и обижалась, то никто об этом не знал. Всегда считалось, что у жены есть обязанности, которые она благоразумно выполняет.

«Мудрая жена не становится обузой, но старается внести свой вклад в семью. Она ищет способы заработать или сэкономить деньги, а так же тратит их очень благоразумно. Её муж уверен в том, что он богат, потому что у него такая жена».

А что такое холодный ужин?

Фрида Лэнсинг, подруга детства и двоюродная сестра Деби

Насколько всё-таки современная жизнь отличается от прошлой. Недавно, сидя за столом с подругами и знакомыми, мы вместе вспоминали наши первые неудавшиеся кухонные эксперименты. Я хорошо запомнила те дни после свадьбы. Выйдя замуж, я совсем не умела готовить. К тому же в моей семье готовили чисто деревенскую еду – горох и кукурузный хлеб (до сих пор мои любимые блюда), ветчину, свинные отбивные, жареную курицу, репу и прочие овощи. Семья же мужа питалась совершенно иначе.

Я навсегда запомнила тот жаркий день. Наша квартирка была в очень старом доме и состояла из смежного с кухней зала и ванной комнаты. У нас не было кондиционера, а мы жили на юге, и в летнюю жару там становилось просто невыносимо. Однажды душным летним днём я очень старательно готовила ужин для мужа, который должен был вернуться домой с работы на стройке. Когда он, весь вспотевший, зашёл в двери, то бросив только один взгляд на горячую еду, в отчаянии воскликнул: «Сегодня день не для горячего ужина; в такой день хочется чего-то холодного!» Моё сердце сжалось. Я тоже очень вспотела, и мне тоже было жарко, потому что я старалась приготовить вкусную еду. Я и понятия не имела, что такое холодный ужин. О чём он, вообще, говорил? В то время помидоры, фаршированные рыбными консервами, или мясной салат звучали для меня, как иностранные слова. Поверьте, в тот момент мне было совсем не смешно, но когда я рассказывала этот случай подругам, то все дружно смеялись над тем, какой беспомощной я себя ощущала.

К своему удивлению я заметила, что одна молодая девушка за столом совсем не смеялась. Она возмущённо воскликнула: «И Вы не запустили ему тарелкой в лицо? Я бы запустила!» Это заставило меня вернуться в прошлое. Злилась ли я на мужа? Хотелось ли мне швырнуть в него тарелкой? Мне даже в голову не приходили подобные мысли. Да, я расстроилась. Но в тот момент меня больше занимал вопрос: «А что такое холодный ужин, и как можно его приготовить?» После свадьбы моя фамилия сменилась на Лэнсинг. Жизнь, мечты и желания мужа стали теперь и моими. ***Я считала роль жены профессией и до конца своих дней намеревалась преуспеть в ней.*** *Если мужу не нравилась моя еда, то вместо* *того, чтобы отказаться готовить вообще, приговаривая, что мужчинам никак не угодишь, я решила научиться готовить еду, которая* ***нравится ему****! Я ХОТЕЛА и СТАРАЛАСЬ угодить мужу и поняла, что это не настолько сложно. Большинству мужчин совсем не трудно угождать. Кто-то сказал, что всё, что мужчине нужно, – это еда, секс и уважение, и тогда супруг будет доволен. Конечно, это выражение явно упрощено, но из собственного опыта знаю, что эти три вещи отвечают элементарным нуждам любого мужчины. За последние 33 года я всегда старалась угодить мужу, особенно в этих трёх отношениях. Угождать ему является моей ЦЕЛЬЮ и по сей день. Скажу с удовольствием, что он просто души во мне не чает. Я всегда старалась заслужить его восхищение.*

Да, мы стали старше и мудрее, но мы до сих пор влюблены друг в друга.

Фрида

«Мудрая жена не возмущается по мелочам. Она старается устроить всё своим кротким и молчаливым духом».

Давайте поразмышляем...

1. Когда Фрида старалась приготовить еду, которая нравится мужу, угождала ли она при этом Господу?
2. Согрешила ли бы Фрида, если бы ответила гневом и обидой?
3. Если бы твой муж отреагировал подобным образом, старалась бы ты всё равно угодить ему?
4. Думаешь ли ты, что муж хотел обидеть Фриду преднамеренно?
5. Выходя замуж, представляла ли ты роль жены своей профессией на всю оставшуюся жизнь?

«Добродетельная жена – венец для мужа своего; а позорная – как гниль в костях его» (Прит. 12:4).

Выработай в себе новую привычку. Большинство жён, читающих эту книгу, научены <u>не</u> почитать мужей. Наверняка, ты училась неуважению на примере матери, которая возмущалась отцом. Наблюдая, как мама жаловалась на привычки папы, ты точно так же стала обращаться с супругом выйдя замуж. Конечно, гораздо легче возмущаться, чем попытаться исправить положение. Не просто бывает избавиться от укоренившихся понятий, но это стоит всех твоих стараний.

Печально-либеральные

Начиная с женского «либерального» движения 60-х годов, женщины научились восставать против авторитета мужчин. Все средства массовой информации, журналы, кинофильмы и популярные книги кричали об устранении границ между мужчинами и женщинами. Обычно церкви лет на десять отстают от этого мира, поэтому со временем христианские книги и учения подключились со своей женской либеральной теорией. Проповедники и теологи сумели упразднить авторитет слов Господа в тех местах Писания, где говорится о природе и обязанностях мужчин и женщин. Эти понятия зашли настолько далеко, что церкви сегодня уверенны в том, что Библия одобряет подобные современные взгляды.

Когда я была ребёнком, то никто в нашей большой семье не мог припомнить случая развода среди многочисленных родственников, включая тётей и дядей, двоюродных-троюродных сестёр и братьев или бабушек и дедушек. Так же никто не знал о случаях жестокого обращения с женой или детьми. За последние пятьдесят лет всё коренным образом изменилось.

Взаимоотношение с мужем - это твоя самая главная роль в жизни. Если не справишься с ней, то не справишься с тем призванием, для которого сотворил тебя Бог.

Трудно поверить, но следующее задание взято из учебника по домоводству общеобразовательной средней школы 1950-х годов. Когда я была обыкновенной школьницей, нас именно так и учили! Можете ли вы себе представить, какую волну негодования вызвал бы подобный материал, если бы его включили в современную школьную программу сегодня?

Как быть хорошей женой

(перепечатано дословно из учебника по домоводству общеобразовательной средней школы 1950-х годов)

* *Приготовь ужин.* Распланируй заранее, чтобы вкусная еда была готова вовремя. Если необходимо, планируй даже за день заранее. Таким образом, ты дашь понять мужу, что заботишься и переживаешь о нём. Большинство мужчин возвращается домой голодными, и перспектива вкусного ужина – это неотъемлимая часть тёплой домашней встречи.

* *Приведи себя в порядок.* Отдохни 15 минут, чтобы освежиться к приходу мужа. Поправь свой макияж, вплети ленточку в волосы и постарайся выглядеть привлекательной. Он только что провёл целый день на работе с раздражёнными сотрудниками. Будь весёлой и жизнерадостной. Наверняка, мужу надо поднять настроение после утомительного дня.

* *Прибери дом.* Перед приходом супруга ещё раз пройдись по основным комнатам в доме, убери учебники, игрушки и бумаги. Затем протри столы от пыли. Муж почувствует себя, словно попал в тихую гавань, где, наконец-то, можно отдохнуть. Это поднимет настроение и тебе самой..

* *Приведи в порядок детей.* Найди несколько минут, чтобы умыть малышам руки и лица. Причеши их и, если необходимо, переодень в чистую одежду. Дети – это маленькие сокровища, и мужу будет приятно видеть, что и дети тоже ждут его прихода.

* *Постарайся устранить всякий шум.* К приходу мужа выключи стиральную машинку, сушилку, посудомойку или пылесос. Попроси детей не шуметь. Будь счастлива, видеть мужа. Встречай его тёплой улыбкой.

Что нельзя делать:

* *Не обрушивай на него жалобы* или проблемы с самого порога.
* *Не возмущайся, если он опоздал* на ужин. Не заостряй на этом внимания, ведь муж столько перенёс за весь день. Пусть он чувствует

себя дома комфортно. Усади его в кресло или предложи пока прилечь отдохнуть. Приготовь прохладительный или тёплый напиток для супруга. Поправь подушки и предложи ему помочь разуться. Разговаривай тихим, спокойным, мягким и приятным голосом. Позволь мужу спокойно отдохнуть.

* *Выслушай его.* Может, тебе хочется многое рассказать, но не делай этого в момент встречи. Позволь вначале высказаться мужу.
* *Пусть это будет его вечер.* Никогда не жалуйся, что он не водит тебя в рестораны или другие места для развлечений. Вместо этого, постарайся понять, какой стресс и напряжение приходится переносить мужу на работе. Позволь ему отдохнуть дома.

«Цель: пусть в твоём доме царит мир и покой, чтобы муж мог отдохнуть и душой, и телом».

Теперь вы видите, что произошло за последние пятьдесят лет? Любой школьнице преподавались весьма консервативные взгляды, более библейские, чем те, которым учат современные церкви сегодня.

«Мудрая жена устраивает жизнь в соответствии с жизнью мужа. Все его привычки в работе, отдыхе, сне и еде становятся теперь и её».

Со мной сейчас случится нервный срыв

А вот письмо с примером того, как вместо молчаливого (благоразумного) духа, который желает видеть Бог, в нас зарождается дух раздражения и возмущения, если что-то получается не по-нашему. Приятно было узнать, что эта женщина, наконец-то, обрела мир. Статья, на которую ссылается она, расположена на нашей страничке в интернете www.nogreaterjoy.org

> *На семинаре в Ноксвилле я услышала, как вслух читалась ваша статья «Плотские мужья, раздражённые жёны и непокорные дети»[1]. Впервые я осознала, что целиком и полностью контролировала*

1 Вы можете прочитать статью в конце книги. - Прим. переводчика.

мужа своими постоянными переживаниями и тем самым давала ему понять, насколько сомневалась в нём самом. После семинара мы застряли в пробке на автотрассе, и мой муж заметил, что неплохо было бы заправиться. Мы проехали бампер в бампер довольно-таки большое расстояние и, наконец, оказались на свободной дороге в горах, без всякого намёка на заправки. Со мной случилась паника. Я довела себя до такого состояния, что готова была сорваться и наорать на мужа, чтобы он вернулся обратно в город и заправил машину. Я видела стрелку с бензином, она стояла на нуле, а я в гневе мысленно выговаривала Богу, что «мне достался совершенно бестолковый муж, который не в состоянии принимать правильных решений и именно поэтому мне всегда приходится брать всё в свои руки. Я вынуждена постоянно подсказывать ему, как надо правильно поступать». Мне чуть не стало дурно от нахлынувшего возмущения, но я впервые держала язык за зубами и старалась с интересом рассматривать горы. Через десять миль горной дороги мы, наконец-то, добрались до заправки. Мой муж сказал: «Что с тобой произошло? Ты не срываешься в истерике, как раньше. Я так рад, что ты стала намного спокойнее. Не правда ли, жизнь без паники так прекрасна? Я горжусь тобой». Тогда я задумалась. Даже если бы у нас закончился бензин, было бы это настоящей трагедией? Ведь я зачастую делала из мухи слона. Во мне жила полная противоположность кроткого и молчаливого духа. Теперь же я научилась не позволять своим страхам и переживаниям контролировать меня в непредсказуемых ситуациях и, тем более, контролировать мужа. Я учусь доверять ему.

Сара

Думаешь ли ты, что Бог позволил бы Марии стать матерью Иисуса, если бы она срывалась каждый раз, когда вокруг неё нарушались чистота и порядок?

«Ибо в вас должны быть те же чувствования, какие и во Христе Иисусе…» (Филип. 2:5)

Музеи

Многим женщинам недостаёт библейского благоразумия по отношению к своему дому, который они представляют себе как какой-то музей а не место, где живёт и радуется семья. Они просто дрожат над идеальной чистотой и ужасно раздражаются, когда испачкается ковёр или дети случайно разольют молоко на диван. Если ты страдаешь от подобного отношения, то позволь мне спросить, как бы ты себя почувствовала, если бы всё, что предоставил тебе муж для рождения первого ребёнка, оказалось бы сараем для скота? Но именно так произошло с Марией, матерью Иисуса. Думаешь ли ты, что Бог позволил бы Марии стать матерью нашего Господа, если бы она срывалась каждый раз, когда вокруг неё нарушались чистота и порядок? Только представь себе девочку-подростка, Марию, вцепившуюся в спину раскачивающегося осла, у неё уже начались схватки, а отчаявшийся муж никак не может найти подходящего места для рождения ребёнка.

Многие рассуждают над теми качествами, которые настолько привлекли Бога в Марии, что Он избрал её матерью нашего Господа. Я расскажу вам, какая она была. Её сердце было наполнено вечностью. Она была спокойна, внимательна и всегда старалась мыслить здраво. Если молодая девушка научится быть благоразумной, то она никогда не станет жить ради минутного удовольствия, но всегда будет дорожить тем, что останется с нами в вечности.

Горные Ма и Па

сочинила Ревекка Пёрл, 16 лет, апрель 1991 г.

(Перевод Валентины Юсфиной)

О, так много дел,
Надо всё успеть.
Работа не закончена,
Нет время посидеть.

«Спасибо» никто не скажет,
Никто не заплатит за труд,
Все ждут, что сегодня на ужин?
Всего лишь картошка и суп?

Ты моешь, и ты подметаешь,
Не сделано и половины,
А если назад оглянёшься
Какую увидишь картину?

Ботинки его под диваном,
А куртка на стуле лежит,
И сам он, задрав свои ноги,
Довольный на кресле сидит!

Тогда с озорною улыбкой,
Ему подмигнув и смеясь,
Бросаешь и швабру, и веник,
На кресло с ним рядом садясь.

Вот почему у моих Ма и Па такой счастливый брак!

Размышляя о благоразумии

Качества доброй помощницы

- Её дом – это тихая гавань.
- Она умеет подстроиться под привычки и расписание мужа, а также его вкусы в еде.
- Она не паникует и не переживает по мелочам, но радуется покою в семье.

Библейская характеристика безбожной жены

Найди и выпиши места Писания с нижеприведёнными словами. Попроси у Бога сил ВОЗНЕНАВИДЕТЬ любые проявления подобных качеств в твоей жизни. Верь и знай, что Бог <u>может</u> освободить тебя.

- Безрассудная
- Шумливая
- Глупая
- Ничего не знающая
- Свинья с золотым кольцом в носу
- Сварливая
- Упрямая
- Сердитая
- Позорная
- Болтливая
- Любопытная
- Нецеломудренная
- Ноги её не живут в доме её
- Необузданная

С Богом наедине

Вспомни какой-нибудь случай за последнее время, когда ты возмутилась или обиделась на то, что муж поступил с тобой несправедливо. Помни, что *возмущение* и *обида* - это две стороны одной и той же монеты, на которую можно купить один и тот же товар: несчастный брак и натянутые отношения. Как ты считаешь, насколько бы изменилась ситуация, если бы ты помнила о том, что в прямые обязанности жены входит угождение мужу? Опиши присшедшее. Сначала напиши, как всё закончилось большой ссорой, а затем, как должно было бы закончиться. Помни, что может муж и неправ, и не слишком нежен, но ты всё равно должна поступать благоразумно. Это задание поможет тебе увидеть необходимость должного уважения к мужу.

Глава 16

2. Любить мужей

«...чтобы вразумляли молодых [быть благоразумными], любить мужей...» (Тит. 2:4)

Любить мужа – означает ставить его желания превыше своих. Я служу мужу. Если ты жена, то ты тоже служишь супругу. Сперва, женщина служит мужу, а затем детям. **Как раньше, так и теперь, Бог сотворил нас помощницами. И днём и ночью мы должны быть готовы восполнять нужды мужа.**

Самый обыкновенный мужчина

Дорогие мистер и миссис Пёрл,

Я оказался в затруднительном положении и очень прошу вас объяснить жене, что то, о чём пишу вам, является чистой правдой. Жена считает меня извращенцем, потому что мне необходим секс. Она думает, что я недостаточно чувствителен к её нуждам, раз мне хочется интимной близости в то время, как ей нет. Так бывает практически всегда. Она занимается со мной сексом, но обижается на то, что я недостаточно люблю её, чтобы ставить её нужды превыше своих. Каждый раз мне приходится объяснять ей, что для мужчины интимная близость так же необходима, как и пища. Если я не пообедаю, то меня тянет на кухню, где я открываю шкафчики и заглядываю в холодильник в надежде что-то найти. Пытаюсь объяснить жене, что несколько дней без физической близости оставляют меня в подобном сексуальном состоянии. Независимо от того, как сильно люблю её и как глубоко ценю её чувства, мне всё равно невыносимо хочется секса, и я не могу успокоиться, пока не получу желаемого.

Бог изначально определил, чтобы жена восполняла нужды мужа.

В очень редких случаях у жены бывает всё хорошо. Чаще она или сильно устала, или у неё болит спина, или что-то где-то ещё побаливает, или же просто придумывает множество уважительных причин. Я старался объяснить ей, что она сама подталкивает меня на искушения, но тогда супруга просто взрывается. В таких случаях я становлюсь не только извращенцем, но ещё и прелюбодеем в сердце своём, а жена начинает переживать, как только мимо меня проходит симпатичная девушка.

Пожалуйста, объясните супруге, что мне просто необходима женщина. В этом весь смысл; я нормальный мужчина – и всем нормальным мужчинам нужна женщина. Жена говорит, что раз до 23 лет я сумел продержаться без секса, то зачем он мне понадобился сейчас? Объясняю ей, что когда был одинок, то не смотрел, как женщина раздевается и ложится в постель рядом со мной. Мне просто хочется возвращаться домой и чувствовать себя там самым обыкновенным мужчиной, а вечерами лежать в постели с женщиной, которая радуется тому, что я её муж и которая желает раз в несколько дней иметь со мной близость. Тогда бы мне не приходилось думать о девушках на работе. Не могли бы вы написать моей жене и всё объяснить. Может, получив письмо от вас, она поймёт, что у меня тоже есть чувства: и физические, и духовные.

Михей

«Посему оставит человек отца своего и мать и прилепится к жене своей, и <u>будут двое одна плоть</u>. <u>Тайна сия велика</u>; я говорю по отношению ко Христу и к Церкви» (Еф. 5:31-32).

- Бог изначально определил, чтобы жена восполняла нужды мужа.
- Бог так замыслил брак, что жена на протяжении семейной жизни помогает мужу в достижении его идей и целей.

- С самого начала Бог предназначил женщине быть утешением, благословением, наградой, другом, ободрением и правой рукой мужа.

- Чем я могу помочь тебе, Адам?
- Возьми вот тот конец доски и помоги мне пододвинуть её.
- Может, тебе ещё что-то помочь, Адам?
- Каждый вечер готовь мне ужин и хорошо заботься о наших малышах.
- Ты поставил очень прочный забор, и ворота выглядят великолепно. Я так горжусь тобой, Адам. Что тебе хочется теперь?
- Наблюдать как ты очень медленно разденешься, чтобы я смог тобой любоваться… Да, ты замечательная помощница.

Его самооценка

Мужское понятие о любви и браке заметно отличается от женского, особенно, если муж несколько дней не имел интимной близости. Эта книга не «инструкция» для мужчин. Я пропущу мужскую часть и остановлюсь на женской. Бог говорит, что в браке **«будут двое одна плоть»**, а это означает, что соединятся и их тела.

Если женщину не интересует его любовь и страсть, то муж считает, что её не интересует и он сам.

Многие мужчины испытывают такое чувство, что их семейная жизнь сложилась совсем не так, как они себе представляли. Все свои юношеские годы они мечтали о том, как будут разделять неудержимую страсть с той женщиной, которую полюбили больше жизни. Через физическую близость мужчины выражают единство с возлюбленной. Таков Божий план выражения любви в отношении мужчин.

Мужчина помнит те страстные и пылкие взгляды, которые бросала ему возлюбленная до свадьбы. Естественно, он предполагал, что она всегда будет полностью поглощена любовной страстью к нему. Именно так невеста и вела себя, пока они встречались. **Это было написано у неё на лице.** Мужчина жаждал удовлетворить в ней эту страсть, и какое-то время любимая была именно той, о которой он так долго мечтал. Но со временем всё стало угасать. У супруги пропал интерес. **Муж знает, что в равнодушии к его сексуальности отражается состояние души и сердца жены.** Существует великое множество причин, по которым женщинам «не хочется» иметь близость или они «не могут» заниматься любовью. Я думаю, что переслушала их все до единой. Но муж в душе знает, что уважительные причины служат просто предлогом, чтобы отказаться от него самого.

Если женщину не интересует его любовная страсть, то муж считает, что её не интересует и он сам. Если женщина просто «соглашается, уступает и терпит», то мужчина начинает в душе тосковать. Если бы для мужа секс являлся только актом совокупления, то он бы мог быстро сделать дело и остаться довольным. Но для мужчины это является интимной близостью, соединением душ и выражением чувств. Таким образом муж говорит: «Я люблю тебя... Ты мне нужна... Ты мне нравишься...» Больше всего мужчина нуждается в любовной близости, одобрении и восхищении. Если жена равнодушно соглашается на физическую близость, то это говорит о её полном безразличии и к сексу, и к любви мужа.

Женщина бывает настолько глупа, что верит своим уважительным причинам или же думает, что супруг принимает её красивые оговорки за чистую монету. Равнодушие жены заставляет мужчину чувствовать себя нелюбимым и несовершенным. Не повинуясь Богу в этом вопросе сексуальных отношений и физической близости, женщина возлагает жестокое проклятие на мужа. Когда жена доводит супруга до подобного состояния, то это равносильно тому, как если бы он ей сказал: «Ты глупая, страшная и ужасная, но я всё равно постараюсь быть хорошим мужем и поцелую тебя ещё раз». Жена имеет гораздо большее влияние на самооценку мужа в его собственных глазах, чем кто-либо в мире.

Мужчина стремится к успеху. Гормоны побуждают мужа быть лучшим специалистом на работе, лучшим водителем на дороге, построить самое лучшее здание или сочинить самую красивую музыку. Но его самое сильное желание – это стать самым лучшим возлюбленным. **Наивысшим достижением для мужчины, самой природой его мужского творения является тот миг, когда он своими прикосновениями заставляет женщину почувствовать насколько она прекрасна.** Он не может иначе смотреть на жизнь; так Бог сотворил его. Ему нужна жена, помощница, которая поможет ему ответить на заложенные в нём Богом природные влечения. **Женщина превращается в <u>не-помощницу</u>, если не отвечает**

на сексуальные влечения мужа. В данном случае она просто *неспособна* **справиться с той ролью, для которой Бог сотворил её.**

Великий грех

Ни одна женщина не сможет любить мужа по-настоящему, если не будет стремиться угодить ему в самой важной сфере его мужского творения. Если тебя не интересует секс, то по крайней мере, должен настолько интересовать муж, чтоб тебе хотелось подарить **ему** физическую близость. Если ты не любишь супруга, то порицаешь Слово Божье, которое велит нам **«любить мужей»**. Библия говорит: **«Итак, кто разумеет делать добро и не делает, тому грех»** (Иак. 4:17). Надеюсь, что раньше ты просто не понимала, что твоё безразличие к сексуальному влечению мужа являлось грехом. Теперь же знаешь.

Твоё Богом данное служение

Дорогие мистер и миссис Пёрл,

Мы вполне довольны нашей семейной жизнью, но надеемся, что кое в чём вы сможете нам помочь. Наш вопрос состоит в том, какими должны быть интимные отношения, приносящие сексуальное удовлетворение, в христианском браке? У нас просто замечательный брак, за исключением нашей физической близости. Мой муж думает, что я «охладела» к сексу после рождения детей, что меня больше не радуют наши интимные отношения, как раньше. Так оно и есть. Иногда мне становится стыдно за весь половой акт и кажется, что оральный секс – это совершенно неправильно, хотя раньше мне это нравилось. Мы оба просим у Господа какого-то руководства в этом вопросе. Мой муж полностью отказался от всех своих сексуальных побуждений, и теперь мы живём просто, как лучшие друзья. Всё делаем вместе, но не занимаемся любовью. Будем очень признательны вам за любую помощь или совет. Мы оба хотим раз и навсегда разобраться в этом вопросе.

Миссис С.

«Но, во избежание блуда, каждый имей свою жену, и каждая имей своего мужа. Муж оказывай *[дари]* ***жене должное благорасположение*** *[он должен сексуально удовлетворять её];* ***подобно***

и жена мужу. Жена не властна над своим телом, но муж; равно и муж не властен над своим телом, но жена. Не уклоняйтесь друг от друга, разве по согласию, на время, для упражнения в посте и молитве, а потом опять будьте вместе, чтобы не искушал вас сатана невоздержанием вашим» (1 Кор. 7:2-5).

Дорогая миссис С.,

Вы бы не писали мне, если бы были счастливы в браке с мужем, однако знаете, что ведёте себя неправильно. Выйдя замуж, Вы согласились помогать супругу в его нуждах. Смыслом жизни жены является служение мужу. Вступить в брак – означает стать одной плотью. Это не означает стать просто друзьями. На самом деле, Вы не состоите в супружеских отношениях с мужем, а живёте в состоянии развода. Вы отказались друг от друга. Бог повелевает в Послании к коринфянам (7:5): **«Не уклоняйтесь друг от друга, разве по согласию, на время, для упражнения в посте и молитве, а потом опять будьте вместе, чтобы не искушал вас сатана невоздержанием вашим»**. Бог ясно и понятно говорит нам, что уклонение супругов от нормальной сексуальной жизни даёт повод сатане искушать их. Жене Богом дано поручение: стать замечательной партнёршей мужа в постели, готовой разделять с ним удовольствие в любое время. Всё остальное является ошибкой. Если Вы любите мужа так, как желает этого Бог, то всегда будете стараться доставлять ему удовольствие. Поступая так, Вы выполняете роль верной помощницы.

Вступить в брак – означает стать одной плотью. Это не означает стать просто друзьями.

Когда ангел сказал 89-летней Сарре, что она зачнёт и родит от Авраама ребёнка, то она рассмеялась и ответила: **«мне ли, когда я состарилась, иметь сиё утешение? и господин мой стар»** (Быт. 18:12). Именно утешение вспомнилось Сарре, именно его она переживала в отношениях с мужем. В 11 главе Послания к евреям эта женщина приведена, как пример твёрдой веры в Бога.

Сын Сарры, Исаак, утешился от печали по умершей матери только после физической близости со своей женой Ревеккой (Быт. 24:67).

Целая книга Библии, Песнь Песней, воспевает хвалу Богу за удивительную любовь между мужчиной и женщиной посредством сексуального единства. Эта книга настолько откровенна в описании эротических удовольствий, что многим сановится просто стыдно читать её или слушать, как она читается вслух. Мой муж написал комментарий «Святой секс» к этой книге.

- Деби

Его объятия - это мои объятия

Уважаемые супруги Пёрл,

Очень долгое время я не испытывала никакой близости с Богом. Мне чего-то недоставало, и я чувствовала себя опустошённой и одинокой, но никак не могла понять, что же было не так. Я не справлялась с ролью матери, а моё воспитание детей было очень непостоянно и смешанно с раздражением. Домашнее хозяйство было запущено. Последнее время у меня были замечательные отношения с мужем, но теперь и они стали увядать. Я часто засыпала, плача в подушку, не понимая, что же всё-таки со мной произошло.

Мой муж старался сблизиться со мной во время «этих дней в месяце», а я всегда отталкивала его от себя. Он знал, что насупили опять «эти дни», но пытался убедить меня, что просто старается сделать мне приятно. Многие годы муж просто желал доставить мне немного приятных моментов без всякой там близости «до самого конца», но я отвергала его. Наверно, не могла мыслить за пределами определённых рамок. Для меня это означало или всё, или совсем ничего. Вчера вечером, когда в очередной раз оттолкнула от себя мужа, моё сердце воззвало к Господу, и я начала плакать и молиться. Наконец-то, мои рыдания прекратились (мой дорогой муж обнимал меня всё это время во сне, пока по моим щекам текли слезы) – и я успокоилась, но именно в этот момент почувствовала, как Господь тихим голосом проговорил ко мне: «Руки, которые с любовью обнимают тебя сейчас, – это МОИ руки». Я ощутила теплоту и силу объятий и поняла, что, отталкивая мужа, отталкивала от себя Бога. Не удивительно, что мне было настолько одиноко! Я отказывалась принимать утешение от самого Спасителя и Руководителя здесь на земле.

С каким трепетом я прильнула тогда к мужу, и этот трепет остался со мной до сих пор! Мы учимся на протяжении всей жизни.

Рамки, границы, самовыдуманные правила – они все одной породы.

Сегодня был новый день! Мои дети, мой дом, мои хлопоты по хозяйству – я смотрела на всё совершенно иными глазами, с признательностью, благодарным сердцем и переполненной радостью и любовью душой.

Шерил

«Мудрая жена знает, в чём нуждается муж. Она старается ответить на его желания ещё прежде, чем он почувствует их. Она не допускает, чтобы он предавался фантазиям за пределами дома, но сама выполняет все желания супруга».

Порицание Слова Божьего

Уважаемый мистер Пёрл,

У меня к Вам вопрос. Будет ли это грехом, если я себя кастрирую? Являясь мужем и отцом, я не получаю удовлетворения в интимных отношениях с женой. Она желает иметь близость со мной крайне редко. Библия говорит, что «всякий, кто смотрит на женщину с вожделением, уже прелюбодействовал с нею в сердце своем». Может, в моём случае мне проще кастрироваться? Пытался поговорить с женой, но ей всё равно. Я устал грешить.

мистер Миллер

Это настоящее письмо, которое пришло от настоящего мистера Миллера. Мы были в шоке! Что можно посоветовать мужчине, который согласен из-за своей равнодушной жены расстаться с мужским достоинством ради того, чтобы перестать прелюбодействовать? Тяжесть греха этой женщины просто неописуема. В ней НЕТ СТРАХА пред Всемогущим Богом. Она порицает Слово Божье своим эгоизмом, не любит мужа и думает только о себе. Никогда, никогда, никогда не будьте повинны в подобном грехе. Этот человек должен знать, что говорит Бог: **«Жена не властна над своим телом, но муж ... Не уклоняйтесь друг от друга ... чтобы не искушал вас сатана невоздержанием вашим»**

(1 Кор. 7:4-5). В браке Бог дарует мужу полный доступ к телу жены для сексуального удовлетворения. Помните, равнодушие равносильно отказу.

Всё дело в физиологии

Сам Бог заложил в мужчин потребность в сексуальных отношениях. Мужчина должен периодически разряжаться от накопившегося в нём полового влечения (пусть даже посредством поллюции). Слово Божье говорит: **«…и не муж создан для жены, <u>но жена для мужа</u>»** (1 Кор. 11:9). Все мужчины отличаются в сексуальных потребностях друг от друга. Если они заболели, устали, перенервничали, испугались, почувствовали себя отверженными или сильно заняты на работе, то их половые потребности могут заметно ослабеть или полностью исчезнуть на неделю или на две. Положительное влияние здесь может оказать полезная пища. Витамины, травы и физические упражнения играют важную роль. У мужчин повышается половое влечение после эмоционального возбуждения или физических упражнений. Если муж окрылён успехом, то его сексуальные потребности могут быть сильнее обычного. Даже погода может оказывать влияние на половые влечения мужчин.

Отрицательное влияние на мужа оказывает его равнодушная жена. Несчастный супруг не может полностью разрядить себя и поэтому никогда не испытывает полного сексуального удовлетворения, что заставляет его чувствовать себя каким-то извращенцем, раз ему настолько часто необходим секс. Это подобно перекусыванию на бегу, чуть-чуть здесь и немного там, но, никогда не садясь за стол для того, чтобы насытиться большим сочным куском мяса и салатом. **Мудрая жена знает, чем больше своими чувствами она отвечает мужу, тем более глубоким будет его оргазм и тем более полным и продолжительным будет его сексуальное удовлетворение.** Оставаясь безразличной, ты как бы говоришь мужу: «Я отдаю тебе только небольшую часть своего сердца». Равнодушие со стороны жены может превратить приятного и добродушного мужчину в озлобленного и очерствевшего самца. Оно может превратить чувствительного мужа в нервного типа на работе, дома и даже в церкви.

Бог так устроил мужчину, что он постоянно нуждается в женщине. А жене Бог определил восполнять эту потребность мужа. Пожалуйста, сделай самой себе и всем окружающим одолжение и постарайся каждый день выделять хотя бы 15 минут, чтобы доставлять полное удовольствие супругу.

Жена, отказывающаяся отвечать на жизненно важные потребности мужа, заложенные Богом, должна в страхе трепетать пред ожидающими её последствиями. Помни, что вся его мужская самооценка напрямую связана с его сексуальными переживаниями. **Через полноту интимных отношений муж выражает самую сильную любовь к тебе,** сильнее, чем ты можешь представить. Всё его тело, душа и дух соединяются в этом единственном «божественном» акте. В нём муж разделяет с тобой всю любовь, которая только доступна человеку здесь на земле.

Бог так устроил мужчину, что он постоянно нуждается в женщине. А жене Бог определил восполнять эту потребность мужа.

Просто о гормонах

У всех женщин примерно одинаковые гормоны. За последние 50 лет мои гормоны, может, немного и колебались, но всё равно я оставалась женщиной на протяжении всего этого времени. Удивительно, не правда ли? В подростковом возрасте, в семейной жизни, во время беременностей, деторождения, менструаций, климакса и всего прочего наши гормоны всегда остаются с нами, поддерживая нас, как представительниц слабого пола. В основном, у всех женщин половые влечения очень схожи.

Настолько ли сильно ты любишь мужа, насколько необходима ему твоя любовь? Ты была сотворена, чтобы любить его. Если не любишь его в этой области на отлично, то даёшь ему повод поддаваться на соблазны других женщин. Ходить в чистоте и правде – это прямая мужская обязанность, но только глупая жена будет уповать на святость мужа и одновременно подталкивать его к искушениям своим поведением. **Восполнять сексуальные потребности мужа – это *твоя прямая обязанность*.** В ваших отношениях одинакова важна его верность тебе и **твоя верность ему.** Жена даст отчёт Богу за преданность мужу. **Я называю это «служением» супругу. И мой муж утверждает, что я служу ему просто замечательно.**

У женщин сексуальные влечения зарождаются в уме и в сердце. *Любовь* – это отказ от собственного «я», от собственных интересов. *Любить*

– это значит ставить нужды другого превыше своих. Женщина выбирает сама для себя: проявлять ей или не проявлять интерес к желаниям мужа. Физическая близость кажется жене постыдным половым актом, если она, в первую очередь, удовлетворяет свои чувства и желания. В подобном случае женщина придерживается эгоистичного мнения – ублажения самой себя. Но если жена видит секс, как служение мужу, тогда интимные отношения превращаются для неё в безвозмездный акт благорасположения. Ей не надо ждать, пока она достигнет эротического возбуждения - просто надо стремиться восполнить потребности супруга. Я дам один совет: если поставишь желания мужа превыше себя, то и сама переживёшь возбуждение и насладишься близостью. Так всё устроил Бог. Этот принцип действует везде. Возьмём, для сравнения, наши христианские обязанности. Мы не служим другим, потому что уже получили благословение, но служим другим, потому что своим служением желаем благословить их. Наше собственное благословение является естественным результатом нашего бескорыстного служения другим. Ева была сотворена помощницей Адама. Она получала удовлетворение не от выполнения собственных прихотей, но искренне служа мужу она, тем самым, получала благословение для себя.

Если любишь и почитаешь мужа, то должна пробудиться при одной мысли о том, что нравишься ему и он любит тебя. Это чувство взбудоражит душу, и тебе захочется подарить ему незабываемое удовольствие.

Гормоны реагируют на стимуляцию. Вспомните историю Руфи. Она дала своего новорожденного младенца старой Ноемини, и та кормила его грудью.[1] Это факт. У пожилой женщины более двадцати лет не было детей, но у неё появилось грудное молоко, и она смогла

1 В английском переводе Библии короля Иакова стих «...взяла Ноемянь дитя сие, и носила его в объятиях своих, и была ему *нянькою*» (Руфь 4:16) дословно переводится «...взяла Ноеминь дитя сие, и носила его в объятиях своих, и была ему *кормилицей*». В этом стихе используется точно такое же слово *«кормилица»*, как и в Книге Исход (2:7), когда дочь фараона попросила сестру Моисея найти ребёнку *кормилицу* из евреянок, чтобы та вскормила младенца. – Прим. переводчика

вскормить младенца. Просто потребовалась физическая симуляция от ребёнка, когда он пытался получить себе молоко из груди. Сработали женские железы – и появилось молоко. Даже женщина, которая никогда не была беременна, может вскормить грудного малыша, если тот будет стимулировать её грудь, пытаясь высосать себе молоко. На появление молока может уйти несколько дней или даже недель, но если стимуляция будет продолжаться, то оно обязательно появится.

Я ещё раз повторю известный медицинский факт: **гормоны реагируют на стимуляцию.** Если у жены сердце и мысли сосредоточены на том, чтобы доставить удовольствие мужу, то её гормоны уже готовы к тому, чтобы пробудиться и откликнуться на внимание супруга. Она сумеет радостно откликнуться на его влечение даже до того момента, как сработают её женские гормоны. Жена уже находит свою радость в удовольствии *мужа*.

Только не говори мне ничего о климаксе. Я знаю всё о нём. Климакс – это не уважительная причина. Не заявляй, насколько некомфортно ты себя чувствуешь. Не объясняй, насколько тебе может быть больно. Неужели думаешь, что *твое* тело особенное или у *тебя* особенные потребности? Знаешь, Кто сотворил тебя? Это тот же самый Бог, который повелел тебе удовлетворять сексуальные желания мужа? Прекрати всякие оговорки! Смотри дальше твоих «уважительных» причин и подари мужу то удовольствие, которое он может получить только от тебя. Твой Творец видит и твоё сердце. **Если по-настоящему любишь и почитаешь мужа, то должна пробудиться только при одной мысли о том, что нравишься ему и он любит тебя. Это чувство взбудоражит душу, и тебе сразу захочется подарить ему незабываемое удовольствие. Если Господь живёт в сердце, то ты, в первую очередь, будешь думать о нуждах мужа, отбросив в сторону всякий эгоизм и жеманство.** Гормоны уже ждут, когда их выпустят на свободу. Спеши к мужу в предвкушении взаимного удовольствия. Благоразумная жена ПЛАНИРУЕТ заранее.

Рекомендую прочитать книгу Майкла Пёрл «Святой секс». Её можно найти на нашей интернет-страничке www.nogreaterjoy.org.

Пробудись, мой возлюбленный

Уважаемые мистер и миссис Пёрл,

Мне было страшновато начинать читать вашу книгу «Святой секс». Я думала книга разубедит меня в том, что в глубине души считала правильным. Но всё оказалось наоборот, и книга послужила для меня благословением.

Мы женаты уже двадцать шесть лет, но чем дольше мы живём вместе, тем лучше становится наша интимная жизнь. Физическая близость всегда доставляла нам удовольствие. Каждый раз мы стремились угождать друг другу. Бог благословил меня замечательным партнёром в постели!

Я всегда радовалась интимным отношениям с мужем, но временами испытывала более глубокое влечение и даже «голод» по отношению к нему. Я сомневалась, если так и должно быть. Те моменты, когда я ласкала его и осыпала поцелуями с головы до ног, казались мне неправильными, ведь меня посещало какие-то благоговение и восхищение им. Я настолько сильно любила его, что желала излить всё своё естество пред ним, но в душе переживала: правильно ли это или нет.

Бывали моменты, когда я настолько увлекалась супругом, что после нашей близости мне хотелось плакать. Муж спрашивал причину, но мне было трудно это объяснить, просто я настолько была благодарна ему за его любовь. Он полностью удовлетворял меня.

Вы помогли мне понять, как наш Творец задумал брак: мы в нём соединяемся и духом, и душой, и телом. Это «единство» плоти не только физическое. Оно волнует душу.

Я закончила читать вашу книгу в два часа ночи. Потом разбудила своего возлюбленного и полностью отдалась ему. Я расплакалась в его объятиях, настолько всё было прекрасно. Спасибо за вашу книгу «Святой секс».

Бренда

Брак между мужчиной и женщиной отражает наши отношения со Христом. Это великая тайна. Физическое единство между мужчиной и женщиной настолько прекрасно и настолько таинственно, что Бог использует пример близости между мужчиной и женщиной для описания наших с Ним отношений.

Великая тайна включает в себя духовное единство, душевную чистоту, глубину чувств и интимный акт половой близости. Именно полноту брака во всех отношениях избрал Бог, чтобы на этом примере отразить отношения между Христом и Церковью. Не Адам и Ева выдумали это сами, и не они передали нам это через поколения.

«Брак у всех да будет честен и ложе непорочно» (Евр. 13:4).

У Бренды появилось полное удовлетворение не от духовности её мужа, не от его нежности или особого сексуального дара. Эта пара переживает то, что Бог предопределил всем супружеским парам. В отношениях между супругами Бог всегда сперва говорит жене **повиноваться**, а затем уже Бог говорит мужу **любить.** Отношения Бренды с её мужем начались с её почтения и благодарности по отношению к супругу. Вы сами видите результат.

«Три вещи непостижимы для меня, и четырёх я не понимаю: пути орла на небе, пути змея на скале, пути корабля среди моря и пути мужчины к девице» (Прит. 30:18-19).

Песнь Песней 3:4

«...нашла того, которого любит душа моя, ухватилась за него и не отпустила его...»

Огромное спасибо

Когда я уже заканчивала эту книгу, то мне по почте пришла большая посылка с банкой домашних консервированных яблок и домашней сухой смесью для выпечки пирога. Работницы в нашем офисе, которые получили посылку, почувствовали приятный аромат даже через нераскрытую коробку! Имя отправителя было мне неизвестно, но я нашла в коробке письмо, объясняющее этот неожиданный подарок. На следующий день мы все с удовольствием ели яблочный пирог. А вам, наверно, будет интересно узнать содержимое письма.

Здравствуйте, дорогие Майкл и Деби Пёрл!

Мы с мужем хотим выразить вам свою сердечную благодарность за видео-семинары «Мужья, любите своих жён» и «Жёны, повинуйтесь своим мужьям». Во время их просмотра я много раз просила прощения у мужа. Сначала мы посмотрели семинар для жён, а через неделю муж сказал, что можем посмотреть и семинар для мужей. Когда он включал кассету, то, шутя, добавил, что, мол, ему немного страшновато. Кассета оказалась великолепной.

После этого я прочитала книгу «Святой секс», за которую премного благодарна! Вот тогда и решила отправить вам мои консервированные яблоки и домашнюю смесь для пирога. И то и другое очень вкусно пахнет, когда печётся в духовке.

На днях мой муж вслух заметил, что какой всё-таки замечательный Бог. Он добавил, что ещё только год назад он мог бы сказать, что это Бог разрушает наш брак (моя вина: я пыталась стать его совестью), но СЕЙЧАС Бог так сблизил нас!

Просто не могу описать, насколько вам благодарна. Я заметила мир и радость даже в наших детях. Считаю, что каждая женщина должна прочитать книгу «Святой секс». Я дала её почитать своим подругам, и они со своими мужьями тоже очень благодарны. Ещё я посоветовала эту книгу жене нашего пастора.

Мы с подругой смеёмся, что когда состаримся, она будет учить молодых жён повиноваться мужьям, а я научу их танцевать танец живота. Шутка! О, какой радостной стала жизнь у нас в доме! Я благодарна Богу за его долготерпение ко мне и за все Его благословения. Никогда не перестану удивляться, насколько велика и глубока любовь Небесного Отца. Наслаждайтесь нашим подарком, а мы уже наслаждаемся вашими! Спасибо, спасибо, спасибо!

Его помощница,

Мелани

ИСКЛЮЧЕНИЕ: СЕКСУАЛЬНЫЕ ИЗВРАЩЕНИЯ

Анальный секс – это гомосексуальный половой акт, и ни один нормальный мужчина или женщина не желает заниматься подобным. Эта зараза распространяется ещё больше с помощью порнографии. Это мерзко, а так же опасно с медицинской точки зрения. Бог, наш Творец и Создатель, уже сотворил тело женщины для **«естественного»** сексуального удовольствия. Любой мужчина, желающий заниматься анальным сексом, автоматически указывает на свои сексуальные отклонения. Если твоего мужа прельщают подобные извращения, то ты должна вежливо отказаться в этом участвовать. Объясни ему почему, а затем доставь ему удовольствие естественным путём.

> **«Потому предал их Бог постыдным страстям: женщины их заменили естественное употребление противоестественным; подобно и мужчины, оставив естественное употребление женского пола, разжигались похотью друг на друга, мужчины на мужчинах делая срам и получая в самих себе должное возмездие за своё заблуждение. И как они не заботились иметь Бога в разуме, то предал их Бог превратному уму – делать непотребства»** (Рим. 1:26-28).

Если твой муж сексуально домогается детей, то необходимо немедленно известить об этом соответствующие органы. Дай показания против него в суде и молись, чтобы его посадили, как минимум, лет на двадцать. К тому моменту, как он вернётся домой, дети уже будут взрослыми. Посещай и ободряй мужа в тюрьме. Посылай ему книги и кассеты с хорошими библейскими учениями и позволяй ему видеть детей 3-4 раза в год в специальном тюремном помещении для посетителей. Дети быстрее оправляются от сексуальной травмы, если видят, что преступник (пусть даже их собственный отец) наказан по заслугам. Наверняка, им никогда не захочется идти по его стопам.

> **«...лучше было бы ему, если бы мельничный жернов повесили ему на шею и бросили его в море, нежели чтобы он соблазнил одного из малых сих»** (Лук. 17:2).

Размышляя о *любви к мужу*

Физическое единство между мужчиной и женщиной настолько прекрасно и таинственно, что Бог использует его для описания наших с Ним отношений (Еф. 5:22-23).

«Тайна сия велика; я говорю по отношению ко Христу и к Церкви» (Еф. 5:32).

Качества доброй помощницы

- Добрая помощница преображается, отвечая на нужды мужа.
- Она знает его желания ещё прежде, чем он сам почувствует их.
- Она откладывает в сторону все свои заботы и с удовольствием отдаётся мужу.

Качества жены, которая не боится порицать Слово Божие

- Обвиняет мужа в сексуальном домогательстве, когда ему хочется близости чаще, чем ей самой.
- Жалуется, что муж недостаточно чувствителен к ней, раз ему хочется секса, а у неё нет желания.
- Оправдывает своё нежелание физически удовлетворять мужа по________причине. (Сами заполните прочерк. Список «уважительных» причин может быть очень длинным.)

Выработай в себе новую привычку

Подумай, как ты можешь выразить любовь к мужу. Запиши множество разнообразных идей. Я бы посоветовала хотя бы раз в неделю проводить время наедине с супругом. Каждый раз

придумывай для себя новый наряд: ленточки, бантики, перья, бижутерия, кружева, джинсы, шарфики, мех, рваная футболка, венок из живых цветов или что-то ещё! Дай волю своему воображению.

➢ *С Богом наедине*

Песнь Песней – это 22 книга в Библии. Это песня или пьеса о любви, которую написал царь Соломон. В ней он описывает свои ухаживания и женитьбу на пастушке. Во всех восьми главах рассказывается история (в очень откровенных и поэтических деталях) о тоске возлюбленных, встрече возлюбленных и чем занимались возлюбленные после встречи. Большинство толкователей Библии объясняют эти тексты, как духовный прообраз любви Христа к Церкви. Но я искренне верю, что когда пожилой Соломон писал эти тексты, он подразумевал физическое выражение любви к девушке. То же самое думаю и сейчас, когда читаю эти тексты. А что думаешь ты? Читая «Божью» книгу о сексе, задай себе один вопрос: испытываешь ли ты к мужу такое же влечение, которое испытывала простая пастушка к возлюбленному? Подумай, в чём может измениться твоё поведение. За твоими делами последуют и твои чувства.

➢ *Несколько причин стать сексуальной для мужа*

- Это интересно.
- Это полезно. Исследования показали, что регулярная сексуальная жизнь положительно влияет на здоровье.
- Это побуждает мужа дорожить тобой.
- Это помогает мужчине быть уверенным в себе.
- Это нормализует женские гормоны и помогает женщине чувствовать себя привлекательной.
- Это защищает мужа от коварных и грешных блудниц, желающих запятнать его репутацию.
- Папа и мама, которые любят друг друга, благотворно влияют на детей.
- Это предопределено Самим Богом, как земной пример божественной близости, и единства.
- От этого получаются замечательные детки.

Глава 17

3. Любить детей

«...чтобы вразумляли молодых [быть благоразумными], любить мужей, любить детей...»
(Тит. 2:4-5)

Пусть дети научат их

Самое важное, что может сделать мать для своих детей, если она любит их отца и довольна жизнью, – это создать мирную и радостную атмосферу в доме. Несколько лет назад мой муж проводил семинар для служения «Семейная жизнь» в одной большой и очень консервативной церкви. Этот семинар проводился для семей, которые обучают своих детей дома[1]. Перед началом семинара всем участникам, в соответствии с возрастом, раздали анкеты. Детям (от тех, которые только научились писать, и до тех, которые были уже взрослые, но ещё жили с родителями) было задано два вопроса:

1. Считаете ли вы свой дом счастливым?
2. Что вы хотели бы изменить, чтобы ваш дом стал более счастливым?

Мы не рассчитывали ни на какие глубокомысленные ответы. Думали, что дети напишут о том, что хотят модную одежду, или больше свободы, или

1 Домашняя школа или семейное обучение распространенно в США среди христианских семей. - Прим. переводчика.

больше времени на видеоигры. Но мы всё-таки надеялись получить и несколько серьёзных ответов, вроде того, что кто-то желает больше времени проводить с родителями или хочет, чтобы ему больше доверяли. Однако результаты опроса шокировали и одновременно озадачили всех нас.

Из 75 детей только двое или трое считали свой дом счастливым. Все 75 детей ответили практически одинаково на второй вопрос. У всех них были похожие надежды и переживания, от десятилетних детей (которые ещё не умели писать без ошибок) до неженатых детей студенческого возраста. В общей сложности все ответы звучали примерно так: «Я бы хотел, чтобы папа и мама больше любили друг друга». Дети младшего возраста писали: «Наш дом стал бы более счастливым, если бы папа с мамой не ругались», или «Пусть папа и мама нравятся друг другу», или «Наш дом стал бы более счастливым, если бы мама не говорила плохо про папу», или «Я бы хотел, чтобы мама не спорила с папой, потому что тогда папа сердится и кричит». Ответы более старших детей звучал похоже: «В нашем доме царила бы более мирная атмосфера, если бы мама не была постоянно сердитая и обиженная. Мы чувствуем себя так, словно ходим по минному полю».

А как **вы** любите **своих** детей? Пусть эти 75 детей научат вас одной очень простой истине: любите отца своих дочерей и сыновей. Уважайте их отца. Слушайтесь их отца. Прощайте их отца.

Я не хочу быть похожа на маму

Уважаемая чета Пёрл,

Я бы хотела немного рассказать о себе. Моя история очень простая и заурядная, и именно поэтому хочу поделиться ей. Когда я была ещё ребёнком, то всегда знала, что моя мама не доверяет папе. Если кто-то из детей делал какую-то проказу, то мама всегда разбиралась с нами сама, чтобы папа нас «сильно не наказал». Если отец собирался что-то купить в магазине, то она всегда вслух переживала, что «он опять напрасно потратит деньги». Когда папу сократили на работе, то помню, как мама постоянно приговаривала: «Наверно, мне придётся получить специальность. Кто-то же должен работать в этой семье». Я ни в чём не могу упрекнуть её как мать. Мы всегда были в тепле, одеты, обуты и накормлены. Но мне она вспоминается сердитой и *раздражённой женщиной, постоянно отчитывающей нашего отца. <u>В нашем доме всегда царило напряжение.</u> Мне кажется, что мама улыбалась всего несколько раз в жизни. Не помню, чтобы она когда-то сидела на коленях у папы или чему-то искренне радовалась. Наш отец не был груб. Да, он наказывал нас, но ничуть не сильнее, чем наказывали соседских детей. Я помню, что он с удовольствием занимался со мной. Он научил меня интересным и простым вещам. Но из-за нашей мамы, я всегда его избегала. Сейчас все мы, её дети, уже взрослые.*

У нашего брата жизнь сложилась прекрасно. У него хорошая семья и воспитанные дети. Когда он был ещё ребёнком, то отец часто брал его с собой на работу. Мы же, девочки, никогда не ходили с папой, но оставались дома и слушали разговоры мамы о том, какая тяжёлая у нас жизнь.

У всех у нас, сестёр, молодость прошла ужасно. Были большие семейные проблемы. У всех у нас далеко не лучшие дети. Мы не любим говорить об этом, но знаем, что немаловажную роль в этом сыграла мать. Она до сих пор во всём винит отца, хотя мы все прекрасно понимаем, что он был обычным человеком. ***Я всегда знала, что не хочу быть подобной женой и матерью. Мне хотелось, чтобы дети вспоминали, как я любила их отца и радовалась жизни.*** *Меня не волновало, будем ли мы жить в вагончике или питаться одними консервами. Но я хотела, чтобы дети не испытывали в семье никакого напряжения и не думали, что их отец какой-то болванчик, которого приходится через силу терпеть. Мой первый брак распался сразу через несколько месяцев после свадьбы. Я решила для себя, что в следующий раз не повторю подобных ошибок. Выйдя замуж во второй раз, я даже не заметила, как свернула с верного пути. Моего мужа сократили на работе, и нам пришлось съезжать из дома. Тогда я стала недовольствовать и мысленно винить супруга за то, что он не может содержать семью, и мы вынуждены расстаться с любимым местом жительства. Но однажды, взглянув на мужа, я увидела такое же потерянное выражение лица, которое не раз было у моего папы, когда маме приходилось «самой заботиться о семье». Я*

превратилась в свою мать. Сокрушаясь и просто ненавидя в себе этого «замечательного человека», я вспомнила данное обещание, что никогда не стану похожей на свою недовольную мать.

Ещё за несколько месяцев до переезда мы приобрели ваши кассеты о семейной жизни и семинар «Радость воспитания», но никак не находили время посмотреть их. В тот самый момент я поняла, что этот час настал, и удобно устроилась посреди коробок в зале. Вскоре ко мне подсела вся семья. Мы смеялись и смеялись, пока большой бородатый дядя вспоминал забавные случаи из жизни, а потом отправили детей по своим комнатам и начали смотреть кассету «Жёны, повинуйтесь своим мужьям». Смех сменили слёзы, и мой замечательный муж обнимал меня всё время, пока я просила у него прощения. Просто не могу передать вам, насколько изменилась наша жизнь. Муж думает открыть свой бизнес. Он мечтал об этом уже многие годы, а мой постоянный страх останавливал супруга. НО БОЛЬШЕ НЕТ! Если нам придётся переехать в вагончик, то я согласна на это. Сожалею о разорванных отношениях со своими детьми. ***Больше всего, ради своих дочерей, желаю избавиться от таких отвратительных качеств, как недовольство и осуждение.*** *Я попросила у детей прощения, и мы были рады расстаться с напряжением в наших отношениях. Сыновья и дочери знают, что с этого момента у них есть мама, которая верит, что их папа самый лучший, даже если он не такой, как ей бы хотелось. Муж на самом деле замечательный человек. Мне просто стыдно вспоминать, что ему пришлось пережить со мной. Наши дети будут расти в семье, окружённые любовью, а НЕ модной одеждой, безупречным домом и вовремя оплаченными счетами. Жизнь никогда не была настолько прекрасной. Лучше поздно, чем никогда. С огромной благодарностью от всех нас,*

Шейла

Шейла послушна Слову Божьему. Через любовь к мужу она любит и своих детей. Следующее письмо отражает типичные взгляды тех многих женщин, которые <u>любят себя</u> больше, чем детей и мужа.

В поисках чего-то выше Бога

Уважаемый мистер Пёрл,

Пишет Вам очень занятая мама, у которой дети обучаются в христианской школе. Я пришла к заключению, что без дополнительной женской поддержки мне гораздо труднее успевать по дому. Каждую неделю я посещаю две молитвенные группы, где мы молимся за меня и мою семью, называя всех членов семьи поимённо. Мне необходима помощь по уходу за домом, а также духовная поддержка. Я нуждаюсь примерно в 4-х часах в неделю на молитвенное уединение и самореализацию. Сейчас 4 часа утра, а я уже пишу своим подругам, прося их молиться за нас. Думаю, что они не знают ни одной женщины с пятью детьми, которая была бы настолько переутомлена, как я. Меня разочаровывает наша культура, которая изолирует матерей от регулярного общения и поддержки мудрых жён. Я от всего сердца желаю изменить свою жизнь и наполнить её смыслом. Стремлюсь к этому, потому что хочу ещё лучше служить Богу. Я верю, что Вы поможете мне мудрым советом.

Любящая Его,
Т.П.

Бог благословил мать привилегией наставлять своих маленьких детей каждый день.

Дорогая сестра Т. П.,

Твоё Божественное призвание – это служить семье. Настоящее служение Богу не зависит от других людей или обстоятельств, а также не требует особого времени для молитвенного уединения. Дух Божий рядом с тобой, когда ты моешь посуду, стираешь одежду или готовишь вечером ужин для семьи. Бог не требует от тебя тесной связи с другими женщинами ни во время молитвы, ни во время иного общения. **Прикрываться служением для удовлетворения своих собственных желаний равносильно издевательству и очень близко к идолопоклонству.** Твои поиски «самореализации» во имя духовности на самом деле являются комбинацией взбалмошных идей и эмоциональной неуверенности.

Ты участвуешь в движении, которое захлестнуло женские группы во многих церквах, – поиски глубоких духовных переживаний в стороне от супруга. **Мой муж называет подобное внутреннее самовозбуждение «духовной мастурбацией». В нём нет ничего общего с Богом из Библии.** В духовном смысле это более схоже с мистической восточной медитацией. Если <u>твоя</u> духовность заслоняет собой служение другим [особенно, твоему мужу и семье], то она только называется «твоей духовностью». Иисус сказал Петру: **«...любишь ли ты Меня... тогда паси овец моих».** Бог не призывает женщин быть великими светилами или нуждаться друг в друге для личного удовлетворения. Он говорит жёнам: быть **«попечительными о доме», «повиноваться своему мужу», «оказывать ему должное благорасположение»** (дарить ему хороший секс) и **«бояться»** супруга. <u>Помните, что грех Евы заключался в поиске более глубоких духовных переживаний и в желании стать, как боги.</u> Она искала этих познаний в стороне от мужа. <u>Её целью было личное духовное удовлетворение</u>, что является самым эгоистичным стремлением человека и, в то же время, самым оправданным с человеческой точки зрения. Оно лежит в основе любого греха и неповиновения.

Научись читать Библию понемногу в течение дня, пару минут здесь и пару там, а затем размышляй над прочитанным во время работы. Пой для Господа. Не позволяй менталитету «клуба одиноких женщин» отвлекать тебя от обязанностей жены и матери. Общего служения и молитвенного собрания должно быть достаточно для твоего общения с другими женщинами. Сосредоточь своё внимание на доме, муже и детях.

Существует реальная опасность впасть в эмоциональную зависимость от других женщин. Слишком часто я наблюдала, как подобное поведение приводило к чему-то ненормальному и нездоровому. **За духовной поддержкой и близостью ты должна обращаться к Богу и мужу.** Женщины, которые гоняются за глубокой духовностью, зачастую чувствуют и ведут себя так, словно они гораздо духовнее мужа или других членов церкви, а это уже грозит смертельной опасностью для здорового брака. Проведи это «желанное» духовное общение вместе со своим мужем, и тогда проявится настоящий духовный рост в Господе.

Служи семье, завязывая шнурки малышам, читая детям книжки, рассказывая им библейские истории и занимаясь любовью с мужем. Подобное служение Бог считает важным в познании и любви к Нему.

- Деби

«Мудрая жена никогда не ожидает, что ей будут прислуживать, поэтому она никогда не разочарованна. Такая женщина всегда готова помочь. Она отдаёт себя. На её примере дети учатся служить с радостью и удовольствием».

Воспитание детей или коров

«Наставь юношу при начале пути его: он не уклонится от него, когда и состарится...» (Прит. 22:6)

Дети будут дорожить той матерью, которая посвятила себя их воспитанию. К ней они будут тянуться даже когда повзрослеют.

Бог благословил мать привилегией наставлять своих маленьких детей каждый день. Он не поручил это бабушке, или хорошим друзьям, учителям, воспитателям и нянечкам. В один прекрасный день все мы, матери, предстанем пред Богом и ответим за то, как мы наставляли своих детей. *Любить своих детей – это значит полностью посвятить себя их воспитанию.* Если мы не справляемся с этой работой, значит, не справляемся с нашими обязанностями помощницы мужа. Мужья уходят на работу и доверяют нам воспитание малышей. Они верят, что мы сумеем наставить их лучше, чем кто-либо другой. Если мы не справляемся этой задачей, то подводим не только мужа, но и Бога.

Некоторые современные переводы Библии гласят: «Выведи юношу на верную дорогу – он и в старости с неё не свернёт...» Мы не будем выделять этот текст жирным шрифтом, т.к. он не достоин называться Писанием. Только тот, кто имеет очень скудное представление о Боге и о древнееврейском языке, а также ещё меньшее представление о детях, мог перевести это место Писания подобным образом. Бог говорит **«наставь»**, а не выведи. Древнееврейское слово, переведённое как «наставь», упоминается ещё только четыре раза в других местах Писания, и каждый раз оно переводится как «посвяти». *Наставляя детей, родители посвящают себя, своё время, своих сыновей и дочерей на то, чтобы воспитать из них взрослых людей, которые будут приятны и благоугодны Господу.* Родители не выводят куда-то своих детей, но исполняют данное Богом повеление наставлять их. Родители постоянно заняты этой работой. **Наставлять детей – означает показывать им:** как готовить кушать, как кататься на велосипеде, как заправлять постель, как убирать игрушки, как за час приготовить еду на сорок человек, как читать, как уважать других и тысячам других замечательных вещей. Для матери, которая любит своих детей, наставление не является работой, но постоянным и всепоглощающим увлечением. Это стоит каждой затраченной минуты и каждого усилия «посвящённой» мамы.

Маленькая Есфирь

Маленькой Есфири всего пять лет, однако она уже умело и уверенно накрывает стол и складывает одежду. Есфирь знает разницу между капустой и листовым салатом, потому что каждый раз, когда помогает маме готовить, та всё ей объясняет: что, как и почему. Если девочку просят помыть брокколи и цветную капусту, то она уже знает, как правильно это делать.

Есфирь помогает складывать и убирать одежду. Она знает все цвета, потому что с раннего возраста помогала раскладывать грязную одежду в стирке по цветам в разные кучки. Есфирь очень старательно выбирает книжки на полке, потому что ей хочется найти именно ту книжку, в которой есть знакомые слова. Многие слова девочка уже умеет читать, и не потому что ходит в школу, а потому что её мама всегда читает с ней. Обычно во время чтения мама останавливается, показывает ей некоторые слова и объясняет, как их правильно произносить. **Всё это очень интересно.** Когда Есфирь пойдёт в школу, она уже будет уметь читать многие слова. Учёба будет для неё не тяжёлым и нудным занятием, а лишь продолжением тех знаний, которые она приобрела за свои первые пять лет домашнего обучения. Мать в течение целого дня занимает юный мозг дочери разнообразными и интересными идеями.

У мамы Есфири десять детей, но она никогда не занята для дочки и её младшего братика. Не все маленькие дети так благословлены мамой, как Есфирь. Некоторые мамы относятся к своим детям так же, как я отношусь к своим коровам: слежу за тем, чтобы у них была вода, еда и место для прогулок. Если они заболевают, то я лечу их. Это эффективно в отношении с коровами, но, если ты воспитываешь детей подобным образом, из них вырастет очень глупое поколение со стадным мышлением. В отличие от коров, воспитание детей является глубочайшим выражением любви к ним.

Мама, почему я такой глупый?

Я видала очень глупых детей. Спрашивая их: «Вы наблюдали вчера вечером затмение?», я встречалась в ответ с пустым взглядом. «Я слышала, ваш папа создаёт новую программу для лётной школы?» Пустой взгляд. «Ваша мама добавила серую муку в это печенье?» Пустой взгляд. А мама за них отвечает: «Она ещё не умеет готовить, а он не знает, что папа работает в лётно-испытательном центре. Я и муж с удовольствием наблюдали затмение, но для детей на улице было сильно холодно, и, кроме того, они смотрели фильм».

Мы были в гостях в другой семье, где папа тоже работает в лётном центре, и разговаривали с ребёнком, которому два, почти уже три года. «Даник, ты видел вчера вечером затмение?» - «Ага, и Млечный Путь тоже. Мы смотрели в ти-ли-ско-ло-о-о-п!» - «Я слышала, твой папа создаёт новую программу для лётной школы?» - «Ага, мой папа учит их, как сделать новый самолёт, потому что он такой умный. Я тоже умный и могу построить самолёт из своего конструктора, только он не будет летать, потому что…» - «Почему?» - спрашиваю я, ожидая умный ответ. В конце концов, любой двухлетний ребёнок, который умеет строить самолёт из конструктора, должен быть умным. И он не разочаровал меня. «У него нет мотора», - ответил мальчик.

Я решила проверить знания ребенка на кухне. «Твоя мама добавила серую муку в это печенье?» Ребёнок не замедлил с ответом: «Ага, оно о-о-очень полезное. Видите мои мышцы? Мама разрешает мне месить тесто, потому что я такой сильный».

Знания приобретаются понемногу. Это схоже с нашим компьютерным веком: множество маленьких битов складываются в один большой байт информации, множество байтов складываются в килобайты и мегабайты. Но все они состоят из маленьких битов! Писание говорит так: **«кого хочет он учить ведению? и кого вразумлять проповедью? отнятых от грудного молока, отлученных от сосцов матери? Ибо всё заповедь на заповедь, заповедь на заповедь, правило на правило, правило на правило, тут немного и там немного»** (Ис. 28:9-10).

Пусть НАСТОЯЩАЯ мама, пожалуйста, встанет на стражу

Тот факт, что ты родила ребёнка, ещё не делает тебя его настоящей матерью. Если просыпаясь утром, ты поспешно отводишь ребёнка кому-то, кто будет в течение дня вытирать ему слёзы, кормить и читать ему книжки, тогда не называй себя его *мамой*. Твоего ребёнка кто-то «усыновляет» в течение дня, и, вдобавок ко всему, его приёмные мамы периодически сменяют одна другую. Для того, чтобы ребёнок почувствовал тесную связь с матерью и чтобы впоследствии вырос эмоционально уравновешенным человеком, он должен с самого раннего детства проводить большую часть времени со своей настоящей и постоянной мамой, которой Бог поручил каждый день вкладывать любовь и знания в эту маленькую личность.

В жизни существуют определённые вещи, которые надо делать правильно с первого раза.

Папы во многом отличаются от мам. Отцы создают чувство безопасности, которое настолько необходимо для здорового душевного развития ребёнка. Но ни один папа не может заменить собой женскую натуру, и ни один отец не сможет справиться с женской ролью. Постоянное присутствие матери – одна и та же мягкая и тёплая грудь, одна и та же комната, одно и то же одеяло, одна и та же бутылочка, одни и те же игрушки – всё это помогает ребёнку чувствовать себя спокойно и безопасно. Ты не можешь бросать ребёнка от няни к няне, а затем ожидать, что к четырём годам из него вырастет спокойное и уравновешенное дитя. В данном случае ты *можешь ожидать*, что воспитанный подобным образом ребёнок в 8, 10, 15 или 25 лет *не будет дорожить* своей матерью, когда ей самой необходима будет его забота и поддержка! Если хочешь, чтобы ребёнок впоследствии дорожил тобой, то должна дорожить им сейчас, каждый день и каждый час его жизни. В жизни ребёнка не бывает незначительных моментов. Ребёнок растёт и развивается каждое мгновение.

Давайте рассмотрим следующие повеления для женщин из 5 стиха 2 главы Послания к Титу. Мы читаем, что жёны должны **«любить детей»** и быть **«попечительными о доме»**. В данном контексте это означает, что женщины должны *максимально* любить своих детей, и Бог говорит, что мы делаем это, когда **печёмся о своём доме**. Примите это за своевременное предупреждение от Господа. Мы не можем подправлять Божий замысел. В нашей жизни существуют определённые вещи, которые надо делать правильно с первого раза.

Коридор

От генитального герпеса и других заболеваний, передающихся половым путём, невозможно излечиться навсегда. Однако каждая пятая девочка-подросток в США страдает от этих заболеваний. **По статистике нашего времени, каждая четвёртая маленькая девочка будет сексуально «использована» до достижения четырёхлетнего возраста.** Каждый пятый маленький мальчик станет жертвой гомосексуального надругательства. Наши дети подвержены смертельной опасности в этом мире, не только душевным травмам, но и опасности подобных пороков и болезней.

Сколько раз твой маленький сын может оказаться в коридоре (пока ты увлечённо смотришь фильм со своими друзьями в комнате), а знакомый «заслуживающий доверия» мальчик-подросток тихонько завлечёт ребенка в туалет для четырёхминутного «занятия»? Всего за четыре минуты твой ребёнок окажется навсегда заражённым и сломленным. Ты не можешь просто молиться и ожидать сверхъестественной защиты и вмешательства от Бога. Господь уже поставил эту защиту над ребёнком в виде тебя. Но ты можешь и должна просить Бога о том, чтобы стать более внимательной и благоразумной матерью, и тогда защита над твоим ребёнком тоже станет более прочной. **Своих малышей охраняешь ты. Пожалуйста, храни их очень внимательно.**

Всем мамам, которые любят своих детей и желают видеть их счастливыми, послушными, трудолюбивыми и умными, просто необходимо прочитать книгу Майкла и Деби Пёрл «*Как воспитать ребёнка*». Книгу можно найти на нашей страничке в интернете www.nogreaterjoy.org.

Размышляя о *любви к детям*

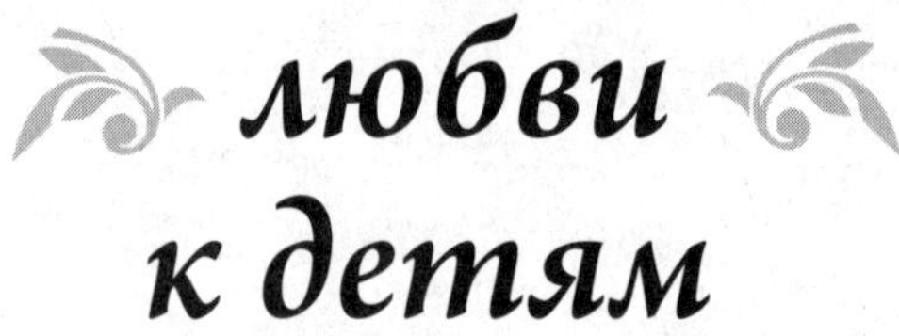

Дети будут дорожить той матерью,
которая посвятила себя их воспитанию.
К ней они будут тянуться даже когда повзрослеют.

«Для меня нет большей радости, как слышать, что дети мои ходят в истине» (3 Иоан. 1:4).

Выработай в себе новую привычку

Смотри детям в глаза и улыбайся много раз в течение дня. Каждые полчаса старайся на несколько минут оставлять свои дела, чтобы поиграть с ребёнком. Никогда не делай работу сама, пусть тебе рядом всегда помогает твой маленький «помощник».

Бог дал твоим детям ангелов-хранителей, которые наблюдают за ними с неба. Ты же ангел-хранитель своих детей здесь, на земле.

Качества доброй помощницы

- Добрая помощница благоразумно ставит интересы детей превыше собственных.
- Она посвящает время, чтобы многому научить своих детей и вложить в них знания.
- Она приобретает знания в области питания и домашней медицины, чтобы лучше заботиться о детях.

С Богом наедине

Бог говорит нам наставлять своих детей и, если необходимо, наказывать их. Нам, женщинам, иногда кажется, что мы сильно любим дочек и сыночков, чтобы наказывать. Наши сентиментальные рассуждения очень глупы, в них нет любви к детям. Ты не можешь ожидать Божьих благословений в жизни и в жизни детей, если не будешь сама поступать по Слову Божьему. Изучи следующие места из Писания и попроси Бога наполнить сердце любовью и дать тебе твёрдости следовать Его принципам.

«Кто жалеет розги своей, тот ненавидит сына; а кто любит, тот с детства наказывает его» (Притчи 13:24).

«Глупость привязалась к сердцу юноши, но исправительная розга удалит её от него» (Притчи 22:15).

«Розга и обличение дают мудрость; но отрок, оставленный в небрежении, делает <u>стыд своей матери</u>» (Притчи 29:15).

Глава 18

4. Быть целомудренными

«...чтобы вразумляли молодых [быть благоразумными], любить мужей, любить детей, быть целомудренными...»
(Тит. 2:4-5)

Быть целомудренной: быть рассудительной, разумно избегать ошибок, изо всех сил стремиться к цели, быть бдительной, смиренномудрой, вежливой и честной.

Мы рассмотрели практическую сторону брака, когда беседовали о благоразумии, и интимную сторону брака, когда говорили о *любви к мужьям*. Мы также говорили о *любви к детям* и узнали, что наша прямая обязанность – это полностью посвятить себя их воспитанию. Следующее качество в списке Божьих правил – это **целомудрие**. Иногда мы представляем себе целомудрие, как умение не говорить глупостей на людях, избегать неприличного поведения и уметь так вести себя в обществе, чтобы не оскорблять окружающих. Если только этот смысл заложен в слове «целомудрие», тогда жулики и мошенники занимаются своими делами с большим целомудрием. Но мы знаем, что в этом слове заложен более глубокий смысл. В переводе Библии короля Иакова (1611 года) греческое слово, переведённое как **«целомудрие»**, несколько раз переводится ещё, как «*такт*». В других местах это слово переводится так же, как «*поведение*» или «*здравый смысл*». **Следовательно, слово «целомудрие» означает: иметь чувство такта... здравый смысл... приличное поведение... и уважать взгляды других.** Бог говорит, что безрассудная женщина подобна золотому кольцу в носу у свиньи. Она глупа, неуместна, постыдна и смешна. Поэтому эта полная противоположность приличной женщины называется безрассудной. Она может быть красивой, настоящим золотым кольцом, но какая польза от кольца в носу у свиньи? **«Что золотое кольцо в носу у свиньи, то женщина красивая и безрассудная»** (Прит. 11:22).

Размышляя над словом целомудрие, я обратила внимание: насколько легко нам, женщинам, утратить целомудрие в своём характере. Поражаюсь, скольким многим из нас недостаёт именно его. Давайте вместе подумаем и рассмотрим это качество со всех сторон.

Стараться быть смиренномудрыми

(уважать права других)

Свидетельства заключённых

Если вы почитаете свидетельства заключённых, прошедших реабилитацию, то заметите присущее им всем одно и тоже качество. Неважно, верующий это человек или нет, но каждый из них говорит, что перестал быть тем старым типом, которым попал за решётку, в тот день, когда научился уважать права других. Мужчины, прошедшие реабилитацию, пишут, что научились думать о том, что у каждого человека есть право идти без страха по улице; у каждой женщины есть право не бояться; у каждого старика есть право не переживать, что на него накричат или собьют с ног, когда он медленно переходит улицу; а у каждого ребёнка есть право расти в безопасности. Иными словами, уважать права других означает – «*поступать с другими так, как хотите, чтобы поступали с вами»*. Ребёнок учится уважению, когда видит, как его родители уважают других. Точно так же ребёнок учится и «прилично» лицемерить. Если родители очень вежливо обходятся с гостями, но плохо отзываются о них за спиной, то папа и мама на своём примере учат ребёнка обману и лицемерию. Быть вежливым и уважать других – это две совершенно разные вещи, между ними мало общего. **Вежливость – это культурное поведение в обществе. Однако настоящие причины для подобного поведения могут оказаться очень даже эгоистичными.**

Когда вы имеете дело со страховыми компаниями, возвращаете покупки в магазин, что-то одалживаете или что-то занимаете, даже когда недовольны водителем на дороге, вы всегда должны уважать права другого человека, думать о благополучии другого и стараться не ранить его чувств.

Старый красный пикап

Вот примеры того, как слово *«разумный»* (или целомудренный)[1] упоминается в Слове Божием:

> ***«И ныне да усмотрит фараон мужа разумного и мудрого и да поставит его над землёю Египетскою»*** (Быт. 41:33).
>
> ***«И сказал фараон Иосифу: так как Бог открыл тебе всё сиё, то нет столь разумного и мудрого, как ты»*** (Быт. 41:39).

Примерно 20 лет назад мой муж решил, что нам пора расстаться с нашим домом в Мемфисе, в котором мы прожили многие годы, и переехать в сельскую местность за двести с лишним километров. На новом месте нашими соседями оказались в основном амиши и менониты.[2] Нам не потребовалось много времени, чтобы понять, насколько высоко служение другим ценится среди этих простых людей. Наши соседи-амиши никогда

1 В английском переводе короля Иакова слово «целомудренный» так же переводится, как и «разумный», т. е. в указанных местах о разуме Иосифа используется слово «целомудренный», то же самое что и в Послании к Титу (2:5) о целомудрии жён. - Прим. переводчика.

2 Амиши – это консервативные христиане-протестанты, потомки немецких эммигрантов, отколовшиеся от европейских меннонитов в 17 веке и переехавшие в Америку. Эти простые люди сохранили уклад жизни, обычаи и одежду своих отцов и полностью отказались от благ цивилизации, включая телефон, электричество и автотранспорт. Они живут сплоченной общиной, помогают друг другу, ведут натуральное хозяйство. Амиши есть только в Америке, а их ближайшие братья по вере – менониты – есть и в Европе. - Прим. переводчика.

не обращались ни с кем несправедливо, никогда не лгали и никогда не воровали. **«Никто не ищи своего, но каждый пользы другого»** (1 Кор.10:24).

У нас был очень старый красный пикап, иными словами, груда железа, которая, как ни странно, ещё ездила. Как-то одному молодому амишу, у которого не было машины, понадобилось что-то перевезти, и мы предложили ему воспользоваться нашим пикапом. У автомобиля уже давно отваливалось старое ржавое дно. Когда же этот молодой человек вернул нам нашу развалюху, то мы были просто поражены. Дно пикапа было починено, и нам показалось, что сама машина стала ездить мягче. В довершение ко всему, парень заправил полный бак бензина! Мы решили, что бензина в баке хватит на дольше, чем самого пикапа. За долгие годы мы многим людям одалживали вещи, но никогда не видели, чтобы кто-то обращался с нашим старым автомобилем лучше, чем с собственным. После этого мы готовы были занять этому молодому человеку любую вещь, потому что, как и ветхозаветный Иосиф, он показал себя очень разумным и мудрым, раз с таким уважением, вниманием и аккуратностью отнёсся к нашей собственности.

Если вы мудро, разумно и доброжелательно поступаете с другими людьми, то будете пожинать плоды этого во все годы жизни. Если же обращаетесь с кем-то низко и несправедливо, пусть даже есть на это веские причины, то отвратительное поведение никогда не будет забыто людьми. Другие будут перешёптываться о ваших тёмных делах и из личного опыта добавлять подробности низкого поведения. Такую репутацию невозможно исправить. Неразумному человеку приходится часто переезжать, стараясь избежать испорченной репутации. Только честность, доброта, чистота и целомудрие окупают себя сполна.

Стараться быть честными

(целомудрие – это здравый смысл)

Наряженная свинья

Человек без целомудрия – это человек без доброго имени. Помните о золотом кольце в носу у свиньи? **«Что золотое кольцо в носу у свиньи, то женщина красивая и <u>безрассудная</u>»** (Прит. 11:22). Если женщина требует от своих подруг ненужных одолжений или берёт что-то у них и не возвращает, она показывает в себе отсутствие элементарного воспитания, которое является неотъемлемой частью благоразумия. Если женщина умело манипулирует людьми или ситуациями и при этом радуется собственному триумфу в то время, как другие чувствуют себя использованными, то на самом деле эта особа сама проигрывает ситуацию.

Целомудренная женщина внимательно, честно и аккуратно обращается с чужой собственностью.

Женщины, недовольные тем, что у них нет самой лучшей еды, одежды, мебели, драгоценностей, машины и пр. служат заманчивой приманкой для сатаны. **«...несмысленного губит раздражительность»** (Иов 5:2). (Несмысленный человек: грубый, глупый и высокомерный по характеру.) Глупые женщины очень легко сбиваются с истинного пути. Сатана подбрасывает им уйму поводов использовать других людей. Лукавый желает всех нас обвести вокруг пальца, но женщина безрассудная является для него более лёгкой добычей. Сатане не составит труда ввести её в заблуждение.

Безрассудная женщина может зайти перекусить в кафе или столовую, взять десять пакетиков сахара для кофе, использовать только один, а остальные девять забрать домой. Она любит жить за чужой счёт, считает, что у неё «первоклассно» всё получается, и хвастается обо всём «подругам». (Те смеются вместе с «предприимчивой» подружкой, которая видит в этом восхищение собой, хотя, на самом деле, становится противна окружающим.) Она не умеет быть смиренномудрой, внимательной и заботливой, может запросто, не задумываясь, ранить других. Теперь вы видите, почему Бог называет её золотым кольцом в носу у свиньи.

Мужчины знают, что женщины более нежны и чувствительны, и поэтому всегда будут относиться к ним с долей почтения и уважения, за тем редким исключением, когда слабый пол не убедит их в обратном. Мужу хочется верить, что у него хорошая, порядочная и здравомыслящая жена с чистой совестью. Многие мужчины сражаются, защищая честь женщин. В тюрьме, где мой муж раз в неделю проповедует, все заключённые высоко ценят матерей, но очень немногих волнуют их отцы. Если у честного супруга оказалась не совсем честная жена, то мужу будет стыдно за неё, и изнутри его душу и доброе имя будет медленно съедать этот тихий стыд. **«...в нетленной красоте кроткого и молчаливого духа, что драгоценно пред Богом... Наконец, будьте все единомысленны, сострадательны, братолюбивы, милосерды, дружелюбны, смиренномудры»** (1 Пет. 3:4,8).

Стараться быть благонравными

(целомудрие - это чувство такта)

Кухонная плита

Уважаемая миссис Пёрл,

Я знаю, что настоящая радость приходит от полного послушания Богу и мужу. Но означает ли это, что нельзя разочаровываться или просто уставать? У меня к Вам вопрос. Надо ли оставаться в стороне и молчать, когда муж принимает неверное решение? Разве роль помощницы не означает, что я должна помогать ему поступать правильно?

На прошлой неделе мой муж отправился покупать кухонную плиту, которая была нам просто необходима. Он выбрал самую лучшую модель и уже готов был потратить на неё уйму денег, но позвонил мне, попросил подъехать взглянуть на плиту и подсказать своё мнение. Я сразу же сказала ему, что эта плита ужасно дорогая. У нас были на неё деньги, но нам необязательно покупать плиту наивысшего класса. Нас бы устроила модель и попроще. Позже муж перезвонил и сказал, что отказался от дорогой плиты, а купил понравившуюся мне модель подешевле. Нам обоим больше приглянулась та плита, которую выбрала я. Может, мне надо было промолчать? Я не говорила ему НЕ покупать дорогую плиту. Но мне показалось неразумно тратить большую сумму денег без острой необходимости. Должны ли жёны повиноваться мужьям во всём? Например, в какой цвет покрасить стены или какую поставить мебель? Должны ли мы быть просто безмолвными роботами?

Наперекор моим здравым убеждениям муж отправил двоих старших детей учиться в общеобразовательную школу,[3] *и теперь это решение отрицательно сказывается на них. У меня нет иного выхода,*

3 В США не все христианские семьи отдают своих детей учиться в общеобразовательные школы. Многие предпочитают домашнее или семейное обучение, которое официально разрешено государством. - Прим. переводчика.

как просто смириться, хотя изо всех сил стараюсь оберегать супруга, себя и беспечную младшую дочь от многих неприятных ситуаций. Я действительно желаю жить правильно, но мне постоянно приходится бороться за это право.

Жажду истинной радости, но у меня её нет,

Руфь

Дорогая сестра Руфь,

Вы написали мне о плите, но настоящая причина этого письма кроется в отсутствии радости. Совесть давит на Вас тяжёлым грузом и обличает во многих семейных ошибках. Вам хочется измениться и стать тем человеком, который не пытается постоянно держать под контролем все ситуации, а довольствуется происходящим и не обращает внимания на мелочи жизни. Однако другая сторона Вашей личности ещё пытается удерживать командные позиции и оправдывает все те действия, которые доводят до подобных угрызений совести.

Выбирая плиту, муж пытался показать: насколько высоко ценит Вас, и насколько сильно хочет порадовать. Пренебрежение его выбором, пусть даже Ваш собственный оказался более разумным, говорит ему: насколько мало Вы цените мужа - ниже денег. На этот раз, как и много раз до этого, Ваше поведение говорит о том, что муж не может выбрать сам даже элементарную плиту. Этот способ «осторожного вмешательства» говорит о том, что Вы считаете себя мудрой женщиной, у которой муж и «беспечная» дочь не способны принимать правильные решения, а супруг неразумно распоряжается деньгами, не умеет воспитывать детей и прочее-прочее. Вашей совести не даёт покоя не безрассудство мужа, а недостаток собственного благоразумия.

Отсутствие радости говорит о нездоровом душевном состоянии. Вы не нравитесь самой себе, однако не понимаете, почему. Множество женщин может посоветовать мужу, какую выбрать плиту или какой цвет им больше нравится. Они могут даже поспорить с супругом на эту тему, и в этом не будет ничего страшного. Но для Вас в этом кроется проблема, потому что дело не только в плите, а в том, что Вы считаете мужа ни к чему не способным. Он знает об этом. Вот почему жизнь превратилась в постоянную борьбу, вот почему Вы несчастны, вот почему дочь «беспечна» и вот почему (я просто предполагаю) страдает ваше брачное ложе. Всё взаимосвязано. Независимо от обстоятельств, Ваше поведение говорит о том, что жена считает себя мудрее и умнее мужа. Когда же «приходится оберегать» семью от неприятных ситуаций, то совесть обличает Вас громче взглядов, логики и «мудрости». **Ваша совесть говорит, по крайней мере, правду – и вот почему Вы написали мне.**

Вы забыли о радости, когда мужчина делает что-то особенное для женщины и позабыли самое важное в жизни: **«Благонравная жена приобретает славу»** (Прит. 11:16).

Вы забыли о радости, когда мужчина делает что-то особенное для женщины.

Если бы Вы старались быть мудрой, благонравной и любящей женой, то обрадовались бы и одобрили выбор мужа, когда он позвонил и сказал о плите, которую хотел бы купить. **Если бы Вы смотрели на лишние расходы, как на подаренные цветы – необыкновенно-замечательную трату денег и широкий жест нежно любящего мужа, то Ваша жизнь (и жизнь мужа тоже) стала бы более радостной и интересной.** В конце концов, это всего лишь деньги. Вы сами заметили, что их было достаточно, чтобы купить понравившуюся мужу модель. Муж был бы так рад, что жена одобрила его выбор, ведь он старался именно для неё. Такие мелочи могут превратить отношения в нечто замечательное. Каждый раз, готовя на кухне, Вы вспоминали бы о любви мужа. И только представьте себе чувство внутреннего удовлетворения, которое испытывал бы муж, любуясь, как жена стоит у щедро подаренной им плиты. Теперь же, готовя у выбранной Вами плиты, можно рассуждать, насколько Вы умная и экономная. Супруг будет вспоминать о Вашем отказе и собственной глупости, а еда так никогда и не покажется вкусной. Плита будет постоянно напоминать о том, насколько неудачный выбор сделал муж.

Помните, ранее в этой книге приводился пример о молодой женщине, которая отмахнулась от супруга, чтобы тот не портил ей причёску? Фактически, Вы поступили так же, отказавшись от плиты мужа. Неудивительно, что оказались разочарованной и «просто уставшей». К этому моменту я тоже устала представлять, какой вред Вы наносите семье и как много потеряли в жизни. Наверняка, Ваш муж тоже устал... устал от этого брака.

Вы рассуждаете об этой плите или той плите, этом решении или том, надо ли Вам молчать или надо говорить. **Но вся проблема кроется в состоянии сердца.** Если бы Ваше поведение было верно во всех остальных отношениях, то можно было бы спокойно обсудить с мужем «какую плиту купить», и ничьи чувства не были бы задеты. Просто в подобных, как с плитой, ситуациях становятся явны трения в отношениях с мужем и в сердце, и в душе. Будет недостаточно просто замолчать и повиноваться во всём супругу. Надо научиться почтению и уважению по отношению к мужу. Вернитесь в более раннюю главу этой книги и ещё раз перечитайте историю о девушке по имени Санни. Попросите Бога совершить в Вашем сердце такую же работу, как Он совершил в сердце Санни. Я знаю, что Вы ищите Бога. Если будете стараться жить по Божьим правилам, то Он благословит Вас чудесным браком. Перечитайте ещё раз историю об Иезавели в первой части этой книги и решите, какие поступки надо исправить. Прочитайте главу о радости и научитесь испытывать в жизни радость и благодарение. Затем прочитайте главу о любви к мужьям, и, **может, вы оба сможете заняться чем-то интересным, без всякой там плиты.**

- Деби

Скудоумная свинья

Отсутствие здравого смысла

«Мудрая жена устроит дом свой, а глупая разрушит его своими руками...» (Прит. 14:1)

«Мудрая жена не пытается вразумить мужа посредством фальшивых вопросов. Она всегда задаёт вопросы от чистого сердца, чтобы ещё лучше восполнить желания мужа».

Скудоумная женщина, к которой относится нижеследующий список вопросов, несомненно, считает себя очень доброй персоной, замечательной матерью и первоклассной женой. На самом же деле, она собственными руками и постоянными вопросами разрушает свой дом.

Двенадцать вопросов, которые задаёт жена, чтобы разрушить свой дом:

1. **Ты действительно хочешь потратить столько денег на____?**
   Муж начинает сомневаться в своих способностях принимать правильные решения.

2. **Ты уверен, что Бог желает, чтобы ты работал на этой работе и проводил так мало времени с нами?**
Муж начинает задумываться, почему он работает там, помимо того, что это просто хорошая работа. Кажется, там представлялась возможность свидетельствовать Словом. Но? Супруг уже неуверен в себе.

3. **Дорогой, мне надо спросить у тебя что-то важное, что разрывает меня внутри на части. Неужели это занятие не омрачает твой дух?**
Дух Божий обличал мужа несколько раз, но он не хотел слушать; вчера вечером супруг сам почти уже заговорил об этом, но жена была опять недовольна. Мужу кажется, что он ослабел духовно, и вся ситуация только раздражает его. Жена оказывает на него давление. Теперь он ей противится только для того, чтобы оставить контроль за собой.

4. **Почему ты никогда не хочешь сходить со мной к________?**
У этих людей он чувствует себя неловко; они такие искусственные, а их дети постоянно ноют. Отец той семьи говорит таким тихим и робким голосом, что это действует на нервы; там всё настолько наигранно, но жена не видит в этом ничего особенного. Наверно, он и сам стал слишком плотским. В любом случае, это мужа уже не волнует.

5. **До нашей свадьбы ты всегда читал Библию или, по крайней мере, говорил, что читаешь. Почему ты больше не читаешь и не наставляешь нас с детьми?**
Муж смутно помнит о том, как ему интересно было читать и сопоставлять себя с Моисеем, который испугался Божьего поручения. Но потом к чтению пропал интерес. Наверно, он просто катится вниз по наклонной, по крайней мере, жена думает именно так.

6. **Почему бы тебе не проводить больше времени с нашими сыновьями?**
Радость от появления в семье сыновей угасла. Пару раз муж

попытался наказать их, но жена тут же упрекнула его за грубое обращение с детьми. Может, так оно и было. Ему больше нравится быть среди мужчин, а дети уже стали маменькиными сыночками. Не сказать, что они нюни, просто у них такие близкие и многословные отношения с мамой. Муж отдаляется от детей. У него другой склад характера. В глазах сыновей виден упрёк, точно такой же, как и в глазах их матери. Вопросительный взгляд детей заставляет супруга чувствовать себя виноватым, так же заставляет чувствовать его и жена. Муж думает: «Я настоящий неудачник. Может, даже не спасён».

7. **Ты когда-то думал о любви ко мне в духовном смысле слова, а не только в плотском? Мне так недостаёт глубокого духовного общения и взаимопонимания.**
   Глубоко внутри муж испытывает какое-то неудовлетворение, какое-то разочарование тем, что жена немедленно реагирует своей праведностью. Это унижает супруга как мужчину. Ему больно до глубины души. Муж засыпает, фантазируя о женщине, которую встретил сегодня в магазине. Господи, помоги этой бедной душе.

8. **Милый, почему бы тебе не почитать с нами Библию? Нам так хочется, чтобы ты с нами молился и помогал нам возрастать духовно. Библия говорит, что ты должен быть нашим духовным лидером; но почему, почему ты не хочешь руководить нами?**
   В глубине души муж смеётся. «Ты что шутишь? Я не могу, ведь буду чувствовать себя настоящим лицемером. Я не могу учить их тому, чего сам не знаю. Мне лучше уйти». Муж уходит, или работает, или смотрит телевизор; пытаясь таким способом избежать реальности этой жизни.

9. **Как ты думаешь, почему пастор так отзывался о Чарльзе? Не кажется ли тебе, что это было слишком грубо со стороны служителя. Может, нам найти другую церковь?**
   Внутри мужа закипает гнев, когда он слышит, как жена уже в четвёртый раз пересказывает эту историю. Муж про себя

рассуждает: «Наш пастор – лицемер. Он ничуть не лучше всех остальных. Я не понимаю, почему он считает себя таким праведным».

10. **Бедный Чарльз, просто ужасно, что резкие слова проповедника сделали с этой семьей. Как ты думаешь, может, нам надо что-то сделать для них, ну, например, позвонить и сказать, что мы переживаем о них и не согласны с пастором? Кроме того, мне и самой было больно от слов пастора.**
Чаша терпения уже переполнена. Супруг подавлен собственным падением, разочарован в окружающих людях и теперь пожинает горькие плоды этого состояния. Муж начинаеть строить про себя доводы: «Меня тошнит от всех этих святош и не волнует, как они поступают. Я не допущу, чтобы они так обращались со мной».

11. **Дорогой, мы сегодня идём в церковь. Пора одеваться. Что! Не пойдёшь? Но ты всегда ходишь в церковь. Неужели думаешь, что такие глупости, как неприятность с Чарльзом, должны удерживать тебя от служения? Кроме того, наш пастор оказался прав, с этим Чарльзом каши не сваришь! Ты должен пойти в церковь. Что же станет с нашими мальчиками? Ты окажешь на них плохое влияние. Разве это тебя не беспокоит?**
12. **Джен, ты должна знать, как я нуждаюсь в твоей неизменной поддержке. Сама бы я не вынесла этой семейной жизни без любви. Муж такой чёрствый и холодный, совсем не думает о детях. Я просто не могу поверить, что выходя замуж, видела в нём примерного христианина. Пожалуйста, попроси сестёр молиться о нём на сестринском служении на этой неделе.**

Размышляя о *целомудрии*

«Плод же духа: любовь, радость, мир, долготерпение, благость, милосердие, вера, кротость, воздержание. На таковых нет закона…»).

Воздержание – это плод духа.

Качества доброй помощницы

- Добрая помощница возрастает в милосердии и знании.
- Она благонравна и честна.
- В ней нет фальши по отношению к мужу.

С Богом наедине

Не обманывай сама себя. Если постоянно просишь других посмотреть твоих детей, слишком часто ходишь по гостям, всё время просишь кого-то отвезти тебя туда-сюда и регулярно одалживаешь чужие вещи, то люди, может, и будут терпеть твой эгоизм, но ты никогда не будешь им нравиться по-настоящему. В тебе будут видеть только обузу, а не подругу. **Никому не нравится быть использованным. Мудрая жена отдаёт больше, чем берёт взамен.**

➢ *Божья характеристика благочестивой жены*

Рассмотри по порядку нижеприведённые качества. Подчеркни те слова, которые характеризуют тебя. Отметь для себя недостающие качества и запиши, как именно ты думаешь измениться, чтобы приблизиться к Божественному образу благочестивой жены.

- Чистая
- Скромная
- Приличная
- Стыдливая
- Кроткая
- Молчаливая
- Покорная
- Послушная
- Милосердная
- Добродетельная
- Благоразумная
- Добрая
- Целомудренная
- Благонравная
- Попечительная о доме

«Мудрая жена знает, что все её слова отражаются на взглядах мужа. Совсем незаметно она может подтолкнуть его на хорошие поступки или плохие».

Глава 19

5. Быть чистыми

«...чтобы вразумляли молодых [быть благоразумными], любить мужей, любить детей, быть целомудренными, чистыми...» (Тит. 2:4-5)

Мы, старицы, должны учить молодых быть **чистыми:** *непорочными* в мыслях, словах и делах, а также приличными и честными во всех отношениях.

> **«Также и вы, жёны, повинуйтесь своим мужьям, чтобы те из них, которые не покоряются слову, житиём жён своих без слова приобретаемы были, когда увидят ваше чистое, богобоязненное житиё. Да будет украшением вашим не внешнее плетение волос, не золотые уборы или нарядность в одежде, но сокровенный сердца человек в нетленной красоте кроткого и молчаливого духа, что драгоценно пред Богом. Так некогда и святые жёны, уповавшие на Бога, украшали себя, повинуясь своим мужьям. Так Сарра повиновалась Аврааму, называя его господином. Вы – дети её, если делаете добро и не смущаетесь ни от какого страха»** (1 Пет. 3:1-6).

Английское слово *chaste*, что означает *«чистый»*, встречается в переводе Библии короля Иакова три раза. В оригинале греческое слово, означающее «чистый», также переводится как «непорочный» в четырёх других местах и ещё в одном месте, как «очищенный». Прочитайте Послание к филиппийцам (4:8) и Послание Иакова (3:17) для более ясного определения этого слова.

В поисках скрытого сокровища

Уважаемый мистер Пёрл!

Пишет вам молодой человек 24-х лет, который ищет себе жену. Оказывается, сейчас не так-то просто встретить приличную девушку, ***которая не только говорит, что она приличная, но и ВЫГЛЯДИТ соответствующим образом.*** *Мой друг недавно женился на одной сестре из церкви. Его невеста временами нескромно одевалась, но друг решил, что выйдя замуж она станет более благоразумной.* ***Теперь же жена говорит ему, что не видит ничего особенного в своей манере одеваться. Не может же муж силой изменить её.*** *После женитьбы я стал избегать друга, потому что каждый раз меня возбуждает откровенная одежда его жены.* ***Мне становится противно.*** *Я возмущён и разочарован тем, что из-за какой-то глупой и бестолковой девушки может возникнуть столько проблем. Иногда мне кажется, что собственное тело предаёт меня. Но я нормальный мужчина с нормальными потребностями. Вся проблема кроется в том, что женщины вокруг настолько неприлично одеваются. А как насчёт оскорбления других мужчин, ведь молодые девушки в церкви одеваются подобным образом или ещё хуже? Я решил, что уж лучше никогда не жениться, чем обрести себе безрассудную жену. Молодые люди в церкви видят, как бесчестит жена нашего друга. Все мы хотим жениться, но боимся оказаться в подобной ситуации. Мне нужна девушка, которая не будет одеждой заставлять тысячи разных мужчин прелюбодействовать с ней в сердце своём.* ***Я ищу спутницу жизни, которую смогу с гордостью назвать ТОЛЬКО СВОИМ скрытым сокровищем.*** *Как может мужчина доверять* *девушке, которая ещё до свадьбы «выставляет всё на показ»? Мой вопрос состоит в том, как можем мы, молодые люди, найти себе приличных жён, которых не интересует развратная одежда?*

Джеймс Г.

Уважаемый Джеймс,

В Библии есть такой вопрос: **«Кто найдёт добродетельную жену?»** Сам вопрос подразумевает в себе то, что найти подобную жену не так уж просто. Зато чистая и добрая девушка стоит этих поисков. А пока, пусть Ваше письмо говорит само за себя. Я молюсь о том, чтобы все женщины и матери, у которых подрастают дочки, прочитав Ваше письмо, поняли, как чувствуют себя верующие братья. Жаль, что у меня нет места, чтобы напечатать здесь ещё хотя бы 25 подобных писем, но надеюсь, что хватит и одного.

Кто имеет уши слышать, да слышит!

- Деби

Приличие

Чистая жена – это приличная жена. Бог говорит, что женщина хранит свою чистоту и непорочность посредством приличной одежды: **«чтобы также и жёны, в приличном одеянии, со стыдливостью и целомудрием, украшали себя не плетением волос, не золотом, не жемчугом, не многоценною одеждою, но добрыми делами, как прилично жёнам, посвящающим себя благочестию»** (1 Тим. 2:9-10). Бог говорит, что одежда отражает благочестие жены. Не только уста, но и одежда, волосы и украшения дают понять окружающим людям, что эта жена приличная и благочестивая или же что она не приличная и не благочестивая. У нашего Небесного Отца есть определённые стандарты на одежду! Думаете ли вы прибегнуть к излюбленному аргументу и назвать Бога «законником» за то, что Он говорит нам, что существует *приличная манера одеваться* **и** *неприличная манера одеваться*? Одежда говорит о нас окружающим. Она громко, но без слов, отражает истинное состояние сердца, наше отношение к себе и к окружающим нас людям. Когда мне хочется заиграть или пококетничать с мужем, то я немного изменяю одежду, причёску или поведение – и это всё, что требуется, чтобы возбудить его. Мужчины во многом отличаются от женщин. Иисус предупреждал именно мужчин, а не женщин, когда говорил: **«что всякий, кто смотрит на женщину с вожделением, уже прелюбодействовал с нею в сердце своём»** (Мф. 5:28). Затем Бог говорит мужчинам, как надо поступать, если они продолжают смотреть и прелюбодействовать: **«Если же правый глаз твой соблазняет тебя, вырви его и брось от себя, ибо лучше для тебя, чтобы погиб один из членов твоих, а не всё тело твоё было ввержено в геенну»** (Мф. 5:29). Это очень серьёзно!

Женщинам невозможно понять зрительное восприятие мужчин. Жена может поверить только тому, что честно и откровенно скажет ей муж, но очень немногие мужчины способны признавать пред женщинами свои слабости. Если в поле зрения мужчины попадает откровенно одетое женское тело, владелице которого льстят брошенные на неё взгляды, то мужское воображение настолько стимулируется, что может мысленно «раздеть» это тело глазами. Если мужчина целомудренный, то он усилием воли сумеет подавить в себе воображение при виде неприлично одетой женщины, которая разжигает плоть противоположного пола своим видом. В данной ситуации женщина служит поводом для греха. С ней даже невозможно просто поговорить, не согрешив мысленно.

У нашего Небесного Отца есть определённые стандарты на одежду!

Если ты получаешь удовольствие от того, что умеешь своим видом соблазнять других мужчин, то являешься безбожницей, которой срочно нужно покаяться.

Иисус сказал, что мужчина, смотрящий на женщину с вожделением, прелюбодействует ВМЕСТЕ с ней, а не против неё. Это означает, что представительница слабого пола тоже участвует в грехе прелюбодеяния. Многие женщины говорят мне, что их манера одеваться «не обличает» их; так неужели Бог должен гоняться за ними и терзать их совесть прежде, чем они надумают повиноваться Его Слову. Многие обижаются, когда их стиль одежды вызывает вопросительные взгляды. Женщины говорят, что видят в этом одно «законничество», хотя Бог ясно освящает этот вопрос в

Своём Слове. Дух Святой обличает в соответствии с волей Божьей. Если Дух Святой не обличает тебя за твою неприличную одежду, значит, ты не водима Богом. **«Ибо все, водимые Духом Божиим, суть сыны Божии»** (Рим. 8:14). Если ты не просто на словах дитя Божье, то ты *будешь* водима Духом Божиим. Если Бог не ведёт тебя в соответствии с Его Словом, то может Дух Его не живёт в тебе. **«Если же кто Духа Христова не имеет, тот и не Его»** (Рим. 8:9).

Бог дал нам, женщинам, тела, которые мужчины желают так же страстно, как и самой жизни. Этот бесценный дар делает тебя привлекательной и желанной для супруга твоей юности, который любит тебя даже после того, как эта юность пролетела, а твоё лицо стало похоже на сморщенное яблоко. У женщин есть сила, которая может заставить многих мужчин продать свою душу и слепо следовать прямой дорогой в ад. И эта же сила умеет утешать, врачевать, служить и отражать близость между Христом и Его Невестой. Как заметил мой муж в своей книге «*Святой Секс*»: «Эротическое удовольствие создал не дьявол, а Бог». Но Бог также поставил сексуальные границы. Всё в жизни подчинено определённым правилам. В этом мире существуют свои правила, которые предотвращают нас от глупого поведения в обществе или хранят от разочарований в погоне за удовольствиями. Правила этого мира не настолько приемлемы или разумны, как правила Бога. Поэтому сия старица говорит вам, молодым, что *Божья воля есть в том*, чтобы вы всегда выглядели прилично на людях. Это отражает ваше благочестие.

А как насчёт штанов?

Чтобы до конца рассмотреть тему приличной одежды, нам необходимо затронуть один злободневный вопрос: можно ли женщинам носить штаны? Как пример запрета для женщин носить штаны зачастую приводится следующий стих: **«На женщине не должно быть мужской одежды, и мужчина не должен одеваться в женское платье, ибо мерзок пред Господом Богом твоим всякий делающий сиё»** (Втор. 22:5). Однако есть определённые сомнения насчёт того, является ли этот стих запретом или нет. Относятся ли штаны только к мужчинам? В каком месте Писания? Согласно Библии обычной одеждой для мужчин того времени было

платье или **риза**. Неоднократно в Библии упоминаются мужчины, одетые в платьеобразную одежду,[1] такие, как Вооз, царь Саул и Аарон. В Библии также упоминается женское платье и ризы. Даже Бог описывается одетым в ризы. Раньше в юбки одевались шотландцы, греки и римляне. Американские индейцы носили своеобразные мини-юбки. Насколько известно современной истории, единственными представительницами, носившими штаны в библейские времена, были восточные женщины.

Мы желаем руководствоваться одной только Библией, но зачастую перекраиваем библейские тексты под свои личные понятия и убеждения. Любой непредубеждённый человек понимает, что это место Писания говорит о трансвестизме – стремлении носить одежду противоположного пола. Во все времена стиль одежды отличался в зависимости от культуры определённого общества. Однако мужчины и женщины никогда не должны извращать и изменять половую природу своего творения. Бог сотворил нас мужчинами и женщинами, и Бог назвал это «очень хорошо». **Очень неприятно наблюдать, как женщины, посредством своей манеры одеваться, стирают границы между полами, и, тем более, совершенно отвратительно видеть мужчин одетых в женоподобную одежду. Мужчины и женщины, одевающиеся в разрез со своей половой принадлежностью, вне всякого сомнения, противоречат Богу.** Вот почему Господь затрагивает этот вопрос в Своём Слове. Эта мерзость оскорбляет Творца всего человечества. Не забывайте об этом, выбирая гардероб. **Приличие является основным правилом женской одежды.** Если тебе хочется соблазнительно одеться, делай это наедине со своим мужем. Кстати, я даже рекомендую так поступать, но, как только ты выходишь из спальни и направляешься в церковь или магазин, будь одета так, как ты б предстала пред Судилищем Христовым.

Уважаемые супруги Пёрл,

Я устал смотреть на жир. Женщины, одевающиеся в коротенькие обтягивающие кофточки и штаны с низкой талией, с выпирающими оголёнными жировыми складками, напоминают мне разбухшее

1 В английском тексте Библии слово «одежда» часто переводится, как «юбка» – Прим. переводчика.

дрожжевое тесто. Просто противно. Я – свинной фермер, и, когда вижу этих тестообразных женщин, сразу вспоминаю, что говорит Писание о свинье с золотым кольцом в носу. Они настолько же желанны, как и мои поросята! Тьфу! Здесь дело не в жире, а в том, как женщины выставляют его всем напоказ, словно гордятся этим. Я благодарен Богу, что моя жена одевается, как леди, как настоящая добродетельная жена. Каждый раз, возвращаясь из города домой, я радуюсь своей прилично одетой жене. Если вы решите напечатать моё письмо, то, пожалуйста, включите и моё имя. Пусть меня знают, как благодарного мужа.

Ионафан Биачи

Плохой Боб

Персонажи следующей истории, Боб и Лидия, составлены по результатам бесед с двумя различными супружескими парами. В нашей работе семейных консультантов нам приходится очень часто слышать подобные истории от бессчётного количества пар.

Боб не был голоден, у него болел живот, поэтому мальчика оставили в мотеле, где все должны были остановиться на ночь, пока остальные члены семьи отправились куда-то перекусить. Отец никогда не разрешал сыну смотреть телевизор в мотеле, но Боб знал, что родители вернутся не раньше, чем через час, а мальчику было скучно. Самые первые кадры приковали подростка к экрану. Звучала завораживающая музыка. Боб застыл на месте и полностью погрузился в действие. Перед ним на экране в замедленных кадрах поднималась по ступенькам девушка. Боб видел только её зад, плотно обтянутый коротенькой кожаной юбочкой с высоким разрезом. Камера медленно скользила вниз по её стройным ногам, пока не показался высокий каблук, а затем так же медленно поднялась к разрезу на юбке. Девушка продолжала подниматься по лестнице, а разрез всё также был в кадре крупным планом. Боб смотрел, как она поднялась наверх и зашла в комнату; камера продолжала держать в кадре стройные ноги. Сердце Боба забилось от волнения, приятная музыка нарастала, а камера поднималась

Целомудренная - аккуратная, тактичная, внимательная

всё выше и выше. Какой-то шум за дверью номера заставил Боба вернуться в реальность. Подросток с такой силой нажал кнопку, что чуть не сломал пульт, а затем швырнул его через всю комнату, словно какую-то заразу. Ложная тревога, в номер никто не заходил, но после всего лишь двух минут «лёгкой» порнографии Боб изменился навсегда. В тот день Боб впервые мастурбировал. Ему было 13 лет.

Чистая - приличная, честная, непорочная в мыслях, словах и делах.

Два года спустя Боб сидел в церкви, когда Лидия, жена руководителя молодёжи, поднялась с места прямо перед ним, чтобы сводить в туалет своего маленького ребёнка. У Боба пересохло во рту. Он увидел прямо перед собой её фигуристый зад, плотно обтянутый кожанной юбочкой с разрезом. Конечно, юбка Лидии была на несколько сантиметров длиннее той, которая теперь мелькала в фантазиях Боба, но, когда женщина наклонилась, чтобы взять на руки ребёнка, несколько молодых людей, сидящих прямо за ней, сразу прикрыли колени песенниками. **После того случая Боб стал почти ненавидеть Лидию.** Она стала причиной его позора и мучений. Вся сила двухминутных кадров из прошлого в сочетании с туго обтянутой юбкой, которая опасно высоко задралась, когда Лидия нагнулась перед ним к ребёнку, заставили Боба излить своё семя прямо здесь, в церкви, и на штанах появилось мокрое пятно. Сразу после собрания Боб нашёл должное применение своей Библии. Она прикрывала его позор, когда юноша скорее мчался в машину, чтобы забраться там на самое заднее сидение. Через неделю Боб перестал ходить на молодёжное. Его отсутствие удивило и озадачило ревностного руководителя молодёжи. Он решил поговорить с Бобом. Горькая желчь переполнила юношу, когда он вспомнил о том, как жена этого руководителя медленно поднималась в церкви по лестнице в обтянутой юбке и высоких каблуках, прямо как та девушка из кадров по телевизору. Лидия не могла обмануть молодого человека своей застывшей лицемерной улыбкой. «Неужели женщина настолько тупа, что совершенно не понимает, что делает со мной?» - подумал юноша. Боб дал знать недогадливому мужу Лидии, что им не о чем говорить.

Лидия так никогда и не поняла, что она опозорила мужа, навредила его служению, зародила тихую ненависть в юноше и

практически подтолкнула его к отступлению от веры. Эта женщина не поверила бы мне (или, может, даже тихо радовалась своему эффекту), если бы я отозвала её в сторону и объяснила, какие чувства она вызывает у молодых людей в церкви, почему они относятся к ней с таким презрением. Лидия стала бы говорить мне, что это просто *«её стиль»* одежды, а молодым людям надо следить за собой. Я это точно знаю, потому что разговаривала уже с очень многими «*Лидиями*».

После того раза Боб больше никогда не смотрел порнографии, но с тех пор в его мыслях шла постоянная борьба. Он никак не мог одержать победу над мастурбацией. Огромные мучения доставляли парню открытые кофточки или блузки с глубоким вырезом. Ничего хорошего не приносили оголённые талии, но тяжелее всего ему было встречать в церкви представительниц слабого пола со стройными ногами в шортах или коротких юбках.

В 22 года Боб встретил приятную молодую девушку с красивыми добрыми глазами и чистым нежным сердцем. После свадьбы молодой человек вздохнул с облегчением: наконец-то, закончились мучения. Первые три года жена была активной в постели, и молодой муж мог с полной силой насладиться тем, что так томило и угнетало его в юности. Наконец-то, он сумел освободиться от давнего врага – похоти плоти, ведь теперь Боб получал полное удовлетворение в чистых супружеских отношениях.

Но в жизни бывают свои трудности, и после того, как жена родила второго ребёнка, она перестала откликаться на ласки мужа. **Её оговорками служили усталость, недомогание, нежелание забеременеть, отсутствие настроения, «что-то со мной произошло» и пр.** Жена знала, что раз в неделю должна заниматься любовью с мужем, но была всегда такой вялой, что Боб не получал полного удовлетворения. Сотрудницы на работе одевались очень откровенно, пытаясь соблазнить его. Но, несмотря на старания этих особ, Боб продолжал игнорировать вызывающее поведение сотрудниц, похожих на стадо больных животных.

В церкви всё было по-другому. Женщины в церкви казались такими чистыми и приличными. В 25 лет Боб был в расцвете сил, и ему нужна была женщина. Бог так устроил мужской организм, что он должен 2-3 раза в неделю разряжаться. Боб развил в себе определённые привычки, которые помогали ему избегать искушений. Его жена садилась рядом с ним в церкви, но всегда недоумевала, почему он перебирает, где им лучше сесть. Лидия больше не служила преткновением для него. Последние несколько лет, к счастью, плохо сказались на её фигуре. Боб улыбался и говорил «привет», когда она проходила мимо. Лидия же всегда принимала недоумённое выражение лица, словно пытаясь сказать: «А что я такого сделала?» Она словно не понимала, за что Боб испытывает к ней неприязнь. Это правда, молодой человек всё ещё недолюбливал эту женщину и испытывал чувство облегчения при виде того, что она утратила былую красоту. Боб помнил, как муж Лидии когда-то наставлял их небольшую группу женатых молодых людей и объяснял, что все женщины, включая его собственную жену, переживают временами период полного равнодушия к сексу, и мужьям важно продолжать бодрствовать в это нелёгкое для них время. Тогда Бобу было жаль руководителя молодёжи, а теперь и ему жена стала отказывать в любовных ласках.

«Бодрствовать, я должен бодрствовать», - повторял про себя Боб, оглядывая свободные места в церкви и выбирая, где бы лучше сесть. Вдруг жена потянула его за рукав: «Давай сядем вон там, за семьёй Чандлеров». Боб встревожился. В этой семье было три взрослых, красивых, высоких, длинноногих дочки, которые предпочитали носить короткие обтягивающие юбки. Боб тяжело вздохнул. Жена заметила его недовольство и надулась. Как Боб хотел бы объяснить ей всю эту запутанную ситуацию, но тогда жена до конца своих дней будет ревновать его и следить за тем, как и на кого он посмотрит. Муж взглянул на жену, которую любил от всего сердца, и ему так захотелось, чтобы в ней было больше благоразумия и меньше обиды, **чтобы она дарила ему такую необходимую для мужчины любовь, чтобы была его *помощницей*, когда ему требовалась помощь, чтобы была целомудренной, рассудительной, способной поддержать его в эти нелёгкие моменты**, и чтобы слушалась не потому, что всё понимает, но потому, что он её муж. Боб желал, чтобы жена знала, насколько сильно он в ней нуждается, и что она, в определённой степени, держит в своих руках ключи ада и рая для него. Жена же привела Боба на место искушений. Если бы возможно было прочитать мысли этого мужа, когда он сидел за дочками Чандлеров, то его, наверняка, отправили бы под арест. Мужчина знал, что он плохой Боб, падший, похотливый, злой и разочарованный. Почему-то каждый раз, когда он впадал в искушение, то с горечью вспоминал о Лидии: «Большая толстая корова, нет, даже не корова, а просто свинья».

Боб, Франк, Том и твой пастор

История плохого Боба – это история тысячи мужчин: Бобов, Франков, Томов... Ты совсем не знаешь мужчин, если думаешь, что Боб – это отклонение от нормы или особое исключение. В нашей работе семейных консультантов мы постоянно сталкиваемся с тем, как мужчины изливают пред нами свою горечь и искушения. В наши задачи входит «помочь» этим людям преодолеть искушения. Уже многие годы мой муж и я пытаемся объяснить молодым девушкам и женщинам, что неприличная одежда и неподобающее поведение вызывают чувство вожделения у бессчётного количества мужчин и заставляют их мысленно прелюбодействовать. Задумайся, на примере плохого Боба, о собственной причастности к греху прелюбодеяния. Плохой Боб – это самый обыкновенный мужчина в твоей церкви. Это твой проповедник или учитель воскресной школы. Он сидит за тобой в церкви или, может, даже наоборот, старается не садиться в церкви за тобой или за твоими повзрослевшими дочерями.

Я сторож брату моему

Вирсавия не была целомудренной. Она стала причиной большой беды, кровопролития и страдания многих людей. **Отсутствие в ней целомудрия** стоило жизни её мужа, жизней его воинов, жизни её новорожденного сына и чести человека, которого Бог назвал мужем по сердцу Своему. Вирсавия думала, что у неё было право поступать так, как ей хотелось. Её поведение принесло разрушение целой семье, включая насилие, кровосмешение, мятеж и убийство. Давид должен был быть со своими воинами. Он не прогуливался на кровле дома в поисках женщины. Вирсавия не проявила целомудрия в выборе места для купания и тем самым подала Давиду повод для физического влечения. Давид испытывал борьбу между плотью и любовью к Богу, но прекрасное тело Вирсавии одержало победу. Все последующие поколения знают Вирсавию, как нечестивую женщину, несмотря на то, что она была женой прекрасного военноначальника. Ей недоставало приличия и целомудрия. Зачастую в жизни можно было бы избежать многих трагедий, если бы только...

Твоя жизнь не принадлежит тебе. Ты куплена дорогой ценой, кровью Господа Иисуса Христа. Мы все ответим пред Богом за поведение нашей плоти, даже то, которое нам кажется самым безобидным.
Помни о предупреждении в Евангелии от Матфея (5:28): женщина также участвует в грехе прелюбодеяния, когда заставляет мужчину смотреть на неё с вожделением.

Размышляя о *чистоте*

Внешний вид доброй помощницы

Давай вместе вспомним тот последний раз, когда ты была в церкви. Мысленно обведи взглядом церковное помещение и обрати внимание, как были одеты женщины вокруг, включая тебя. А теперь прочитай, что говорит Бог:

> **«...чтобы также и жёны, в приличном одеянии, со стыдливостью и целомудрием, украшали себя не плетением волос, не золотом, не жемчугом, не многоценною одеждою, но добрыми делами, как прилично жёнам, посвящающим себя благочестию. Жена да учится в безмолвии, со всякою покорностью; а учить жене не позволяю, ни властвовать над мужем, но быть в безмолвии. Ибо прежде создан Адам, а потом Ева; и не Адам прельщён; но жена, прельстившись, впала в преступление;** [обещание] **впрочем спасётся через чадородие, если пребудет в вере и любви и в святости с целомудрием»** (1 Тим. 2:9-15).

С Богом наедине

В Библии описано, как Давид согрешил с Вирсавией (2 Цар. 11). Последние слова в этой главе гласят: **«И было это дело, которое сделал Давид, зло в очах Господа».** Ещё раз перечитай 11 и 12 главу 2 Книги Царств и плач раскаяния Давида в 50-м псалме. Пусть это мучительное греховное состояние научит тебя, изменит мышление и заставит одеваться таким образом, чтобы никогда не заставлять братьев во Христе смотреть на тебя с вожделением.

Глава 20

6. Быть попечительными о доме

«...чтобы вразумляли молодых [быть благоразумными], любить мужей, любить детей, быть целомудренными, чистыми, попечительными о доме...» (Тит. 2:4-5)

Попечитель: хранитель, смотритель, управляющий.
Дом: место постоянного проживания.

Попечитель

Согласно Слову Божьему, мне, одной из стариц, поручается учить молодых быть **попечительными о доме**. Это шестое из восьми правил для молодых жён. *Это не предложение, но прямое повеление Бога замужним женщинам.*

Как вы, наверно, уже помните, я рассказывала ранее в этой книге, что просила Бога открыть, почему Он использует именно слово «*порицание*», когда говорит о последствиях пренебрежения молодыми жёнами восьми правил из 2 главы Послания к Титу. И вот, какой урок Господь преподнёс мне.

На следующее утро после того, как попросила Бога объяснить мне значение слова «*порицание*», я пришла на работу, стала проверять электронную почту и открыла письмо от одного молодого миссионера, которого довольно-таки хорошо знала и с женой которого много общалась. Читая это печальное письмо, у меня по щекам покатились слёзы. Молодой человек, который проповедовал Слово Божье людям в чужой стране, писал, что над их маленькой дочкой, которой не исполнилось ещё и годика, кто-то сексуально надругался и, кажется, заразил ужасным заболеванием. В этот момент Бог словно проговорил ко мне: «Может, слово «порицание» недостаточно сильно?» И тогда я ясно поняла, почему Бог говорит именно о *порицании* Его Слова, как о последствии пренебрежения молодыми жёнами этими восьми правилами. Слово Божье *порицается* или *хулится*, если мать покидает свой пост пусть даже во имя более высокого призвания.

Трагедия этой молодой семьи могла оказаться и моей собственной. Когда нашей старшей дочке было около двух лет, я нашла для неё нянечку, чтобы мне было легче ходить по магазинам (недостаток благоразумия). Несмотря на то, что это было более 28 лет назад, отчётливо помню, как принесла ребёнка домой к няне, опустила на пол, и мой взгляд встретился с нелюдимым взглядом мужа этой женщины. В моей душе зародилась тревога, я подхватила ребёнка и поскорее ушла. Мне кажется, что если бы в тот день оставила дочь там, то в 22 года ей не хватило бы силы духа отправиться жить самой среди папуасов в Новую Гвинею и переводить Библию для этого первобытного племени (читайте «Дневник Ревекки» на сайте www.nogreaterjoy.org). Мы всё узнаем в вечности. Родители-миссионеры, написавшие мне письмо, не оставили ребёнка, чтобы сходить в кино или пробежаться по магазинам. Мать оставила своего ребёнка меньше чем на десять минут, чтобы помочь со «служением». Слово Божье неизменно: вчера, и сегодня, и во веки то же. Оно истинно для всех семей и сейчас. **Место молодой матери дома.**

Бог словно проговорил ко мне: «Может, слово «порицание» недостаточно сильно?»

Она печётся о доме, хранит его и присматривает за всем и всеми вверенными под её опёку. Всё обратное порицает или хулит Слово Божье. Даже если ты не послушаешься Бога, и за этим не последует прямого наказания, это означает лишь то, что Господь долготерпит тебя, как когда-то израильтян, но рано или поздно суд Божий всё равно свершится. Слово Божье говорит нам, что верно и что истинно. Если ты пренебрегаешь тем, что написано, значит, ты порицаешь или хулишь Слово Божье.

Кому мне повиноваться?

А если муж, вопреки Слову Божьему, которое повелевает жене быть попечительной о доме, отправляет тебя на работу и предпочитает определить детей в детский садик или к нянечке? Божья воля в том, чтобы жёны повиновались мужьям, и Божья воля в том, чтобы жёны были попечительными о доме. Кому ты должна повиноваться? Вот, где решающую роль играет твёрдая вера в Бога. Господь может всё так устроить, что у тебя получится повиноваться обоим. **Самое важное здесь – это твоё поведение.** Если у тебя смирённое сердце, желающее угодить и мужу, и Богу, тогда Господь может вступиться Сам и разрешить этот вопрос. Позже мы поговорим о том, как лучше объяснить мужу свои взгляды. Сейчас же ты должна понять, что если хочешь повиноваться Богу и мужу во всём, то в тебе не должно быть никакого недовольства по отношению к ним. Если будешь так поступать, то твои сердечные желания, наверняка, будут приняты во внимание.

Дом - это не дом, если нет женщины, которая заботится о нём

Предай всё в руки Божьи и скажи мужу, что поступишь так, как он того хочет. Затем скажи, что переживаешь о детях, и покажи мужу те места из Писания, которые заставляют тебя так думать. Скажи, что хочешь помочь семье финансово, но так же желаешь оберегать и воспитывать детей. Спроси его, как ты сможешь делать два дела одновременно. В твоём поведении должно звучать полное доверие, а не обвинение или осуждение. Ни в коем случае не ставь никаких ультиматумов. В тебе не должно быть никакого намёка на скрытое возмущение. ***Доверие* – это ключевое слово. Полностью положись на мудрость и руководство**

мужа. Спроси мужа, может ты сможешь оставаться дома и тем временем подыскать для вас с детьми какую-то работу на дому, чтобы приносить в семью дополнительный доход. Спроси, где лучше урезать расходы, чтобы семья смогла жить только на его зарплату. Предложи попробовать это на время. Покажи ему, что ты можешь быть экономной. Покупай вещи в уценённом магазине. Переселитесь при необходимости в менее дорогой дом. Продайте лишнюю машину. Не покупайте новую мебель. Когда сломается холодильник, не покупайте новый, но найдите себе подержанный по объявлению. Не отправляйтесь в дорогостоящий отпуск. Вместо этого используйте время отпуска, чтобы вместе покрасить дом, а не платить кому-то за эту работу. Попросите более старшего друга семьи подсказать, где вы неразумно расходуете средства.

Большинство мужчин согласятся на то, чтобы жена оставалась дома, если увидят её искреннее желание повиноваться Богу в вопросе воспитания детей, а также её **способность быть бережливой и всем довольной**. Молись и проси Бога изменить сердце твоего мужа и ваше финансовое положение. Будь готова в корне изменить ваш образ жизни. Бог спасёт надеющуюся на Него душу.

Покидая дом по телефону, электронной почте или форуму в интернете

> **«Итак, я желаю, чтобы молодые вдовы[1] вступали в брак, рождали детей, управляли домом и не подавали противнику никакого повода к злоречию»** (1 Тим. 5:14).

В соответствии с этим стихом, Божья воля в том, чтобы молодые жёны **управляли домом** и **не подавали никакого повода** к злоречию сатаны на семью. Стихом выше апостол Павел говорит нам, чем занимались молодые вдовы и какие поводы они подавали сатане для злоречия: **«притом же они, будучи праздны, приучаются ходить по домам и бывают не только праздны, но и болтливы, любопытны, и говорят, чего не должно».**

---

1 В английском переводе используется просто выражение «молодые», слово «вдовы» отсутствует. - Прим. переводчика

Причиной их греха была праздность вместо трудолюбия, похождения от дома к дому (от телефона к телефону), болтливость (обсуждение других людей) и склонность говорить лишнее.

Причиной их греха была **праздность** вместо трудолюбия, похождения **от дома к дому** (от телефона к телефону), **болтливость** (обсуждение других людей), плюс пересказ всего услышанного, дополненный их «справедливым» мнением о каждом. Писание увещевает молодых быть попечительными о доме из-за их врождённой наклонности развлекаться или слоняться из угла в угол.

Современный мир предоставляет молодым множество способов находиться дома, но **не заботиться о нём**. Мы можем находиться дома физически, но покидать его мысленно по телефону или интернету. Нельзя одновременно заботиться о *своём* доме и о доме всех остальных. Огромное количество семей и церквей распалось за чашкой чая, по телефону и через интернет. **«Добродетельная жена – венец для мужа своего; а позорная – как гниль в костях его»** (Прит. 12:4).

«Быть попечительными о доме» - это больше, чем просто находиться в доме; это значит жить в нём своим сердцем. Верная помощница занимается делами, которые творчески вдохновляют её детей и заставляют их думать. Она охраняет свой дом от влияния этого мира, а так же бодрствует, оберегая детей от их же собственных опрометчивых затей. *Ни она, ни её дети не бывают праздны.* Жена облегчает ношу мужа, помогая ему покрасить стены или постричь траву. Эта женщина бережлива и учит детей с радостью помогать отцу. Она создаёт в доме атмосферу мира, любви и покоя для мужа.

Верная помощница старается быть полезной и не тратит время праздно. ☺

Размышляя о *попечительстве дома*

Качества доброй помощницы

- Добрую помощницу можно найти дома.
- Она серьёзно относится к своим обязанностям.
- Она заботится о детях в безопасности своего дома.
- Хорошая помощница боится порицать или хулить Слово Божье. Она знает: что человек посеет, то и пожнёт.
- Верная помощница находится дома, охраняя своих детей как их земной ангел-хранитель.
- Хорошая помощница разумно распоряжается временем. Она создаёт в доме уютную атмосферу райского уголка.

Исследуй в Библии такие слова, как «порицание», «хула» и «богохульство». Очень страшно хулить или порицать Слово Божье! Ещё раз перечитай в Библии стихи с этими словами и попроси у Бога страха, чтобы не нарушать те восемь правил, данные молодым жёнам во 2 главе Послания к Титу.

Гостеприимство

Гостеприимство (страннолюбие) – это один из способов домохозяйки свидетельствовать окружающим. Несколько раз Слово Божье призывает нас быть страннолюбивыми. Перечитай эти места в Библии и старайся служить гостеприимством другим.

> **«Будьте страннолюбивы друг ко другу без ропота»** (1 Пет. 4:9).

Глава 21

7. Быть добрыми

«...чтобы вразумляли молодых [быть благоразумными], любить мужей, любить детей, быть целомудренными, чистыми, попечительными о доме, добрыми...» (Тит. 2:4-5)

Добрая жена: чистая, радостная, добродетельная, приносящая пользу, умелая, проворная, ласковая, доброжелательная, милосердная, трудолюбивая, покладистая, приятная, близкая по духу, честная, верная, человеколюбивая и мудрая.

Добро, как оно есть

Вот, как Джеймс Гамильтон описывает добро: «Добро – это любовь в действии, с рукой на плуге и тяжестью на плечах. Добро – это с любовью подать лекарство больному или еду голодному. Добро – это с любовью читать Библию слепому или разъяснять Евангелие заключённому. Добро – это с любовью учить в миссионерской поездке, воскресной или общеобразовательной школе. Везде и всегда всё делать с любовью, следуя по стопам Того, Кто (непрестанно) делал добро». Слова Гамильтона основаны на наставлении из Послания к Титу (3:14): **«Пусть и наши учатся упражняться в добрых делах, в удовлетворении необходимым нуждам, дабы не были бесплодны».** Человек узнаётся по делам.

Венец

> **«Добродетельная жена – венец для мужа; а позорная – как гниль в костях его»** (Прит. 12:4).

Добродетельная жена – это венец для мужа. С её помощью самый обыкновенный мужчина может превратиться в уважаемого человека, словно ему на голову возложили венец.

- Добрая жена может быть замужем за человеком, который немного ленив или мало зарабатывает. Однако она мудрая хозяйка и не тратит понапрасну время или семейные финансы на рестораны и дорогостоящие развлечения. Она попечительна о доме и поэтому умеет надолго растянуть скромные доходы семьи. В результате её муж выглядит более мудрым и состоятельным, чем на самом деле, а окружающие смотрят на него с уважением.
- Добрая жена может быть замужем за человеком, которому не хватает времени и терпения заниматься детьми. Однако она никогда не показывает своего неуважения к мужу, но учит детей быть послушными и изобретательными. Другие, глядя на таких воспитанных детей, предполагают, что у них, наверно, очень примерный отец.
- Добрая жена может быть замужем за человеком, который не является образцовым мужем и отцом. Может быть он эгоистичен, самолюбив и даже нечестен. Однако жена слушается и уважает его, и поэтому муж относится к ней с добротой и сердечностью. Люди смотрят на них и думают, что он примерный супруг, раз между ними такие хорошие отношения и у него такая хорошая жена. Вместе они выглядят счастливо.

Наверно, к этому моменту ты рассуждаешь так: «Почему я должна сама нести всё на своих плечах и переживать о том, чтобы ленивый и эгоистичный муж выглядел хорошо в глазах окружающих?» А почему бы и нет? Стараясь быть венцом для мужа, ты воспитываешь детей, которые однажды встанут и ублажат тебя. Где-то к подростковому возрасту дети поймут, что их отец заслуживает гораздо меньшего, но они всё равно будут уважать его, по примеру своей матери. **Стараясь быть венцом для мужа, ты завоёвываешь его любовь и признательность**, и поэтому супруг относится к тебе гораздо лучше, чем, если бы ты противилась ему. **Благоразумно** распоряжаясь скромным доходом мужа, **ты можешь создать в доме уютную обстановку для семьи. Выполняя именно то, что хочет от тебя Бог, ты приобретаешь для Него заблудшего супруга.** В своей роли помощницы, ты почитаешь Господа. В результате, люди, которые видят твою жизнь, сумеют однажды через тебя познать и истину.

Жена - обуза

«...а позорная – как гниль в костях его» (Прит. 12:4).

- **Жена-обуза** – это та, которая тратит скромный заработок мужа направо и налево **на земные сокровища**. К вечеру она обычно «сильно устала, чтобы готовить», или же хочет куда-то поехать поужинать, потому что «в доме нечего есть». В семье постоянно не хватает денег. Её муж кажется очень бедным, ведь жена тратит всё до копейки. Супруг очень легко впадает в уныние. Сколько бы денег он не зарабатывал, их никогда не хватает. Если и получается отложить немного сбережений, то жена сразу их тратит на новую мебель или на отпуск. Люди принимают её мужа за неудачника. Вместо венца, жена служит позором и гнилью в костях.
- **Жена-обуза** может быть замужем за человеком, который примерный семьянин и занимается воспитанием детей. Однако, пока муж на работе, дети зачастую остаются с приходящей няней, потому что **мама днём всегда в разъездах.** Жена не попечительна о доме, и тем самым порицает Слово Божье. В души её детей сеются нехорошие семена, которые позже придётся пожинать с горечью. Когда дети станут поступать «плохо», то люди скорее всего скажут: «Ну и ну! Наверняка, их отец где-то сделал промашку». Такая жена служит позором и огромным разочарованием для мужа. Обуза... обуза... обуза… тянет мужа назад всякий раз, когда он пытается сделать шаг вперёд.

- **Иногда жёна-обуза** может состоять в браке с честным и порядочным человеком. Но если эта женщина легкомысленно распоряжается чужим временем и средствами, то люди перестанут уважать не только жену, но и мужа. Обычно мужчину судят по поведению жены. Однако редко кто судит женщину по поведению её мужа. Супруг понимает, что происходит что-то не то, но безуспешно тратит свои силы на восстановление испорченной его женой репутации и разрушенных отношений. Он любит супругу, но та служит гнилью для его костей.

Добрая жена может исправить репутацию мужа, однако ни один хороший мужчина не сумеет покрыть собой недостатки жены. Он также не сумеет самостоятельно заработать хорошую репутацию для всей семьи. Насколько бы сильно он не старался вырваться вперёд человек, женатый на женщине-обузе, он обычно остаётся в жизни неудачником. Вначале у него ещё есть надежда, но со временем его кости начинает проедать гниль и надежда сменяется безысходностью.

Добродетельная жена узнаётся по делам.

Жена, которая еле вписывается в рамки

- «Да, я готовлю из полуфабрикатов. Может, они стоят дороже и не такие полезные, но зато мы питаемся дома, а не в ресторанах».
- «Я не уезжаю по делам и не оставляю своих детей под чужим присмотром. Я просто сажу их перед телевизором, пока читаю романы, вместо того, чтобы вкладывать свои силы в детей и учить их готовить еду или шить одежду для кукол». **«...отрок, оставленный в небрежении, делает стыд своей матери»** (Прит. 29:15).
- «Я всегда говорю только правду, и нечего обвинять меня за пустую болтовню по телефону или просиживание за компьютером».

Добрая жена разумна

Бог сказал в Притчах (19:14): **«...разумная жена – от Господа».**

> *Дорогая миссис Пёрл,*
>
> *Я устала и разочарована. Мне кажется, что муж не любит меня и не хочет заботиться о семье. Всё в нашем доме просто разваливается на части. Во дворе полно мусора, а раковина в кухне течёт так, что пол под ней постоянно мокрый. Муж всегда с удовольствием помогает всем, кто его об этом попросит, но никогда ничего не делает дома. Вчера вечером у нас был скандал из-за двери на улицу. На ней есть проволочная сетка для защиты от насекомых. И вот в этой сетке появилась большая дырка. Я просила мужа починить её ещё несколько месяцев назад, но он до сих пор ничего не сделал. А потом позвонила какая-то старушка и попросила помочь. Муж тут же подскочил и убежал помогать ей. Что с ним происходит? Почему он отодвигает семью на дальний план? Почему мы стоим у него на последнем месте? Что мне делать?*

Вика

Дорогая Вика,

Прежде, чем я отвечу на все твои вопросы, я бы хотела, чтобы ты сперва ответила на мои:

Проверка знаний

- Интересует ли тебя народная медицина?
- Задумывалась ли ты над тем, какие последствия бывают от детских прививок?
- Знаешь ли ты, из чего делают магазинные полуфабрикаты?
- Пугают ли тебя или навевают ли скуку финансовые и деловые вопросы?
- Знаешь ли ты, кто есть кто в Голливуде? А какое представление имеешь о том, кого заботит судьба твоих детей в этом мире?
- Любишь ли ты читать романы? Считаешь ли нудной нехудожественную литературу, которая научит тебе практическим навыкам?
- Проверяла ли ты когда-то масло в машине?
- Умеешь ли ты пользоваться молотком, отвёрткой, рулеткой и пилой?

Сумела ли ты ответить на эти вопросы? Может, ты недоумеваешь, какое отношение они имеют к твоему «ленивому» мужу? Гораздо большее, чем можешь себе представить!

Вика, ты спросила меня: «Что же мне делать?» Тебе надо сдвинуться с места и научиться делать кое-что самой. **Любая нормальная женщина может починить дверную сетку от насекомых.** Сантехника тоже не слишком сложная штука. Я сама лично чинила несколько лопнувших зимой труб и меняла, как минимум, два унитаза. В библиотеке можно найти хорошие книги, которые научат тебя этому делу. Если это может сделать мужчина, почему не может женщина? Для этого не требуется больших физических усилий. Ты должна быть попечительной о доме, не так ли? Разумеется, муж не должен отвечать за ваш двор. Встань с дивана, выйди с детьми на улицу и начните вместе наводить там порядок. Не поверишь, сколько пользы принесёт работа детям, а муж будет благодарен за то, что ты сама проявила инициативу.

Кроме того, ты упускаешь возможность научить детей полезному жизненному опыту, а так же сформировать их характер. Начни вместе с детьми выполнять дела по дому, объясняй им каждый шаг, давай им задания по силам. Радуйся, работая рядом с ними!

Мужчина проводит целый день на работе, а затем возвращается в грязный дом и запущенный двор, к протекающей раковине и ленивой недовольной жене. Он в смятении от того, как много работы предстоит ещё сделать по дому. Мужу приходится самому нести эту ношу на своих плечах. Ему кажется, что после свадьбы он превратился в раба. У него нет помощницы, которая вместе с ним разделяет труд по дому, а вместо неё недовольная и требовательная пиявка, которая высасывает из мужа последние соки. Поэтому, естественно, когда ему позвонит какая-то беспомощная старушка, он бросит все свои дела и убежит помогать ей. Та бабушка будет с благодарностью улыбаться и повторять, насколько признательна ему. Он почувствует себя мужчиной, когда поможет ей завести заглохшую машину и испытает чувство удовлетворения от успешно выполненной работы. Если бы муж остался дома чинить дырку в дверной сетке от насекомых, то раковина на кухне всё равно бы текла, а ты всё равно бы была недовольна.

Муж не сотворён твоей прислугой. Но ты сотворена его помощницей, поэтому займись делом. Научись быть полезной. Для себя я усвоила, что если работа мне не под силу, то хотя бы стараюсь начать её, и тогда муж, видя, что я влезла в это дело по уши и развезла на весь дом непосильную работу, приходит на выручку. Я не перестаю хвалить Майкла за догадливость, а он даже не подозревает, что это я сама умело втянула его в работу. (Прошу учесть, что мне приходится жертвовать очень многим, дабы поделиться этим советом, который прочитает и мой муж.)

- Деби

Добрая жена увенчана знанием

Добрая жена может дать семейному союзу очень многое. Мужчина становится более мудрым и успешным в своих начинаниях, если его супруга обладает огромным количеством знаний и информации, и, в добавок ко всему, трудолюбива. Бог говорит нам, что благоразумная жена от Него.

«Невежды получают в удел себе глупость, а благоразумные увенчаются знанием» (Прит. 14:18). Благоразумие – это возрастание в знании. Это желание научиться чему-то новому и старательно применить эти знания в жизнь, даже если тебе не сильно нравится подобное занятие.

Бог говорит о благоразумии в Притчах (18:15): **«Сердце разумного приобретает знание, и ухо мудрых ищет знания»**.

«Мудрый сердцем прозовется благоразумным, и сладкая речь прибавит к учению» (Прит. 16:21). Мне очень нравится выражение «мудрый сердцем». Мы уже говорили о мудрости и знаем, что началом мудрости служит страх пред Богом за свои поступки. Страх заставляет нас прислушиваться к словам Бога, зная, что Он не шутит в Своих благословениях или в Своих проклятиях.

Господу нравится, когда мы учимся. Он называет это благоразумием. Если мы учимся готовить недорогую, но полезную еду, то это тоже благоразумие, присущее *доброй жене*. Если мы прибегаем сперва к народной медицине для лечения своих детей, вместо того, чтобы сразу везти их в больницу (что означает высокие медицинские счета плюс дополнительный риск), то это тоже является благоразумием доброй жены.

Добрая жена - это разумная жена

Подумайте об этом:

- Разумная жена неглупая.
- Разумная жена неленивая.

- Разумная жена не тратит впустую время.
- Разумная жена всегда учится.

Мужчины ценят трудолюбивых женщин, которые всегда учатся чему-то новому. Ни один мужчина не желает связывать себя с медлительной и неумелой женой. Мне часто приходилось слышать, как мои взрослые сыновья рассуждали с друзьями о том, что они хотели бы видеть в своих будущих жёнах. Никто из них не хотел бы жениться на девушке с большими запросами. Ни один молодой человек не желает связывать жизнь с ленивой девушкой, которая живёт дома, как в гостях, и предпочитает питаться по ресторанам.

Все мужчины сходятся во мнении: **хорошая жена – это помощница, а не обуза.** Помощница работает, учится и помогает с повседневными житейскими обязанностями. Когда муж приходит домой с работы он должен видеть и чувствовать явное отличие именно своего дома, своих детей, своей еды и даже своего дохода, которые помогает созидать его верная помощница. Мужчина знает, что его жена трудится и старается. Она не домработница и кухарка, но настоящая хозяйка и хранительница домашнего очага.

Может, тебе приходилось слышать, как мужчины отзываются о ком-то: «У него хорошая жена». Если ты поинтересуешься, что же они подразумевают под словом «*хорошая*», то представители сильного пола, наверняка, опишут жену из 31 главы Притчей. Это стандарт для всех женщин, которые желают своей жизнью почитать Бога. Именно такой женой больше всего восхищаются мужчины.

Добрая жена добродетельна

31 глава Притчей – это воспоминания царя о том, чему научила его мать. Он называет мудростью «**наставление, которое преподала ему мать его**». Она советовала сыну остерегаться распутных женщин, предупреждала его об опасности употребления алкоголя, который может затмить разум царя. Она советовала заступаться за безгласных и защищать дела бедных и нищих. Ещё мать хотела, чтоб сын нашёл себе хорошую жену. Она начинает с того, что добродетельная жена – это редкость и большая драгоценность. Чтобы сын знал, что ему надо искать в женщине, мать подробно описывает, как добрая

жена проводит своё время и чем занимается. Звучит так, словно мать говорит своему сыну, который вскоре должен стать царём: «Ты узнаешь её, сын, по её ДЕЛАМ».

Добрая жена деятельна

Почти все ключевые слова в 31 главе Притчей описывают определённые **действия.** Она добывает хлеб свой, как купеческие корабли. Она охотно работает. Почти каждый стих описывает её повседневную работу и другие занятия. Никто, даже враги, не сумеют назвать эту женщину ленивой или нерадивой. Она прилежно выполняет свои обязанности, не зависимо от того, есть у неё настроение или нет. В результате, добрая жена славится делами.

Как Бог отличает *хорошую* жену от плохой? Нерадивый – это противоположное значение слова «прилежный». **«Нерадивый в работе своей – брат расточителю»** (Прит. 18:9). Расточитель – это постоянный неудачник. Нерадивая жена напрасно расточает время и, следовательно, не умеет хранить своих плодов. Она расточает не только своё личное время, но и время своих друзей. Ленивая жена откладывает дела на завтра. Бог решил включить в своё Слово характеристику добродетельной жены, чтобы мы сразу сумели узнать её при встрече. В библейском отрывке о доброй жене, которую Бог поставил превыше простой жены и определил ей цену выше драгоценностей, описывается прилежная **труженица.**

Добродетельная жена занимается производством. Она также умеет заключить деловые сделки, заработать деньги, сберечь и вложить их. Я восхищаюсь этой женщиной каждый раз, когда перечитываю её повседневную работу, и неоднократно задаю себе вопрос: «А что могу сделать я, чтобы стать ещё более полезной помощницей мужа?»

Добрая жена неглупа

Читая это, пожалуйста, не спеши, во имя доброй жены, заказывать акции на сто тысяч по интернету. Ты поступишь тогда, как глупая, а не мудрая и добродетельная жена. Не торопись в магазин покупать дорогую ткань, чтобы научиться шить, и не спеши покупать дорогой товар для перепродажи. Будь мудрой, благоразумной и сперва посоветуйся с мужем. Рассмотри всё в свете его желаний и ваших возможностей. Помнишь письмо от Вики? Она могла бы почистить свой двор, починить дырку в дверной сетке и подкрутить текущую трубу под раковиной. Ей бы это ничего не стоило, за исключением приложенных усилий. Поэтому советую начинать «быть добрыми» с тех вещей, которые менее блистательны, но более полезны.

Качества доброй жены

(Притчи 31 глава, 10-31 стихи)

10 стих

Добродетельная жена считается большой ценностью. На неё похожи немногие.

«Кто найдет добродетельную жену? цена её выше жемчугов…»

Ключевое слово: ***выше***

Редко встречающаяся, необыкновенная, замечательная, необычная, уникальная, драгоценная, бесподобная.

11 стих

Добрая жена честная, верная и чистая. Она ничего не делает и ничего не говорит за спиной мужа.

«…уверено в ней сердце мужа её, и он не останется без прибытка…»

Ключевое слово: ***уверено***

Заслуживающая доверия, благонадёжная, верная, честная, достойная

12 стих

Добрая жена заслуживает доверия. Она искренняя и мудрая. Добрая жена не взрывается в один день, а потом просит прощения в другой. Она верна мужу каждый день.

«…она воздаёт ему добром, а не злом, во все дни жизни своей…»

Ключевое слово: ***воздаёт***

Постоянная в своей любви, непоколебимая, твёрдая, верная, непрестанная, терпеливая, неизменная, преданная.

13 стих

Добрая жена желает и стремится работать. Она ИЩЕТ работу, которая принесёт пользу семье.

«Добывает шерсть и лён и с охотою работает своими руками…»

Ключевые слова: ***добывает, с охотою работает***

Производительная, трудолюбивая, расторопная, прилежная, терпеливая.

14 стих

Добрая жена благоразумна. Она умеет разумно тратить деньги.

«Она, как купеческие корабли, издалека добывает хлеб свой...»

Ключевое слово: ***добывает***

Бережливая, нерасточительная, умелый экономист и администратор.

15 стих

Добрая жена рано встаёт и служит другим.

«Она встаёт ещё ночью и раздаёт пищу в доме своём и урочное служанкам своим…»

Ключевые слова: ***встаёт, раздаёт***

Энергичная, инициативная.

16 стих

Добрая жена предприимчива. Она покупает земельную собственность, выращивает сельскохозяйственную продукцию и умножает свои капиталовложения. Добрая жена не боится работать своими руками.

«Задумает она о поле и приобретает его; от плодов рук своих насаждает виноградник…»

Ключевые слова: ***задумает, приобретает, насаждает***

Предприимчивая, изобретательная, смелая, но осторожная.

17 стих

Добрая жена работает физически, и поэтому она сильная.

«Препоясывает силою чресла свои и укрепляет мышцы свои...»

Ключевые слова: ***препоясывает, укрепляет***

Физически сильная, работящая.

18 стих

Добрая жена знает, что делает. Она получает прибыль от своих трудов и радуется успешно выполненным делам. На неё можно положиться.

«Она чувствует, что занятие её хорошо, и светильник её не гаснет и ночью...»

Ключевое слово: ***чувствует***

Она согласна работать долгие часы.

19 стих

Добрая жена согласна выполнять однообразную работу.

«Протягивает руки свои к прялке, и персты её берутся за веретено…»

Ключевые слова: ***протягивает, берутся***

Согласна выполнять монотонную работу.

20 стих

Добрая жена милосердна; она помогает нуждающимся.

«Длань свою она открывает бедному, и руку свою подаёт нуждающемуся...»

Ключевые слова: ***открывает, подаёт***

Сострадательная, милосердная, щедрая, отзывчивая к нуждам и страданиям других.

21 стих

Добрая жена уверено заботится о семье. Благодаря её стараниям и трудолюбию в доме есть всё необходимое. Она не готовит ужин в самый последний момент. Добрая жена планирует и готовит заранее.

«Не боится стужи для семьи своей, потому что вся семья её одета в двойные одежды...»

Ключевое слово: ***не боится***

Она делает необходимые приготовления на будущее.

22 стих

Добрая жена рукодельница. Она умеет делать прекрасные вещи для дома и одежду для себя.

«Она делает себе ковры; виссон и пурпур – одежда её…»

Ключевое слово: ***делает***

Занимается рукоделием и шитьём. Изготовляет красивую одежду.

23 стих

У мужа доброй жены хорошая репутация в обществе. Он занимает руководящие должности. Жена заботится о владениях мужа и тем самым оказывает ему почтение.

«Муж её известен у ворот, когда сидит со старейшинами земли…»

Ключевые слова: ***известен, сидит***

Поддержка жены помогла мужу оказаться на почётном месте.

24 стих

Добрая жена занимается торговлей. Она производит, продаёт и поставляет качественную продукцию.

«Она делает покрывала и продаёт и поясы доставляет купцам финикийским...»

Ключевые слова: ***делает, продаёт, доставляет***

Подготавливает товар, руководит производством товара и не перепоручает свои обязанности кому-то другому.

25 стих

Добрая жена известна за свою твёрдую и честную натуру. Её трудолюбие и примерное отношение к работе говорят сами за себя.

«Крепость и красота – одежда её, и весело смотрит она на будущее...»

Ключевые слова: ***весело смотрит***

Не падает духом и не отчаивается, стойкая, храбрая.

26 стих

Добрая жена приобретает знания. Своей мудростью она помогает другим. Добрая жена охотно, но ненавязчиво делится своими новоприобретёнными знаниями.

«Уста свои открывает с мудростью, и кроткое наставление на языке её...»

Ключевое слово: ***открывает***

Проницательная, внимательная, вежливая

27 стих

Добрая жена очень ответственно относится к своим обязанностям. Она не тратит напрасно своё или чужое время.

«Она наблюдает за хозяйством в доме своём и не ест хлеба праздности...»

Ключевые слова: ***наблюдает, не ест***

Обязательная, неленивая, на неё можно положиться.

28 стих

Добрую жену видно по тому, как относятся к ней дети и муж. Они высоко ценят её и радуются общению с ней.

«Встают дети и ублажают её – муж, и хвалит её…»

Ключевые слова: ***ублажают, хвалит***

Она пожинает добрые плоды.

29 стих

Бог показывает, что усердным трудом добродетельная жена заслужила своё положение. Её уважают, любят, ценят и ей дорожат.

«…много было жён добродетельных, но ты превзошла всех их…»

Ключевое слово: ***превзошла***

День за днём и год за годом добрая жена продолжала трудиться. Своими стараниями она заслужила называться самой лучшей. Добродетель означает «добро в действии». Она обладает силой изменять к лучшему окружающих.

30 стих

Добрая жена не переживает только о своём внешнем виде. Она богобоязненна. Добрая жена живёт каждый день, зная, что пожнёт то, что посеяла.

«Миловидность обманчива и красота суетна; но жена, боящаяся Господа, достойна хвалы...»

Ключевое слово: ***боящаяся***

Страх Господень есть начало мудрости.

31 стих

Добрая жена пожинает то, что посеет. Она собирает добрые плоды. Процветают её предприятия и начинания, в которые она вложила столько труда. Её рукоделие, одежда и товар известны за отличное качество. Добрая жена хорошо, эффективно и старательно управляет своим хозяйством. У неё примерные дети, которые ищут Бога. У её мужа большое сердце и есть время и возможность помогать другим людям, ведь у него такая верная помощница. Она пожинает множество добрых плодов.

«Дайте ей от плода рук её, и да прославят её у ворот дела её!»

Ключевые слова: ***дайте, прославят***

Достойная восхищения, заслужившая похвалу, уважаемая.

«Благонравная жена приобретает славу» (Прит. 11:16).

«Мудрая жена не ноет, не дуется и не жалуется. Она способная, незаменимая, благодарная и верная помощница».

Так какова же Божья оценка добродетельной жены?

Добродетельная жена – это трудолюбивая жена.

«Нерадивый в работе своей – брат расточителю» (Прит. 18:19).

Ленивый человек – это расточитель.

Размышляя о *доброте*

«Плод же духа: любовь, радость, мир, долготерпение, благость, милосердие, вера, кротость, воздержание. На таковых нет закона» (Гал. 5:22-23).

Милосердие – это плод Духа. Наше милосердие и доброта должны прежде всего распространяться на нашу семью.

Качества доброй помощницы

- Помощница **помогает**.
- Она всегда занята делом и служит другим.
- В первую очередь, помощница служит мужу, во вторую очередь, детям, потом всем остальным и, в последнюю очередь, себе.
- Она искренняя и доброжелательная.

«Она наблюдает за хозяйством в доме своём и не ест хлеба праздности» (Прит. 31:27).

Выработай в себе новую привычку

Старайся держать под рукой книги о здоровье, огороде, садоводстве, приготовлении пищи, воспитании детей и на другие полезные темы. За каждый час, что ты смотришь фильм или читаешь роман, попробуй проводить ещё один час за чтением полезной литературы. Ты не поверишь, как быстро тебе понравится «настоящее» чтение, вместо «так называемого».

Несколько советов помощнице

- Признавай свои ошибки.
- Будь позитивной.
- Прижимайся к мужу в постели.
- Соглашайся с ним.
- Ободряй мужа.
- Готовь ему завтрак.
- Делай мужу массаж.
- Почаще обнимай его.

- Уважай мужа.
- Смейся и шути вместе с ним.
- Знай нужды мужа.
- Умей выслушать его.
- Следи за домом.

- Никогда не ворчи.
- Открывай утром глаза с улыбкой на лице.
- Молись о муже.
- Не надоедай ему.
- Вместе с ним предавайся приятным воспоминаниям из жизни.
- Несколько раз в течение дня говори мужу: «Я люблю тебя».
- Доверяй ему и умей заслужить его доверие
- Согласись, что твоё глубокое почтение просто необходимо мужу.
- Беззащитность – это женская черта; вырабатывай её в себе.
- Подмигивай мужу.
- Проводи с ним время наедине.
- Старайся угодить мужу.
- Усердно окружай его любовью.

Глава 22

8. Быть покорными своим мужьям

«...чтобы вразумляли молодых [быть благоразумными], любить мужей, любить детей, быть целомудренными, чистыми, попечительными о доме, добрыми, покорными своим мужьям...» (Тит. 2:4-5)

Покорная: покладистая, послушная, готовая помогать, хранящая себя от запретного.

К настоящему моменту вы, наверняка, уже до конца понимаете, что подразумевает Писание, когда говорит старицам вразумлять молодых **«быть покорными своим мужьям, да не порицается слово Божие»**. Однако давайте ещё раз повторим эти места из Библии.

> **«Жене сказал: умножая умножу скорбь твою в беременности твоей; в болезни будешь рождать детей; и к мужу твоему влечение твоё, и он будет господствовать над тобою»** (Быт. 3:16).

В соответствии со Словом Божиим и независимо от понятий современного мира, в саму природу женщины заложен интерес и влечение к мужу, под господство которого она поставлена. В этом Божья воля, независимо от того, чему учат сегодня женщины-проповедницы или знатоки иврита и греческого языка.

«Хочу также, чтобы вы знали, что всякому мужу глава Христос, жене глава – муж, а Христу глава – Бог» (1 Кор. 11:3).

Ни одна культура не может противостоять этому повелению. Здесь ясно и понятно говорится, что мужское господство в сущности сводится к руководству над женщиной. Как Бог является главой Христа, а Христос главой мужа, так и муж является главой своей жены. Мой муж не теряет достоинства, подчиняясь Христу, как не теряю и я своего достоинства, подчиняясь мужу. И как мой муж чувствует себя уверенно и безопасно под охраной своей главы, точно так же и я чувствую себя под охраной мужа – моей Богом поставленной главы.

«Жёны, повинуйтесь своим мужьям, как Господу, потому что муж есть глава жены, как и Христос глава Церкви, и Он же Спаситель тела. Но как Церковь повинуется Христу, так и жёны своим мужьям во всём» (Еф. 5:22-24).

Здесь опять-таки уже во второй раз повелевается жёнам повиноваться мужьям, добровольно и с такой же любовью, как мы любим Христа и повинуемся Ему. Здесь говорится, что мы должны повиноваться мужу **«как Господу»**, словно мы повинуемся Самому Богу. Так как господство мужа надо мной определено Господом, то я, повинуясь своему мужу, признаю авторитет Бога в своей жизни и тем самым повинуюсь Самому Богу.

Нам так же говорится повиноваться **своим** мужьям. Я не должна повиноваться всем мужчинам в целом, но только своему мужу. Ни пастор, ни служитель не могут быть для меня главнее мужа. Мой муж является моей главой, точно так же, как и Христос является его главой.

Многие женщины пишут мне о том, что пастор учит их платить десятину, ходить в церковь, приводить детей в воскресную школу, на молодёжное и сотни других вещей, вопреки воли мужа. Пастор считает, что являясь главой поместной церкви, он тем самым располагает большими правами. Мой муж утверждает, что, если человек пытается установить свою религиозную власть над чужой семьёй, он является лжецом и обманщиком. Библия ясно говорит жёнам повиноваться только **своим** мужьям.

За два месяца до свадьбы наша старшая дочь задала отцу какой-то богословский вопрос. Не забывайте, что она закончила библейский колледж и провела три года на миссионерском служении в чужой стране. Но вместо того, чтобы ответить на её вопрос, что отец делал на протяжении предыдущих 26-ти лет, он сказал ей: «Я не могу сейчас разъяснять тебе богословские вопросы, ибо теперь ты должна понимать всё так, как и твой будущий муж. Он будет твоей главой, и ты будешь следовать за ним. Тебе пора привыкать к новой роли. Поэтому иди к нему и спроси, как он понимает этот вопрос».

Я не должна повиноваться всем мужчинам в целом, но только своему мужу. Ни пастор, ни служитель не могут быть для меня главнее мужа.

Вот, что значит «**выдавать** дочь замуж». Вы передаёте эстафету новому семейному союзу, который станет одной плотью.

«Так каждый из вас да любит свою жену, как самого себя; а жена да боится своего мужа» (Еф. 5:33).

Жена должна бояться своего мужа, как Богом поставленную над ней главу. В Первом послании Петра (3:6) говорится: **«Так Сарра повиновалась Аврааму, называя его господином»**. Если это является шоком для ваших твёрдых религиозных убеждений, то не удивляйтесь. Бог знал, что это может напугать нас, поэтому дальше Он и обращается к жёнам: **«Вы – дети её, если делаете добро и не смущаетесь ни от какого страха».** Не смущайтесь Господних повелений и не бойтесь повиноваться мужу так, как этого требует Бог.

«Жёны, <u>повинуйтесь мужьям своим</u>, как прилично в Господе» (Кол. 3:18).

Здесь говорится о том, что жена так должна повиноваться мужу, **словно она повинуется или прилично ведёт себя пред самим Господом.** Именно так и должны поступать жёны-христианки! Только подумайте об этом. Это повеление относится не только к определённой культуре того времени. Оно не устаревает! Повеление неизменно в Божьем определении брака здесь на земле. Именно так Сын повинуется Отцу.

«Также и вы, жёны, <u>повинуйтесь своим мужьям</u>, чтобы те из них, которые не покоряются слову, житиём жён своих без слова приобретаемы были» (1Пет. 3:1).

Здесь уже в третий раз говорится о том, что жёны должны повиноваться *своим* мужьям, но это ни в коем случае не подразумевает превосходство мужчин над женщинами в целом. Бог не ставит один пол выше другого. Но в супружеских отношениях женщина должна повиноваться именно своему мужу. В должности семейного руководителя она стоит на одну ступеньку ниже мужа.

В этом стихе затрагивается ещё один наболевший вопрос. А что, если мой муж не спасён и не считает Христа своей главой? Должна ли я повиноваться человеку, который не повинуется Христу? Читайте далее типичный пример из множества писем, которые мы обычно получаем.

Как приобрести заблудшего мужа

> *Уважаемые супруги Пёрл,*
>
> *Мой муж не спасён. Он переполнен злобой. Я потеряла всякую надежду на благополучный брак. Сумел ли кто-то когда-то выбраться из безысходной ситуации, в которой сейчас нахожусь я, и достичь благословенного брака? Может ли Бог по Своей любви и милости снизойти на моего заблудшего мужа Своей спасающей благодатью? Сколько мне ещё терпеть? Хочется верить, что есть надежда. Я хочу полностью доверять и повиноваться Богу, независимо от того, спасётся ли когда-то мой муж или нет. Но как приобрести супруга для Христа? Я молюсь и взываю к Господу, посещаю церковь и разбор Слова, жертвую и плачу десятину, но не вижу ни капли раскаяния в муже. Не хочу оставлять его. Я хочу любить, но мне так тяжело. Есть ли ещё надежда?*
>
> Эмма

Бог даёт нам надежду и план действий в Первом послании Петра, 3 главе

«Также и вы, жёны, повинуйтесь своим мужьям, чтобы те из них, которые не покоряются слову, житиём жён своих без слова приобретаемы были, когда увидят ваше чистое, богобоязненное житиё. Да будет украшением вашим не внешнее плетение волос, не золотые уборы или нарядность в одежде, но сокровенный сердца человек в нетленной красоте

кроткого и молчаливого духа, что драгоценно пред Богом. Так некогда и святые жёны, уповавшие на Бога, украшали себя, повинуясь своим мужьям. Так Сарра повиновалась Аврааму, называя его господином. Вы – дети её, если делаете добро и не смущаетесь ни от какого страха» (1 Пет. 3:1-6).

В этих шести стихах Бог раскрывает план действий для тех жён, которые желают приобрести для Христа своих заблудших мужей. Следующая история, частичное участие в которой принимала и я, показывает, как жена воплотила данный план Бога в жизнь и своим чистым богобоязненным житиём сумела приобрести заблудшего мужа без всякой проповеди Слова.

Моя подруга - королева

Когда я была ещё совсем молодой женой, у моей лучшей подруги был неспасённый муж. Она всегда напоминала мне королеву. В дополнение к её красоте, уму и самообладанию, в ней было какое-то неуловимое очарование. Моя подруга была дочкой пастора, воспитанной в очень религиозных и строгих правилах. Но в семнадцать лет она познакомилась с обаятельным молодым человеком, который проявил к ней больше, чем простой интерес. Девушка влюбилась в парня «с первого взгляда» и сбежала с ним. Молодые люди поженились. Вскоре жена поняла, что муж был работящим, *если* только у него была работа. Зато он обладал некоторыми вредными привычками: он курил, сквернословил, кричал, когда был не в настроении, и, в довершение ко всему, увлекался порнографией. Когда я познакомилась с молодой женщиной, она уже давно глубоко раскаялась в содеянном и пыталась всеми силами устроить этот несчастный брак. По милости Божьей и из страха пред Ним жена умела жить по 13 главе «любви» из Первого послания к коринфянам.

«Любовь долготерпит, милосердствует, любовь не завидует, любовь не превозносится, не гордится, не бесчинствует, не ищет своего, не раздражается, не мыслит зла, не радуется неправде, а сорадуется истине; всё покрывает, всему верит, всего надеется, всё переносит» (1 Кор. 13:4-7).

Когда муж вёл себя грубо или бесчувственно, жена не **превозносилась** пред ним в праведном гневе. Когда он ругался и злился на неё, молодая женщина в свою очередь оставалась **милосердной** и **терпеливой**. Жена

покрывала любовью беспутность мужа и **верила**, что он сумеет донести до дома зарплату, а не потратит её где-то по дороге. Чаще всего супруга **всё переносила** с надеждой и благодарением.

Когда подруга приходила ко мне за советом, то я силой преодолевала в себе отвращение к её мужу и показывала ей, что говорит об этом Библия (а не то, что думала по этому поводу я): **«Ты почитаешь Бога, когда почитаешь мужа».** Каждый день я становилась свидетелем духовной битвы, в которой Господь одерживал победу. Помимо увлечения порнографией, больше всего мою подругу отталкивала от мужа его нечистоплотность. Зачастую супруг требовал от молодой жены «вещи», которые вызывали в ней отвращение из-за того, что он долго не мылся. Мне становилось дурно, когда я представляла её в этой ужасной ситуации. Однако жена слушалась и выполняла требования мужа. Конечно же, она повторяла ему, как хорошо было бы им обоим, если бы он принял душ. Моя подруга верила в Первое послание Петра 3:1-2: **«Также и вы, жёны, повинуйтесь своим мужьям, чтобы те из них, которые <u>не покоряются слову</u>, житиём жён своих <u>без слова</u> приобретаемы были, когда увидят ваше чистое, богобоязненное житиё».**

Этого мужа возродило не посещение церкви и не молитвенное уединение с Богом. Но жена сумела приобрести его заботой и уважением.

Этого мужа возродило не посещение церкви и не молитвенное уединение с Богом. **Но жена сумела приобрести его заботой и уважением.** Молодая женщина никогда не стыдила и не попрекала супруга своей «религией». Она уважала мужа не потому, что была так воспитана. Каждый день был чудом для неё самой. Глядя на её жизнь, я утверждалась в вере. В шестидесятые годы мне довелось быть свидетелем того, как тысячи людей обретали спасение через «Движение за Иисуса». Я видела, как изгонялись бесы и как исцелялись больные страшными заболеваниями. Но видеть то, как эта восемнадцатилетняя беременная девочка ходит в полном послушании пред Богом, было для меня чудом из чудес.

Муж моей подруги работал на заводе в ночную смену. Его приятели были пьяницы и блудники. Однажды утром под конец смены каждый из них начал жаловаться на свою жену, какие они ленивые, безответственные, бессовестные, неверные, низкие, жалкие, неряшливые и некрасивые. Муж моей подруги, Джим, всё это время молчал. Наконец, один из приятелей спросил его о жене. Впервые в жизни Джим сравнил свою молодую спутницу жизни с жёнами дружков и понял, что ему надо благодарить Бога за такой дар. «О, я ничего не скажу вам о моей супруге, потому что вы мне всё равно не поверите, - ответил муж подруги, однако приятели настаивали, и Джим стал рассказывать. - Моя жена очень красивая, с прекрасными длинными золотистыми волосами. Она всегда мила, согласна сделать хоть что для меня и хорошо обо мне думает». Друзья стали смеяться над Джимом. Они решили, что это вымысел. А Джим, в свою очередь, продолжал: «Когда я прихожу утром домой, то жена уже привела себя в порядок и готовит мне на кухне завтрак. Она всегда встречает меня в дверях поцелуем». Так как все остальные уже рассказали о своих жёнах, которые по утрам спят и не готовят завтрака, то никто не хотел верить Джиму. После горячего спора, приправленного огромным количеством ругательств, муж подруги всё-таки не выдержал:

- Спорим, что я сейчас приведу вас домой, а моя жена с удовольствием накормит всех завтраком – и сделает это с улыбкой на лице.

- Не может быть, - ответили дружки.

После продолжительных споров Джим повёл всех пятерых приятелей домой, не предупредив об этом жену.

Моя подруга была в это время дома и ничего не подозревала о разразившемся на работе споре и о том, что достоинство её мужа оказалось под угрозой. Библия говорит: **«Добродетельная жена – венец для мужа своего; а позорная – как гниль в костях его»** (Прит. 12:4). Эта молоденькая жена могла сейчас стать венцом для мужа или же гнилью в его костях. Джим был недостойным человеком, однако знал жену и доверял ей. Она сумела завоевать его доверие.

«...уверено в ней сердце мужа её, и он не останется без прибытка…» (Прит. 31:11)

(Уверенно: заслуживающее доверия, благонадёжно, верно, честно, достойно.)

«…она воздаёт ему добром, а не злом, во все дни жизни своей…» (Прит. 31:12)

(Постоянна в своей любви, непоколебимая, твердая, верная, непрестанная, терпеливая, неизменная, преданная.)

В 6:30 утра жена встречала мужа в дверях. Её лицо выражало любовь.

Волосы были аккуратно причесаны. Она была одета в красивое платье. Подруга увидела, что, вместо одного пахнущего куревом мужчины, на пороге стояло шесть – и пятеро из них чувствовали себя смущённо и неловко. Жена была удивлена, но весело сказала: «О дорогой, я вижу, ты пригласил друзей к нам домой». Пред всеми этими мужчинами само её приветствие уже звучало большой победой и огромным уважением к Джиму, который завёл дружков в дом и очень грубо бросил в сторону: «Накорми-ка моих приятелей завтраком». Это было уже слишком, так как гости могли поглотить все её съестные запасы на неделю вперёд. Джим и так очень мало зарабатывал и легкомысленно тратил деньги. На семейные расходы жене оставались совсем копейки, но она пошла на кухню и стала про себя молиться: «Господь, ты знаешь, что мне сейчас надо накормить шесть мужчин. Пожалуйста, помоги мне». Жена пожарила весь бекон, все яйца и всю картошку, испекла целый противень булочек и ещё успела приготовить «молочную деревенскую подливу». Женщина постелила белоснежную скатерть и подала к столу весь недельный запас продуктов. Грязные мужчины сидели в оцепенении, пока моя подруга обслуживала их. Этот момент стал для Джима венценосным. Его дружки почувствовали, что между ними была большая разница. Жена Джима на самом деле уважала мужа. Он был *не* такой, как они. Мужчины поели, а затем поскорее встали из-за стола и друг за другом испарились. Наверно, они заметили, что хозяин так ни разу не поблагодарил свою улыбающуюся помощницу.

С тех пор Джим перестал быть одним из них. Друзья чувствовали, что он был немного умнее их и не так низко пал, как они. На следующий день на работе приятели Джима всё ещё оставались под впечатлением. Жена почитала мужа в самый ответственный для него момент – перед друзьями. Она почитала его, потому что верила Богу и слушалась Его, хотя муж не заслужил этого уважения. Молодая женщина заглушила в себе чувство обиды и отвращения. Она не думала о том, что муж использует её, но вела чистое житиё. Жена служила венцом для мужа.

Видите ли вы теперь, как чистое житиё приобретает мужа – любого мужа? Постепенно, через несколько лет муж стал относиться к жене с уважением. Её поведение заставило Джима увидеть себя в ином свете. Приятели были женаты на грязных, крикливых, гулящих и падших женщинах, но у Джима была жена наивысшего класса. Вскоре муж подруги стал смотреть на христиан, как на более достойных людей: добрых, терпеливых, жертвенных, честных и бережливых. Каким примером жена послужила для этого мира! Постепенно стало исчезать его резкое и грубое обращение с ней. Вместо этого в Джиме стали проскальзывать любовь и доброта, и не потому, что жена требовала этого, а потому что сумела приобрести мужа своим чистым богобоязненным житиём. Даже оставаясь неверующим, Джим стал дорожить супругой за доброту и милосердие. Жена думала о нём лучше, чем он думал о себе. Любовь побудила мужа стремиться стать именно тем человеком, каким видела его супруга. Мораль этой истории такова – в Первом послании Петра в 3 главе изложен реальный план действий. Обращаясь с мужем, как с королём, жена стала именно той королевой, которая приобрела его для Иисуса Христа. **«Благость Божия ведёт тебя к покаянию»**; а так же благость доброй жены.

Повиновение Богу - это та сила, которой жена может изменить мужа.

Прошли годы, и этот муж покаялся. Он принял Иисуса Христа своим Господом. Недавно мы гостили в этой семье, все их дети уже взрослые, а муж славит и благодарит Бога за Его благость и милость.

Благородство, достойное самой королевы

Моя подруга обращалась с мужем с благородством достойным самой королевы. Джим гордился её красотой, благоразумием и самообладанием. Для него было честью то, что такая женщина, как она, глубоко уважала такого мужчину, как он.

Мужчина изо всех сил будет противиться тем, кто стремится изменить его. Многие жёны тратят большую часть семейной жизни на споры, пытаясь переделать мужа. Это борьба желаний, которую ещё ни одна женщина не сумела выиграть. Ибо приобретая согласие мужа, она теряет его сердце, а он в свою очередь теряет чувство собственного достоинства.

Мы, женщины, склонны сводить всё к очень мелкому вопросу «кто прав, а кто виноват». Но Бог твёрдо подводит нас к более вескому аргументу: «Кого Я поставил главой, а кого Я поставил помощницей?» Если жена противится мужу или пытается переделать его, то он становится от этого ещё более упрямым, а сердце женщины переполняется горечью. Если же жена повинуется Богу, то мужчине не приходится ни с кем спорить, ругаться или воевать. Ему некому сопротивляться и некого переубеждать. Сила женщины заключается в повиновении Богу. Она повинуется Господу посредством покорности и уважения к мужу. Если жена отступает от Божьих правил, то обрекает и мужа, и себя на жизнь, полную страданий, горечи и обиды.

Я получаю множество писем от женщин, которые пишут что-то подобное: «Вы думаете, что правы, однако не все мужчины похожи на Вашего мужа». Нет, не все похожи на него, и Майкл тоже не всегда был таким. Сейчас он очень близок к совершенству, и я не имею в виду его физическое тело. Бог совершал в нём Свою работу на протяжении многих лет. Но если бы некоторые из вас были замужем за моим мужем сейчас, то вы всё равно писали бы мне письма, прося совета о том, как вам набраться терпения. Я очень полюбила медвежью натуру мужа: иногда это мягкий плюшевый медведь, иногда самый настоящий зверь, иногда он оказывает мне медвежьи услуги, но всё-равно всегда остаётся только моим медведем!

Мне часто приходится наблюдать, как женщины переживают очень тяжёлые времена, но в результате достигают благословенного брака. Они не вступают в брак с идеальными мужчинами, но Бог силен превратить обыкновенный брак в благословенный. Я знала одну молоденькую жену, у которой был настолько жестокий, агрессивный и упорствующий грешный муж, что она просила в церкви молиться так: «Господь, спаси его или забери от меня как можно скорее». Через две недели её муж был мёртв. Я не рекомендую такой способ молитвы, ибо если бы Бог поразил всех мужей, достойных смерти, то мы бы с вами, дорогие женщины, передрались бы из-за тех немногих, которые остались. К тому же, если бы Господь поступил справедливо и поразил всех жён достойных смерти, тогда бы..., а может, лучше всё-таки молиться о благе и милости для наших супругов.

> **Ты не должна становиться судьёй или совестью мужа, рассчитывая своим давлением привести его к покаянию.**

Как служить РАЗДРАЖИТЕЛЬНОМУ *мужу*

Если у мужчин что-то не получается, то они зачастую срываются в гневе. Они могут разозлиться из-за машины, испорченной бытовой техники или ребёнка, который слишком много говорит. Мужской тестостерон выходит из-под контроля. Обычно мужское раздражение вызвано какой-то ерундой, что уже является для нас, женщин, совершенно непонятным фактом. Жене обычно требуется веская причина, чтобы выйти из себя. Только представьте, какими непредсказуемыми могут быть мужчины, хотя сами же нас в этом обвиняют. Эмоции подталкивают слабый пол к сентиментальности. Мужчин же чувства подталкивают к агрессивности, иногда даже граничащей с применением физической силы. Было бы гораздо лучше, если бы вместо выплёскивания эмоций на нас, мужья умело применяли их для решения житейских проблем или давали им волю во время вечерних пробежек. Это грех, если у мужчин столько же самоконтроля, как у детсадовских малышей. Но это *их* грех, а не наш. Мы, женщины, бессильны изменить подобную тенденцию. Мужчина может получить полный самоконтроль только от Бога. Муж, живущий в Духе, будет таким же кротким, как и Христос. Но давайте посмотрим правде в глаза. Большинство семейных союзов заключается с мужчинами, не похожими на Христа, но похожими на сыновей Адама.

Вопрос заключается в том, как жёны должны правильно поступать в подобных ситуациях, чтобы продолжать созидать семейную жизнь и одновременно дать мужу возможность прислушаться к голосу Бога и изменить своё поведение? **Правило номер один**, которое превыше всего: ты не должна становиться судьёй или совестью мужа, рассчитывая своим давлением привести его к покаянию. Оказывая давление на супруга, жена получает обратный результат, который ещё более усугубляет решение вопроса. Муж инстинктивно начнёт защищаться и будет упорствовать, лишь бы дать отпор надоедливой женщине. Кроме того, ты будешь соперничать со Святым Духом, ведь, обличая мужа, ты берёшь на себя Его обязанности.

Самый верный способ найти общий язык с раздражительным мужем – это не принимать всё близко к сердцу. Не цепляй его. Единственное, к чему ты можешь побудить его, так это к любви и добрым делам. Обычно большинство жён знает, из-за чего именно срываются их мужья. Подожди, пока он остынет. Достаточно скоро ему станет стыдно. Конечно, подобная раздражительность неприятна, но это отличительная черта мужского характера, и мудрая жена всегда сумеет найти подход к мужу.

Мы здесь говорим о раздражительности, которая не вызвана проблемой личных отношений между мужем и женой. Супруга не должна воспринимать подобную резкость, как личное оскорбление, ведь своей неправильной реакцией жена может вызвать очередную вспышку гнева. В данном случае муж выходит из себя не из-за проблем в их личной жизни.

Другой вид гнева

Однако есть ещё другой вид гнева, который сильнее ранит человека. Он вызван горечью, исходит из глубины души и постоянно просачивается наружу. Помните, мы с вами говорили о том, что некоторые женщины регулярно практикуют своё недовольство (горечь) точно так же, как музыканты практикуют свою игру на пианино? Такие женщины постоянно давят на клавиши злобы и обиды, пока их душа не начинает автоматически реагировать подавленными чувствами. Обычно, этот вид горькой обиды редко встречается в людях, но в некоторых семьях он имеет место. Очень важно, чтобы жена умела правильно реагировать на подобный гнев мужа. Чтобы действовать верно в данной ситуации надо помнить о двух типах гнева: минутное раздражение, о котором мы говорили выше, или же более серьёзный гнев, вызванный болью души.

Зачастую жена сама является причиной горечи и недовольства мужа. Она обсуждает проблемы других семей, церкви или общины до тех пор, пока супруг не заведётся и не начнёт на всё злиться. Для обыкновенной болтливой жены это просто повод для разговора, но почему-то в её муже это вызывает злость. Супруг заводится, ситуация становится, мягко говоря, неприятной и выходит из-под контроля. Я пишу об этом, потому что обычно жена жалуется на раздражительного мужа в то время, как **сама своими словами подливает масло в огонь.**

Если супруг быстро обижается на соседей или на людей из церкви, или же если он думает, что все против него сговорились или отзываются плохо о нём за спиной, то, наверняка, его гнев вызван горечью. Тебе необходимо с самого начала вникнуть в причину его раздражительности, может, она кроется в тебе. Только тогда ты сумеешь помочь ему трезво мыслить и тем самым потушить нарастающий пожар.

Как только ты осознаешь, какое отношение имеешь к гневу мужа посредством своих слов и поведения, то должна будешь кое-что изменить в себе, чтобы помочь ему успокоиться и больше не раздражаться. Научись думать и говорить хорошо о других. Ищи хорошее в людях. Перепиши себе на листочек Послание к филиппийцам (4:8) и положи или повесь его там, где сможешь чаще его перечитывать.

«Наконец, братия мои, что только истинно, что честно, что справедливо, что чисто, что любезно, что достославно, что только добродетель и похвала, о том помышляйте».

Не перебирай в уме чужие недостатки. Любовь **«не мыслит зла»** (1 Кор. 13:5). Помнишь 40 000 мыслей в день? Не думай плохо о других, не суди и не критикуй других. Никогда не отзывайся оскорбительно об окружающих в присутствии мужа. Он может из-за этого вспыхнуть и разозлиться на других, или на тебя, или на детей. Это разрушит мир в вашем доме и семье.

Никогда не реагируй критикой, если муж в очередной раз перессказывает, как кто-то там о тебе отозвался. Даже если он сам начинает раздражаться, то ты должна оставаться спокойной и объективной. Помоги мужу увидеть хорошую сторону вопроса. Не читай ему нотаций. Просто на своём примере покажи ему, как можно спокойно реагировать и уметь прощать.

Не путай сочувствие с поддержкой. Если ты сожелеешь о том, что его обидели и начинаешь сочувствовать, то только подливаешь масло в огонь его разбушевавшихся эмоций. Я наблюдала за ненормальными отношениями в некоторых семейных парах. Они оба считают себя жертвами несправедливых гонений, радуются тому, что их отвергает общество, и сближаются друг с другом в своей горечи и обиде. Такие семейные пары изолируют себя от этого мира, а потом начинают друг друга подозревать и скандалить до полного изнеможения.

Практически в каждой церкви есть супружеские пары, которые периодически выходят из членов только потому, что жена сумела накрутить мужа из-за каких-то мелочей. Тот начинает горячиться, и они праведно покидают «этих лицемеров», потому что недовольны пастором, или его детьми, или тем, что сказала жена дьякона. Супруга бежит докладывать мужу любую сплетню (и вымышленную, и правдивую), которую услышала в церкви. Такая женщина иногда сокрушается, что «никто не поздоровался с нами в воскресенье», или «когда я лежала в больнице никто не попроведовал меня», или «те-то и те-то в церкви не любят нас (или наших детей)». Муж уже настолько раздражён, что соглашается на всё, лишь бы его оставили в покое.

Этот путь ведёт к потере детей. Со временем жена превращается в мученицу и приглушённым тоном говорит о том, как ей приходится страдать от мужа. Она противится его «воспитанию» детей и защищает их от гнева отца. Дети вырастают озлобленными и покидают церковь. Жена спешит на сестринские общения и просит молиться за мужа. Там все считают, что ей приходится претерпевать очень многое. Женщина захлебнулась жалостью к самой себе и упивается этим ненормальным состоянием.

Не путай сочувствие с поддержкой.

Жена имеет значение

Когда-то я знала одного молодого человека, который был очень уважаем в нашей общине, сильный лидер в церкви и семье. Его молодая жена умерла, и он остался с маленькими детьми. Со временем мужчина повторно женился на одной приятной сестре, которая была вдовой. Они производили впечатление счастливой пары. Но вскоре муж превратился в нерешительного и замкнутого человека, часто принимал оборонительне позиции и обижался, даже когда никто не пытался обидеть его. Куда-то исчезла былая твёрдость. Он уже не был лидером, вместе с детьми стал больше отдаляться от окружающих и со временем отошёл от церкви, хотя и сохранил веру. Этот человек стал считать себя праведнее всех окружающих. Но больше всего меня поразило в нём то, насколько заметно изменились его осанка и походка. Во время первого брака у мужчины была уверенная походка, я бы даже сказала, почти надменная. Но, когда он женился во второй раз, походка стала нерешительной. У него опустились плечи, мужчина выглядел неуверенным в себе и стал очень отчуждённым. С первой женой он был ответственным и всегда приходил пораньше на собрание; со второй же супругой стал приходить позже и уходить раньше.

Поддержка в отличии от сочувствия

Так может ли женщина оказывать такое влияние на мужа? На мой взгляд, обе его жены были замечательными. Но было очевидно, что первая жена была для него *поддержкой.* Могу себе представить, как она говорила ему в трудные минуты, когда его обижали и он готов был упасть: «Вставай, ты справишься с этим. Не важно, что они там о тебе говорят. Ты же мужчина». Вторая жена была нежной, любящей, робкой и сочувствующей. Наверно, она ему отвечала: «Дорогой, ты же знаешь, что я люблю тебя.

Мне жаль, что эти ужасные люди так плохо с тобой обращаются. Давай, я тебя пожалею. Мне так хочется, чтоб ты был счастлив».

Мне это напоминает Ахава, когда он расстроился из-за того, что не смог получить понравившийся виноградник. Он лёг на постель и отвернулся лицом к стене. **Иезавель тоже была преисполнена сочувствия.** Вторая жена из вышеприведённого примера желала мужу только добра. Она испытывала утешение и удовлетворение, когда жалела мужа, и обращалась с ним, как с малым ребёнком. Они стали жалеть друг друга и изолировали себя от этого жестокого мира. Супруг перестал быть «мужчиной». Это наглядный пример того, как жена может стать ошибочной помощницей мужа.

Если ты видишь, что муж всё больше обижается на людей или начинает их в чём-то подозревать, то ***никогда*** не потокай ему и не сокрушайся о его обидах. Живи 8-м стихом из 4-ой главы Послания к филиппийцам. И помни, что говорит Первое послание Петра 3 глава – мы можем приобрести мужей своим чистым житиём. Оно принесёт больше пользы, чем пустое сочувствие.

Есть ли ещё надежда?

Надежда есть. Мы надеемся на Слово Божие, даже когда все обстоятельства складываются против нас.

Когда-то мне рассказывали историю о примерной верующей сестре по имени Тереза. Она была замужем за безбожным уголовником и наркоманом, который продавал героин. Её церковь постоянно молилась о нём, но безрезультатно. В результате мужа Терезы поймали за преступления и посадили на много лет за решётку. В этой же церкви был замечательный верующий брат, у которого была неверующая жена. Она совершенно не интересовалась мужем. Когда супруга Терезы посадили, то брату Бену посоветовали развестись с женой и жениться не Терезе, которой верующий брат восхищался уже многие годы. Бен последовал совету, и в церкви сыграли счастливую свадьбу.

Женщина, которая рассказывала мне эту историю, периодически останавливалась и восклицала: «Только посмотрите, как чудно всё устроил Господь!» У меня же разрывалось сердце. Я попросила рассказчицу прекратить порицать имя Бога. Люди видят только то, что происходит сейчас рядом; мы хотим быть счастливы сегодня. Но Бог смотрит на всё иначе, поэтому Он и дал нам Своё Слово, чтобы оно освещало нам путь в темноте.

Я знала, что вся эта запутанная история бесчестила имя Бога. Если бы примерная прекрасная Тереза по-настоящему верила Богу и желала бы страдать во имя Его здесь, на земле, то она посещала бы неверующего мужа в тюрьме, приносила бы ему книги и кассеты и приводила бы туда детей повидаться с папой. Со временем муж стал бы дорожить верной женой и семьёй. Он понял бы, что только живой Бог мог дать его жене силы любить такого падшего и жалкого грешника, которым он на самом деле являлся. Жалкий наркоман отдал бы тогда своё сердце Господу. Кто знает, сколько бы заключённых в той тюрьме услышали бы историю о нашем Спасителе, который оставил славу небес, чтобы спасти их от греха; и всё благодаря маленькой женщине, которая жила для Иисуса? Она почитала и уважала грешного человека, который был её мужем. Он был её надеждой, а она его. Если бы только мудрые люди сумели вовремя наставить Терезу и показать ей чудо, которое Бог мог бы совершить в её жизни.

> **«А вступившим в брак не я повелеваю, а Господь: жене не разводиться с мужем, – если же разведётся, то должна оставаться безбрачною, или примириться с мужем своим, – и мужу не оставлять жены своей. Прочим же я говорю, а не Господь: если какой брат имеет жену неверующую, и она согласна жить с ним, то он не должен оставлять её; и жена, которая имеет мужа неверующего, и он согласен жить с нею, не должна оставлять его. Ибо неверующий муж освящается женою верующею, и жена неверующая освящается мужем верующим. Иначе дети ваши были бы нечисты, а теперь святы. Если же неверующий хочет развестись, пусть разводится; брат или сестра в таких случаях не связаны; к миру призвал нас Господь. Почему ты знаешь, жена, не спасёшь ли мужа? Или ты, муж, почему знаешь, не спасёшь ли жены?»** (1 Кор. 7:10-16)

Есть ли ещё надежда? Да, есть! Это не всегда та надежда, которую мы себе представляем. Бог дал нам план, в соответствии с которым Он может изменить сердце любого мужа через уважение и послушание жены. Писание говорит, что есть что-то более важное для Бога, чем наше земное счастье, – это наша святость. Бог всё равно требует от нас послушания независимо от того, как нам больно, увидим ли мы результаты или нет, и будет ли муж спасён или нет. Послушание является нашим служением Ему.

> **«Вот, око Господне над боящимися Его и уповающими на милость Его»** (Пс. 32:18).

Три самых распространённых вопроса

(повторный брак, противозачаточные средства и покрытие головы)

1. Но я уже повторно замужем

Уважаемые мистер и миссис Пёрл,

Тяжело осознавать, что ты упустил Божью волю в своей жизни. Я желаю жить по Слову Божьему и заручившись поддержкой церкви согласна положить жизнь свою за Христа.

Мой первый муж бросил меня ради другой. Он подал на развод (сама бы я этого никогда не сделала) и согласился оставить мне всё, включая детей, если не буду требовать алименты. В противном случае муж обещал отсудить детей. Я отпустила его в надежде сохранить детей. Он не был христианином и вёл очень эгоистичный и самолюбивый образ жизни. Двум совершенно разным людям тяжело состоять вместе в браке. Мужа не интересовала церковь или чтение Библии. Он оказывал плохое влияние на детей. Я ничуть не сожалею о нём.

Спустя три года я познакомилась с Фредом и вышла за него замуж. Мы оба были разведённые, и у нас обоих были дети. За последние 12 лет у нас были свои взлёты и падения. Я стала чувтвовать: что-то не так с нашим брачным союзом - и попросила у мужа время дать мне об этом подумать. Наша сексуальная жизнь казалась мне неправильной, и мне не хотелось оскорблять Бога. Господь привёл меня к женщине, которая посещала очень консервативную церковь, куда надо было добираться около часа. Я попросила Фреда съездить туда на служение, но он не захотел оставлять нашу церковь и ездить так далеко «только ради церкви». Я отправилась туда сама и, наконец-то, поняла, что Бог пытался мне сказать: мы с Фредом не состоим пред Ним в законном браке. Мне просто страшно думать обо всех тех годах, что я жила в прелюбодеянии. Господи, прости меня! В общем, я сказала мужу о своих чувствах и переселилась от него в другую комнату.

На данный момент у меня нет ни своего дома, ни дохода, за исключением того дома, где живу с Фредом. Я не могу жить вместе с ним как жена, но он говорит: «Вернись ко мне или собирай чемоданы». Продолжаю молиться, но Бог не отвечает мне. Я только хочу быть чистой невестой Христа. Вечная жизнь важнее для меня, чем земная. Что мне делать?

Анна

Дорогая Анна,

Вы пишите, что первый муж был неверующим и сам оставил Вас. Бог говорит нам: **«Если же неверующий хочет развестись, пусть разводится; брат или сестра в таких случаях не связаны; к миру призвал нас Господь»** (1 Кор. 7:15).

Вы так же упомянули, что Ваш первый муж женился ещё раз, т.е. связал себя с другой. Матфей говорит об этом в двух разных местах:

> **«А Я говорю вам: кто разводится с женою своею, кроме вины прелюбодеяния, тот подает ей повод прелюбодействовать; и кто женится на разведённой, тот прелюбодействует»** (Мат. 5:32).
> **«но Я говорю вам: кто разведётся с женою своею не за прелюбодеяние и женится на другой, тот прелюбодействует; и женившийся на разведённой прелюбодействует»** (Мат. 19:9).
> **«Или не знаете, что совокупляющийся с блудницею становится одно тело с нею? ибо сказано: два будут одна плоть»** (1 Кор. 6:16).

Вы сомневаетесь, что Ваш брак с Фредом является «настоящим»? Иисус дал нам ясный пример того, что Он считает «настоящим браком», когда разговаривал с женщиной у колодца.

> **«Там был колодезь Иаковлев. Иисус, утрудившись от пути, сел у колодезя. Было около шестого часа. Приходит женщина из Самарии почерпнуть воды. Иисус говорит ей: дай Мне пить. Ибо ученики Его отлучились в город купить пищи. Женщина Самарянская говорит Ему: как ты, будучи Иудей, просишь пить у меня, Самарянки? ибо Иудеи с Самарянами не сообщаются. Иисус сказал ей в ответ: если бы ты знала дар Божий и Кто говорит тебе: дай Мне пить, то ты сама просила бы у Него, и**

Он дал бы тебе воду живую. Женщина говорит Ему: господин! тебе и почерпнуть нечем, а колодезь глубок; откуда же у тебя вода живая? Неужели ты больше отца нашего Иакова, который дал нам этот колодезь и сам из него пил, и дети его, и скот его? Иисус сказал ей в ответ: всякий, пьющий воду сию, возжаждет опять, а кто будет пить воду, которую Я дам ему, тот не будет жаждать вовек; но вода, которую Я дам ему, сделается в нём источником воды, текущей в жизнь вечную. Женщина говорит Ему: господин! дай мне этой воды, чтобы мне не иметь жажды и не приходить сюда черпать. Иисус говорит ей: пойди, позови мужа твоего и приди сюда. Женщина сказала в ответ: у меня нет мужа. Иисус говорит ей: правду ты сказала, что у тебя нет мужа, ибо у тебя было пять мужей, и тот, которого ныне имеешь, не муж тебе; это справедливо ты сказала» (Иоан. 4:6-18).

Иисус показывает явное отличие между просто сожителем и мужем. Иисус признаёт законный брачный союз. Он признал пять предыдущих законных мужей этой женщины. Почему же Вы думаете, что Господь не признает Ваш законный брачный союз с Фредом?

Даже если Вы найдёте убедительную причину вернуться к Вашему первому мужу, то прочитайте Второзаконие:

«Если кто возьмёт жену и сделается её мужем, и она не найдёт благоволения в глазах его, потому что он находит в ней что-нибудь противное, и напишет ей разводное письмо, и даст ей в руки, и отпустит её из дома своего, и она выйдет из дома его, пойдёт, и выйдет за другого мужа, но и сей последний муж возненавидит её и напишет ей разводное письмо, и даст ей в руки, и отпустит её из дома своего, или умрет сей последний муж её, взявший её себе в жену, – то не может первый её муж, отпустивший её, опять взять её себе в жену, после того как она осквернена, ибо сиё есть мерзость пред Господом, и не порочь земли, которую Господь Бог твой даёт тебе в удел» (Втор. 24:1-4).

Мерзость – это очень сильное слово, которое описывает самые ужасные грехи. Писание поясняет нам, что является мерзостью для Господа, что отвратительно Ему и чего Он гнушается. Вот некоторые примеры: колдовство, принесение детей в жертву на огне, содомия, служение чужим богам и **возвращение разведённой жены к первому мужу.** Некоторые из вас скажут, что всё это места из Ветхого Завета; Новый Завет не говорит нам об этом и, следовательно, это не относится к нашему времени. Не думаете ли вы, что что-то может казаться Богу мерзким, гнусным и отвратительным в прошлом, но через какое-то время Он может изменить Своё мнение об этом? Я так не думаю!

«Иисус Христос вчера и сегодня и во веки Тот же» (Евр. 13:8).

Подводя итоги

В Первом послании к коринфянам, 7 главе, говорится о браке и разводе. И в заключении написано следующее:

«Соединён ли ты с женой? не ищи развода. Остался ли без жены? не ищи жены» (1 Кор. 7:27).

«Каждый оставайся в том звании, в котором призван» (1 Кор. 7:20).

2. Муж сказал мне пользоваться противозачаточными средствами

Уважаемые мистер и миссис Пёрл,

Наша семья в безвыходном положении. Но, не взирая на множество разных советов, я твёрдо верю в Божьи обетования, хотя этого, кажется, недостаточно. У меня шесть детей, и я жду ещё одного. Мой муж сказал мне, что если ещё раз забеременею, то он бросит меня, и я больше никогда его не увижу. Думаю, он поступил так, как и обещал. Мы не слышали о нём вот уже три месяца. Муж оставил нас без всяких средств к существованию.

Вчера вечером моих двух старших сыновей поймали в магазине, когда они пытались своровать нехорошие журналы. Им всего 10 и 11 лет! Это уже не первое их столкновение с законом. В дело вмешались органы социальной опёки, и соседи начали жаловаться на то, что другие мои дети бегают по улице без присмотра. Это потому, что у нас домашнее обучение. Мне кажется, что дьявол не успокоится, пока не похитит моих детей!

Когда мы поженились, я была очень хорошего мнения о муже. Он много работал, посещал церковь и пел в хоре. Я выходила замуж за человека, которого одобрили родители. С самого начала муж сказал мне, что хочет не больше двух детей. Он не самый терпеливый человек. Его раздражает шум и беспорядок. Я соглашалась с мужем, пока не услышала нежный голос от Господа о том, насколько маленькие дети драгоценны для Него, и узнала, что многие так называемые противозачаточные средства вызывают смерть в утробе матери, и поэтому перестала ими пользоваться! Я умоляла мужа прислушаться к голосу Бога и принять Его награду, но с каждым ребёнком супруг становился всё более отдалённым и отчуждённым. Он стал избегать интимных отношений со мной. Это длилось на протяжении нескольких месяцев. Мне кажется, что муж просто не хотел ещё одного ребёнка! Как может человек, считающий себя спасённым, оставить свою собственную семью? Я люблю всех своих дорогих детей и искренне надеюсь, что муж раскается в содеянном.

Мне нужна помощь. У меня нет никакого дохода за исключением пособий от государства. Никто не может позаботиться обо мне и моих дорогих детях. Что теперь делать? Почему Бог отступил от нас? Я всегда желала повиноваться Ему. Пожалуйста, молитесь о нас. Может, вы сможете помочь нам советом? Может, знаете, куда мне лучше обратиться с детьми? Буду очень ждать вашего ответа.

Диана

Вопрос противозачаточных средств

Бог говорит нам в Первом послании к Тимофею (5:14): **«Итак, я желаю, чтобы молодые вдовы вступали в брак, рождали детей, управляли домом и не подавали противнику никакого повода к злоречию».**[1] Совершенно ясно, что Божья воля состоит в том, чтобы молодые женщины вступали в брак и рождали детей. Для нас с мужем нет ничего дороже, чем пятеро наших детей. У них у всех уже свои семьи и дети. Моё сердце переполняется умилением и радостью, когда слышу топот детских ножек по дому и следующее за этим громкое восклицание: «Большой дедушка... бабушка Пёрл». Я с удовольствием наблюдаю, как мои дети старательно учат своих детей радостно слушаться родителей, и просто таю от удовольствия когда мои дети дают мне подержать

1 В английском переводе Библии короля Иакова выражение «молодые вдовы» дословно переводится, как «молодые женщины». – Прим. переводчика.

новорожденного малыша, а их глаза при этом светятся счастьем. Бог говорит нам в Третьем послании Иоанна (1:4): **«Для меня нет большей радости, как слышать, что дети мои ходят в истине».** Надеюсь, что у всех моих детей будут дома, полные ребятишек. Мой муж говорит: «Я хотел бы подержать сорок внуков на своих коленях, прежде чем превращусь в вспоминание на фотографии в дешёвом альбоме».

Если жена (как и Ева) посредством своих возвышенных взглядов не повинуется мужу, то она порицает (хулит) Слово Божье.

Мы заметили, что в больших семьях дети вырастают эмоционально устойчивее и менее эгоистичные. У них больше шансов вырасти в уравновешенных и заслуживающих доверия молодых людей. Самые эгоистичные люди, которых я когда-либо встречала, были единственными в семье или же самыми младшими, родившимися лет через десять после своих братьев и сестёр и практически выросшими, как единственные.

Знаю, что с рождением и воспитанием каждого ребёнка я сама возрастала, как личность. Ответственность за воспитание ребёнка, уход за ним, молитва и переживания о нём превращают молодых родителей в более зрелых людей. Обычно, без детей молоденькие жёны не торопятся взрослеть и мало думают о других.

Супруги не всегда сходятся во взглядах о размере семьи. Иногда, как и в вышеприведённом письме, мужья не хотят иметь много детей. Но жена стоит на своём и принимает за недоверие Богу противозачаточные методы (не вызывающие смерть зародыша в утробе) или аккуратное планирование семьи по мере возрастания мужа в вере. Когда Ева согрешила, то Бог наказал её скорбями в беременности – чаще и больше детей – с некоторыми сопутствующими выкидышами. **«Жене сказал: <u>умножая умножу</u> скорбь твою <u>в беременности</u> твоей»** (Быт. 3:16).

Диана не захотела повиноваться мужу и, в данном вопросе, взяла на себя роль главы семьи. Если жена (как Ева) посредством своих возвышенных взглядов не повинуется мужу, то **она порицает** (хулит) **Слово Божье**. В Писании нет определённой заповеди о размере семьи. Там говорится, что блажен «человек», который наполнил детьми свой колчан. Бог ясно даёт нам понять, что человек (т.е. мужчина) является главой и **жена должна повиноваться мужу.**

Даже не знаю, что посоветовать Диане, которую муж бросил самостоятельно воспитывать их переполненный колчан. Где найти пребежище всем семьям, которые распались из-за этого вопроса? Судя по письмам, которые мы получаем, таких семей очень много. Единственное, что я могу сказать, так это то, что Бог не отступил от Дианы. **Она сама отступила от Бога, от Его Слова и Его ясного определения для жён.** Вот, что получается, когда порицается Слово Божье.

Бывают случаи, когда жена не хочет иметь много детей. Обычно она переживает о своём здоровье. Этот вопрос сильно раздувается в женском воображении, но является мелочью по сравнению с вечностью. В любом случае ответ остаётся тем же. Муж остаётся главой. Он принимает решения, жена может высказать на этот счёт своё мнение (не надоедая при этом супругу). Жена отвечает пред Богом за свою готовность повиноваться мужу; мужчина же несёт гораздо большую ответственность. Он будет отвечать пред Господом за то, как он руководил своей семьёй и какие решения принимал. Радуйся, что тебе досталась роль жены с очень ясными и чёткими повелениями.

3. А как насчёт покрытия головы?

Уважаемые мистер и миссис Пёрл,

Пожалуйста, разъясните мне, что подразумевает Писание, когда говорит о том, что женщина должна покрывать голову. Мне подруга дала почитать брошюру «Должна ли она покрываться». Бог побудил эту женщину покрывать голову. Подруга решила поделиться со мной своей радостью. Муж считает это глупостью и даже отказывается обсуждать этот вопрос. Супруг говорит, что могу поступать, как хочу, но если бы я хотела угодить ему, то сняла бы эту «странную тряпку» с головы. Зная, что я читаю вашу литературу по воспитанию детей, муж попросил меня написать вам. Он знает, что вы учите, чтобы жена повиновалась мужу, и уверен, что встанете на его сторону в этом вопросе. Вот я и пишу. Меня интересует, почему некоторые женщины на фотографиях в вашем журнале «Нет большей

радости» покрывают свою голову, а некоторые нет. Придерживаетесь ли вы своих убеждений или нет? Если да, то каких?
Дарлин

Дорогая Дарлин,

Причина по которой некоторые женщины в наших журналах покрывают голову, а некоторые нет, кроется в том, что церковь не является главой жены. Её глава – муж. Если супруг считает, что жена должна дополнительно покрывать голову, то она так и должна поступать. Но если он так не считает, то жена и не должна покрывать голову. Решение за мужем, а не за церковью или женой. Слово Божье ясно говорит, что в церкви **«мы не имеем такого обычая»** (1 Кор. 11:6).

Наверняка Вы ссылаетесь на Первое послание к коринфянам (11:2-16). Читая этот отрывок, обратите внимание, что вопрос состоит в духовном порядке подчинения, который называется *преданием*. Бог говорит «держитесь предания». Это место Писания поясняет два вопроса: покрытие головы – это обычай, которого не имела церковь, а руководство мужа над женой – это предание, которое Бог повелевает нам выполнять.

> **«Хвалю вас, братия, что вы всё моё помните и держите предания так, как я передал вам. Хочу также, чтобы вы знали, что всякому мужу глава Христос, жене глава – муж, а Христу глава – Бог»** (1 Кор. 11:2-3).

Стихи 2 и 3 приступают к рассмотрению вопроса. Вопрос состоит не в покрытии головы, которое 16 стих называет обычаем. Вопрос состоит в порядке подчинения. У жены есть глава – это её муж. У мужа есть глава – это Христос. У Христа есть глава – это Бог. Бог изначально предопределил этот порядок. Подобная схема руководства называется преданием, которое Бог и повелевает нам соблюдать.

> **4 Всякий муж, молящийся или пророчествующий с покрытою головою, постыжает свою голову.**

Мужчина постыжает Христа (свою главу), когда молится с покрытой головой.

> **5 И всякая жена, молящаяся или пророчествующая с открытою головою, постыжает свою голову, ибо это то же, как если бы она была обритая.**
> **6 Ибо если жена не хочет покрываться, то пусть и стрижётся; а если жене стыдно быть остриженной или обритой, пусть покрывается.**

Женщина постыжает своего мужа (свою главу), когда молится с непокрытой головой. Для женщины является стыдом (позором) бритая или коротко остриженная голова. Поэтому она должна её покрывать.

7 Итак, муж не должен покрывать голову, потому что он есть образ и слава Божия; а жена есть слава мужа.

Стихи 7, 8 и 9 ещё раз поясняют порядок подчинения. Бог сотворил Адама из праха земного по Своему (Божьему) образу. Господь говорит, что Он сотворил Адама похожим на Себя и для СЕБЯ. Первый человек был сотворён для славы Божьей. Господь сотворил человека подобного Себе – он радуется тому же, чему и Бог. 7-ой стих напоминает нам, что женщина была сотворена для славы мужа. Бог взглянул на своего друга Адама и решил, что мужчине нужен кто-то для его собственной славы, кто стал бы его поддержкой, помощницей и подругой. Поэтому Бог коснулся плоти человека и сотворил из его ребра женщину. Кость от костей его, плоть от плоти его, клетка от клетки его, по образу того, от которого жена и сотворена.

8 Ибо не муж от жены, но жена от мужа;

9 И не муж создан для жены, но жена для мужа.

Господь показывает нам, на чём основан план Его творения. Сферы власти распределил БОГ. Порядок подчинения заложен в генетическом коде человека, в самой сущности творения. Если женщина переделывает себя и становится главой мужа, то противоречит Божьему замыслу. Ангелы знают и понимают план творения – они были там, наблюдали и ожидали. Бог говорит, что ради них (ангелов) жена должна почитать мужа, как главу.

10 Посему жена и должна иметь на голове своей знак власти над нею для Ангелов.

(Греческое слово *«exousia»* означает «власть» или «руководство».) Поэтому фраза «на голове своей знак власти» означает находиться под руководством мужа.

«...потому что наша брань не против крови и плоти, но против начальств, против властей, против мироправителей тьмы века сего, против духов злобы поднебесной» (Еф. 6:12).

В основу творения заложен духовный вопрос. Жена, которая находится под покровительством мужа и показывает это внешними признаками в виде длинных волос или какого-то покрывала, которое заменяет ей длинные волосы, говорит мироправителям века сего: «Я принадлежу этому человеку и нахожусь в безопасности под духовным руководством мужа. Вам лучше не связываться со мной».

Когда мужчина молится или пророчествует с длинными волосами или с покрытой головой, то это может быть превратно истолковано духами злобы поднебесной.

11 Впрочем, ни муж без жены, ни жена без мужа, в Господе.

12 Ибо как жена от мужа, так и муж через жену; все же – от Бога.

Павел понимает, что если это место Писания будет неверно истолковано, то оно заставит женщин чувствовать себя творениями второго сорта, поэтому Дух Святой побуждает чётко разъяснить тот факт, что, если бы творение остановилось на одном Адаме, больше не было бы никаких других мужчин. Для выполнения Божьего плана требуются **и** мужчины, **и** женщины.

Павел продолжает взывать к нашей человеческой природе.

13 Рассудите сами, прилично ли жене молиться Богу с непокрытою головою?

Прилично ли (используемое здесь греческое слово «*prepo*» означает «уместно» или «целесообразно») жене молиться с непокрытою головою?

И снова Павел взывает к присущему людям пониманию человеческой природы. Он говорит, что молиться с непокрытой головой для женщины является неприличным, однако молитва с покрытой головой для мужчины является явным БЕСЧЕСТЬЕМ. Обратите внимание на то, что покрывалом, которое считается бесчестьем для мужчины, служат его длинные волосы.

14 Не сама ли природа учит вас, что если муж растит волосы, то это бесчестье для него...?

То же самое покрывало, которое является бесчестьем для мужчины, считается честью для женщины.

15 ...но если жена растит волосы, для неё это честь, <u>так как волосы даны ей вместо покрывала.</u>

<u>Покрывало, которое Бог дал женщине, – это её волосы.</u> Ни о каком втором покрывале здесь не идёт речи. В Папуа-Новой Гвинеи женщины из племени «кумбои» используют драгоценную ткань, чтобы укутать от холода малыша, а не одевать себе на голову, потому что Бог уже им дал волосы вместо покрывала.

Очень простыми словами Павел заканчивает своё наставление о волосах, покрывалах и полномочиях церкви. Он повелевает церквам не спорить по вопросу волос (длинных или коротких) и не относиться к этому, как к какому-то ниспосланному свыше обычаю.

16 А если бы кто захотел спорить, то мы не имеем такого обычая, ни церкви Божии.

Неважно, длинные у вас волосы или короткие, покрываете вы голову или нет, Бог повелевает всем женщинам (замужним и одиноким) молчать в церкви, что включает в себя и молитву с пророчествами. Это не трудно понять, но многим тяжело принять.

«Жёны ваши в церквах да молчат, <u>ибо не позволено им говорить</u>, а быть в подчинении, как и закон говорит. Если же они хотят чему научиться, пусть спрашивают о том дома у мужей своих; ибо неприлично жене говорить в церкви» (1 Кор. 14:34-35).

Конечно, церковь – это <u>не</u> здание (1 Кор. 14:23). Это собрание верующих с целью поклонения Богу, проповеди Слова и служения дарами. 14 глава Первого послания к коринфянам рассматривает вопрос церкви и её функции.

Ответ на Ваш вопрос:

А теперь, Дарлин, я отвечу на Ваш вопрос: «Придерживаемся ли мы своих убеждений или нет?» Да, мы придерживаемся. Писание ясно говорит, что самое безопасное место для женщины – это *под руководством мужа.*

Печатая сейчас ответ, мне приходят на ум некоторые образы «плохих жён». К примеру, это женщина типа «старше-мудрее-духовнее», которая просто изводит мужа или же по каким-то своим практическим соображениям не пускает его к себе в спальню. У такой жены могут быть длинные волосы. Она носит косыночки и приличные платья. Однако это самая непокорная и сварливая жена, которая когда-либо терзала мужа. Я часто встречаю подобных женщин в своих поездках по стране. Некоторые деноминации порождают подобных жён в больших количествах. Многие из них называют себя «Невестой Христовой» или пророчицами и тратят свою жизнь на «помощь» другим. **Писание ясно говорит, что если ты не можешь быть примерной женой для мужа, то не сумеешь стать примерной Невестой Христовой.**

Сегодня жёны бунтуют против мужей, чтобы показать своё послушание Богу. Звучит странно! Но в этом нет ничего удивительного.

Бог сказал нам, что Он думает о волосах женщины. Решайте сами, повиноваться Его воле или нет. Если желаете исполнить Божью волю в этом вопросе, то без распоряжения церкви, в которой нет такого обычая, просто спросите мужа: «Хочешь, чтобы я отрастила волосы?» Вот увидите, как загорится его взгляд. Наверняка, он ответит: «Ну конечно же! Я уже столько лет прошу тебя об этом».

Однако для благословенного брака не требуется ни длинных волос, ни покрывала для головы. Я знаю супружескую пару (и не одну), где муж и жена безмерно любят друг друга, однако волосы жены короче, чем у моего мужа.

Было бы непростительно не сказать Вам то, что длинные волосы производят несравненное впечатление на мужчину. Мой муж забывает обо всём, когда видит, как мои распущенные волосы спадают мне на спину. Нам приходилось беседовать с достаточно большим количеством мужчин, чтобы понять, что многие из них мечтают именно об этом.

Я хочу сказать следующее тем немногим жёнам, которые отказываются носить косынки, но муж требует этого: «Перестаньте бунтовать. Вернитесь под руководство мужа и с радостью и благодарностью оденьте то, что он требует от вас. Знайте, что, поступая так, вы повинуетесь Богу и еще больше нравитесь мужу».

- Деби

Научись высказывать своё мнение

В ранние годы нашей супружеской жизни было несколько случаев, когда я считала, что мне просто необходимо выяснить отношения с мужем. Я хотела разобраться с ним и была уверена, что он обязан немедленно меня выслушать. Сначала муж просто отмахивался от меня, приписывая мои «притязания» женским гормонам. Когда же я сильно из-за чего-то расстраивалась, то Майкл всегда сперва спрашивал, если у меня начались «женские дни». Обычно так оно и было, но я не хотела приписывать всё своё поведение гормонам. Казалось, что муж не хотел воспринимать меня всерьёз. Если же я начинала обижаться или жаловаться, то чувства естественным образом выплёскивались в эмоции или же точнее, как называл их Майкл, в «неадекватную» реакцию. Мои женские эмоции никак не могли найти общего языка с его холодной мужской логикой. Со временем я научилась высказывать ему своё мнение и муж стал прислушиваться к нему с уважением. Майкл перестал спрашивать, наступили ли у меня «женские дни», хотя про себя продолжал думать, что так оно и есть.

В самом начале нашей семейной жизни мы решили, что, если какие-то вопросы были важны для меня (и мне просто необходимо было немедленно в них разобраться), то муж вдохнёт поглубже, приостановит свои дела или служение и внимательно выслушает меня. **После этого я соглашалась оставить решение вопроса за ним. Пусть даже его решение было бы и не в мою пользу.** Мы с Майклом заключили договор, что я никогда не буду злоупотреблять своим «правом», с рассчётом контролировать мужа, но буду использовать его строго по назаначению, когда он будет слеп к моим нуждам. Муж в свою очередь пообещал слушать, когда я буду высказывать ему своё мнение. Мы договорились, что я буду поднимать в воздух обе руки и ровным голосом без всяких эмоций буду произносить: «Мне надо решить этот вопрос». Как оказалось, за всю семейную жизнь нам пришлось прибегнуть к этому методу всего 4 или 5 раз.

Если бы вы знали моего мужа, то удивились бы такому немногому количеству раз. В его натуре с самого рождения преобладает напористость и господство, и некоторые считают, что ему недостаёт мягкости. Пишу это, как комплимент ему. Он прирождённый лидер и должен руководить. Люди всегда замечают появление Майкла, когда он входит в переполненное помещение, в церковь или на заправку. В жизни он пересекает галактики там, где большинство мужчин преодолевает только километры. Муж ожидает от меня того же. Моя жизнь никогда полностью не принадлежала мне. Каждый день супруг может вызвать меня в любую минуту.

После того, как Майкл и я договорились об этом «методе решения вопросов», мне стало понятно, что большинство повседневных проблем на самом деле не были настолько серьёзными. Зная, что существует определённый способ, при котором меня обязательно выслушают, я почему-то стала более терпеливой. Те несколько раз, что пришлось прибегнуть к своему «праву», произошли из-за неспособности мужа увидеть женскую сторону вопроса. Тогда Майкл внимательно выслушивал дело и принимал компромисное решение, удовлетворяющее нас обоих. **Решающую роль сыграло то, что я никогда не злоупотребляла правом голоса, и, следовательно, муж прислушивался к моему мнению.**

Размышляя о *покорности мужу*

С Богом наедине - это очень серьёзно

Основные требования Бога к женщинам

Найди места Писания, в которых содержатся нижепреведённые наставления. Выдели эти места в Библии. Согласна ли ты повиноваться Господу? Отметь те требования, которые не выполняются тобой. Попроси Бога помочь тебе стать послушной.

- Молодые, рождайте детей.
- Молодые, управляйте домом.
- Жёны, не подавайте противнику никакого повода к злоречию.
- Жёны, повинуйтесь своим мужьям.
- Жёны, любите мужей.
- Жёны, любите детей.
- Женщины, будьте целомудренными.
- Женщины, будьте чистыми.
- Женщины, будьте попечительными о доме
- Женщины, будьте благоразумными.
- Женщины, будьте добрыми.
- Жене стыдно быть остриженной или обритой.
- Если жена растит волосы, для неё это честь.
- Волосы даны женщине вместо покрывала.
- Жене неприлично молиться с непокрытою головою.
- Жена да учится в безмолвии.
- Учить жене не позволяю.
- Жене не позволяю властвовать над мужем.
- Жена да боится своего мужа.
- Жёны, ведите чистую богобоязненную жизнь.
- Жёны, одевайтесь прилично.
- Жёны, будьте стыдливыми и целомудренными.
- Да будет украшением вашим сокровенный сердца человек.
- Жёны, будьте кроткого и молчаливого духа.
- Жёны, оказывайте мужу должное благорасположение.
- Жёны, заботьтесь о том, чтобы угодить мужу.
- Жёны в церквах да молчат.
- Жёнам не позволено говорить в церквах.
- Жёны, не будьте праздны.
- Жёны, не приучайтесь ходить по домам.
- Жёны, не будьте любопытны или болтливы.

Глава 23

Повиноваться или не повиноваться

(вот в чём вопрос)

Я бросила камень

Уважаемые супруги Пёрл,

Около 6-ти месяцев назад я стала замечать, что муж уединяется по вечерам в комнате, чтобы «поработать» на компьютере. Наша младшая дочь часто плакала в присутствии папы, и поэтому супруг сказал, что ему лучше оставить ребёнка в покое и не раздражать. Кроме того, муж добавил, что сильно устаёт на работе и ему необходимы тишина и покой после рабочего дня. У меня в душе зародилось сомнение, но я согласилась.

Со временем уединения в «комнате» стали начинаться всё раньше и раньше, а заканчиваться всё позже и позже. Я спрашивала мужа, чем он там занимается. Супруг отвечал, что ищет на компьютере какую-то информацию или работает над каким-то там сайтом. Иногда я пыталась заглянуть в комнату, чтобы что-то спросить, но она всегда была заперта на замок, а муж через дверь отвечал, что его отвлекают дети и поэтому приходится закрываться.

Однажды ко мне заглянула подруга, и я попросила её объяснить мне какую-то программу, т.к. плохо разбираюсь в компьютерах. Она очень удивилась, что у компьютера были выдернуты многие провода, и мы не смогли включить его. В этот момент я, наконец-то, поняла, что мой замечательный муж, обучающий детей в домашней школе и несущий служение в церкви, увлекается порнографией.

Тогда я раздвинула оконные жалюзи так, чтобы в них получилась маленькая щёлочка, и немного развернула стол с компьютером, чтобы можно было увидеть монитор, заглянув с улицы через оконную щель. Целый день кровь во мне закипала всё больше и больше. ***Я была в такой ярости, что мне самой становилось страшно.*** *Сразу после ужина муж, как всегда, отправился в свою комнату. Подождав, пока дети заснут я выскочила на улицу, чтобы через окно заглянуть к мужу. Увиденное на экране привело меня в ужас – никогда в жизни не смогу этого забыть. Мне стало противно от того, что продобная мерзость может привлекать супруга. В смятении и замешательстве я попятилась от окна назад. Мне захотелось обрушить на мужа весь* ***гнев Божий.*** *Именно в этот момент я вспомнила о больших камнях вокруг клумбы с цветами, на которую, отступая назад, встала. Схватив камень размером с тарелку, я изо всех сил бросила его в окно и попала точно в цель. Муж выскочил из комнаты, рассчитывая поймать хулиганов. Я же с другим камнем забежала в дом, проскочила прямо в комнату и* ***закончила свою работу****. Услышав, как там что-то бьётся, муж понял, что его поймали с поличным. Я орала, как ненормальная. К тому же несколько осколков стекла задели меня, и по мне текла кровь. Дети проснулись, прибежали к нам все в слезах и перепугались от представшей пред ними картиной. Это была просто ужасная сцена.*

> В крайних случаях необходимо прибегать к крайним мерам.

Муж пытался вести себя так, словно я истеричка, и никакой порнографии не было и в помине. ***Не обращая внимания на этот чистой воды бред****, а предупредила супруга, что завтра же обзвоню всех родных и знакомых, включая его мать, и расскажу всё, что видела. Тогда он стал утверждать, что это было всего лишь один-единственный раз. Но это разозлило меня ещё больше. Наконец, муж понял, что его припёрли к стенке. Ему стало страшно и стыдно. Я ничуть не сожалею о содеянном и уверена, что Бог был разгневан не меньше меня, когда видел, что мой* *муж, ожидая видеть примерных христиан в жене и детях, сам прятался за дверью и смотрел всякую грязь. В этот раз я его не выдала, но супруг знает, что если ещё хоть раз закроется в комнате от нас, то у меня возникнут подозрения, что он опять принялся за старое - и уж тогда я всем всё расскажу. Это не шантаж с моей стороны, я возлагаю на него* ***ответственность за его действия****. Муж уже доказал, что ему нельзя доверять. Для прикрытия своих грехов он злоупотребляет данной свыше ролью руководителя семьи. Поэтому с этих пор дверь в комнату будет всегда открыта, чтобы дети и я смогли зайти туда в любую минуту. Муж не сможет работать там, где у него будет свободное время бродить в интернете. Он будет уезжать по вечерам из дома, только если прихватит с собой одного из детей, а прямо с работы будет возвращаться домой и не сможет никуда заезжать по дороге. Надеюсь, что муж будет вести себя достойно звания отца и мужа. Я прощаю его, буду любить и почитать его, но супруг знает, что я требую этих вещей, чтобы быть уверенной в его честности и верности. Искренность мужа вернёт мир и покой моей душе, и тогда я опять смогу ять ему.*

Пишу вам, потому что хочу поделиться своим свидетельством с другими. Знаю, что вы не одобряете религиозно-командующих жён, но почему-то кажется, что сумеете понять меня и моё поведение. В крайних случаях необходимо прибегать к крайним мерам. Думаю, что если бы я подавляла в себе подозрения и пыталась пойти на компромисс мужем, то он никогда бы не признался в этом грехе, а я бы ***со временем превратилась в старую озлобленную жену****, которая знает, что муж обманывает её. Я стала бы ненавидеть супруга, и моя ненависть разрушила бы нас так же, как и его порнография. Сейчас муж благодарен мне за то, что я бросила камень в окно. Супруг сказал, что его первой мыслью было то, что в комнату ворвался Сам Бог, и перепугался до смерти. Муж говорит, что осознал насколько ужасна порнография только в тот момент, когда увидел мою дикую ярость. Сейчас мы пытаемся восстановить отношения, но знаем, что на это уйдёт время. Позади тяжёлая битва, и мы оба выбились из сил, но рады, что это сражение, наконец-то, закончилось.*

Знаю, что тысячи других женщин находятся точно в такой же ситуации, как я. Молитесь за нас. Молитесь о моём муже.

Шэннон

Когда НЕ повиноваться - исключения из правил

В Библии есть исключения из правил, когда жена не должна повиноваться мужу.

Деяния 5:1-10

1 Некоторый же муж, именем Анания, с женою своею Сапфирою, продав имение,

2 утаил из цены, с ведома и жены своей, а некоторую часть принёс и положил к ногам Апостолов.

3 Но Пётр сказал: Анания! Для чего ты допустил сатане вложить в сердце твоё мысль солгать Духу Святому и утаить из цены земли?

4 Чем ты владел, не твоё ли было, и приобретённое продажею не в твоей ли власти находилось? Для чего ты положил это в сердце твоём? Ты солгал не человекам, а Богу.

5 Услышав сии слова, Анания пал бездыханен; и великий страх объял всех, слышавших это.

6 И встав, юноши приготовили его к погребению и, вынеся, похоронили.

7 Часа через три после сего пришла и жена его, не зная о случившемся.

8 Пётр же спросил её: скажи мне, за столько ли продали вы землю? Она сказала: да, за столько.

9 Но Пётр сказал ей: что это согласились вы искусить Духа Господня? вот, входят в двери погребавшие мужа твоего; и тебя вынесут.

10 Вдруг она упала у ног его и испустила дух. И юноши, войдя, нашли её мёртвою и, вынеся, похоронили подле мужа её.

Эта книга не может быть закончена без освещения вопроса о том, как должна вести себя жена, если её муж нарушает законы Божьи и человеческие, если своими грехами может отправить жену за решётку, если его греховное поведение может принести смерть жене и детям или, например, заражение СПИДом. Словом, в каких именно ситуациях жена не должна повиноваться мужу? Это доктринальный вопрос, и поэтому я попросила своего начитанного **мужа** разъяснить его. Майкл написал главу для этой книги под названием **«Когда не повиноваться».**

Майкл Пёрл разъясняет:

Вся власть принадлежит Богу

Павел учит, что мы должны подчиняться высшим властям. Однако были случаи, когда он и Апостолы подчинялись только Богу. Мы знаем, что когда иудейские или римские власти потребовали от первых христиан действовать в разрез с Писанием, то Пётр сказал: **«должно повиноваться больше Богу, нежели человекам»** (Деян. 5:29). Это служит примером того, что существуют исключения из правил, когда не надо повиноваться своей главе. Многие женщины отказываются повиноваться мужьям по причине того, что предпочитают повиноваться Самому Богу. У них входит в привычку сомневаться в поступках и решениях мужа. Такие женщины позволяют супругу «руководить» только тогда, когда сами согласны с его решениями; тем самым переставляя женские и мужские роли местами. Так когда же всё-таки жена не должна повиноваться мужу? В какой момент она может выйти из-под власти своей главы? Конечно, такие моменты встречаются, но не так часто, как представляет себе большинство женщин.

Сферы власти

Любая власть исходит от Бога. Мы все будем отвечать пред Ним. Господь распределил различные сферы власти между ангелами, правителями, церквами, мужьями и жёнами. У ангелов есть власть, которой нет у пророков. У мужей есть власть, которой нет у государства. А у государства есть власть, которой нет ни у ангелов, ни у мужей. Бог определил границы каждой власти. Например, ни государство, ни мужья не имеют права притеснять моральные убеждения человека. Это право принадлежит только Богу. Церковь не имеет права вмешиваться в дела семьи, если семья не замешана в ложном учении или безнравственном поведении. Муж не имеет права заставлять жену и детей нарушать справедливые Божьи или человеческие законы и преступать эти законы сам.

Бог установил различные сферы власти. Каждой власти Господь доверил определённые должностные полномочия. Хорошо или плохо, но власть полноправно использует их. Бог не контролирует до мельчайших подробностей действия каждой власти, но доверяет ей определённую свободу действий. Руководство может совершать ошибки, но при этом оно всё равно стоит во главе.

Вся наша жизнь основана на определённом порядке подчинения. Мы отвечаем пред кем-то, кто в свою очередь отвечает пред Богом.

Иисус учил о сферах власти

Иисус Христос подчёркивает тот факт, что Бог установил различные сферы власти, когда говорит: **«отдавайте кесарево кесарю, а Божие Богу»** (Мат. 22:15-22). Иными словами, у государства свои полномочия, а у Бога Свои; эти две сферы полномочий не противоречат друг другу. Когда Господь дал государству власть управлять земными вопросами, то Он так же оставил за ним право собирать налоги с населения на своё усмотрение. Бог не вмешивается и не останавливает правительство государства от нечестного сбора налогов. Эти полномочия принадлежат государству по праву, пусть даже оно и злоупотребляет этим правом.

Этот принцип применим к любому установленному виду власти: полиции, судьям, губернаторам, президентам, царям, мужьям, церквам и власти родителей над детьми. Однако, власть может использовать свои должностные полномочия только в установленных Богом рамках. Господь не будет вмешивается в разумные или неразумные действия власти при условии, что она не превышает своих должностных полномочий. Если же власть выходит за пределы данных Богом полномочий, то должна отвечать за нарушения пред вышестоящей инстанцией. Например, если муж причиняет физический вред жене, то должен отвечать пред соответствующими органами.

Бог позволяет правительству государства ограничивать права своих граждан, действовать несправедливо и злоупотреблять полномочиями. Граждане должны быть послушны государству. Но если властьимеющие притесняют личные убеждения граждан, например, запрещают родителям учить детей тому, что гомосексуализм является грехом, значит это правительство уже превышает свои должностные полномочия. **Весь смысл кроется в том, что надо знать из Писания границы каждой установленной Богом власти.**

Сфера власти мужа

Жена не должна выбирать между мужем и Богом. **Отдавайте мужнино мужу, а Божие Богу.** Господь наделил мужа властью, которая принадлежит ему по праву. Бог не будет вмешиваться и забирать Себе обратно эту власть, даже если супруг злоупотребляет ей, но только в пределах разумного. Мы отдельно обсудим каждое исключение из правил. Но сперва вы должны понять, что муж имеет право сказать жене, какую одежду ей лучше одеть, куда лучше пойти, с кем разговаривать, как проводить время, когда говорить, а когда лучше промолчать, пусть даже требования супруга кажутся необоснованными и суровыми. Муж не имеет права заставлять жену смотреть с ним порнографию или совершать преступления.

Точно так же родители не имеют права заставлять детей принимать участие в аморальных действиях, делать аборты или что-то ещё, что запятнает совесть ребёнка пред Богом или заставит ребёнка нарушать справедливые законы государства. Однако сын или дочь всё равно должны уважать **личность** ОТЦА, пусть даже он слабохарактерный или резкий на слова. Жёны должны повиноваться необоснованным требованиям суровых мужей, за исключением того, если муж попросит их обмануть Святого Духа, как произошло в случае с Ананией; тогда уже жена должна повиноваться Богу, а не мужу. Муж имеет право на естественную интимную близость с женой, но он не имеет совершенно никакого права на противоестественные (анальные) отношения с ней. Жена так же имеет право наслаждаться телом своего мужа во время интимной близости.

Теоретически всё кажется ясно и понятно. Но есть две стороны этой медали супружества. С одной стороны жена должна повиноваться мужу во всём: почитать его, служить, как Господу. С другой стороны, если муж преступает границы, данной ему Богом власти, и заставляет жену принимать участие в аморальных или противозаконных действиях, то, в зависимости от ситуации, жена должна прежде повиноваться Богу или законам государства.

Если бы все мужья всегда управляли своим домом свято и справедливо, то не было бы никакой необходимости создавать для женщин исключения из правил. Конечно же, сейчас таких мужей не бывает, как не было на протяжении веков до нас. Вся правда состоит в том, что **«нет человека праведного на земле, который делал бы добро и не грешил бы»** (Еккл. 7:20). Но Бог, зная грешную природу человека, всё равно повелевает жёнам почитать мужей и повиноваться им в Господе. Просто дело в том, что мудрая жена должна знать сферу полномочий мужа, сферу полномочий государства, сферу полномочий церкви и сферу полномочий Бога – довольно-таки сложная задача для человеческого разума.

Если бы все жёны по природе своей добровольно повиновались вышестоящей власти, будь то Бог, государство, церковь или муж, то, я уверен, у нас с вами не было бы никаких проблем. Жёны бы с удовольствием повиновались мужьям каждый день, за исключением тех редких случаев, когда бы муж заставлял их сделать что-то ужасное; тогда бы жене приходилось через силу отказываться повиноваться мужу, дабы не нарушать законы Бога и человека. Но, увы! Жёны - тоже дети падших Адама и Евы, не склонные к мудрости или душевному равновесию.

Большинство «христианских» разводов происходит на религиозной почве. Узкие религиозные убеждения и упрямство жены заставляют мужа бежать от неё подальше. Тогда жена облекается в образ гонимой и несчастной жертвы, ведь муж сам бросил её. Хотя вся правда состоит в том, что зачастую, именно «стандарты» жены посеяли семя развода в семье. **Дьявол хохочет, дети рыдают, а в церкви пополняется клуб одиноких людей.** Вся ирония состоит в том, что эти праведные жёны своим неповиновением и неуважением к мужу сами же попирают учение Христа.

Бог не вмешивается в сферу власти мужа, пусть даже он её не всегда разумно использует.

Так где же граница?

Бог не вмешивается и не лишает власти отца, когда тот раздражается и не заботится о своих детях или сильно их наказывает, за исключением тех случаев, когда родитель нарушает справедливые законы государства или же жестоко обращается с любым человеком, пусть даже маленьким. Дети должны слушаться суровых отцов и выполнять их требования. Так же и жёны должны повиноваться суровым мужьям и выполнять их, казалось бы, необоснованные требования. Ибо власть остаётся за мужьями до тех пор, пока своими криминальными преступлениями или аморальными действиями они не переступят ярко-красную черту полномочий; тогда уже на защиту встаёт Бог или государство. Это соответствует Писанию во всех отношениях. Вникните в следующее место Слова Божьего, как оно разъясняет порядок подчинения.

Переносящие несправедливые страдания

Обычно при обсуждении того, как жена должна повиноваться мужу, приводится отрывок из Первого послания Петра. Но если посмотреть внимательнее, то этот отрывок начинается с того же, с чего и мы начали обсуждение нашего вопроса, – с краткого обзора основных сфер власти.

1 Петра 2:13-23

13 Итак будьте покорны всякому человеческому начальству, для Господа: царю ли, как верховной власти,

14 правителям ли, как от него посылаемым для наказания преступников и для поощрения делающих добро,

15 ибо такова есть воля Божия, чтобы мы, делая добро, заграждали уста невежеству безумных людей,

16 как свободные, не как употребляющие свободу для прикрытия зла, но как рабы Божии.

17 Всех почитайте, братство любите, Бога бойтесь, царя чтите.

Библия говорит очень ясно. Мы должны быть покорны всякому человеческому начальству, поставленному над нами, пусть даже оно невежественно или непросвещённо. Верующие, в принципе, свободны от законов человеческих, ибо у нас есть наивысшие законы Самого Бога. Господь даёт нам свободу, но предупреждает, что мы не должны употреблять её для прикрытия зла. Вот и всё. Мы не можем оправдывать (покрывать) злые дела во имя свободы во

Большинство «христианских» разводов происходит на религиозной почве, когда стандарты и гордость жены-христианки разрушают брак.

Христе. Иными словами, не бунтуйте по эгоистичным причинам и не оправдывайте свой бунт служением более высшей и справедливой цели. Любой бунтарь прибегает к подобным оправданиям.

Далее в тексте Писания обсуждаются сферы власти, но уже в отношении слуг, которые находятся под руководством своих господ; или же, современным языком, в отношении работников и работодателей.

18 Слуги, со всяким страхом <u>повинуйтесь господам</u>, <u>не только добрым и кротким, но и суровым.</u>

19 Ибо то угодно Богу, если кто, помышляя о Боге, <u>переносит скорби, страдая несправедливо.</u>

20 Ибо <u>что за похвала</u>, если вы терпите, когда вас бьют за проступки? Но если, делая добро и страдая, терпите, это угодно Богу.

Вот, где кроется ответ на вопрос. Слуги должны повиноваться не только **добрым и кротким** господам, но так же и **суровым** (бесчестным, порочным, злым, несправедливым, грубым). Даже если руководящее лицо заставляет подчинённое лицо **несправедливо страдать** и **скорбеть**, то Бог всё равно повелевает слугам **терпеливо** всё **переносить**. Слугам не дано права рассуждать о том, ведёт ли себя их господин в соответствии с волей Божьей или нет, и, следовательно, должны ли они повиноваться ему или нет. **Бог** (Божья воля) **допускает** тот факт, что подчинённое лицо может **страдать несправедливо** и при этом, **страдая, терпеть.**

Наверняка, вы удивитесь: «Зачем Бог допускает страдания подчинённых от несправедливых рук порочных властей?» На это есть две очевидных причины. Одну из них мы с вами только что разобрали: порядок подчинения не может быть нарушен, даже если это подразумевает некоторое злоупотребление властью. Вторая причина открывается в 20-м стихе – это **похвала.**

Бог сотворил нас и поместил на эту землю, чтобы мы отражали Его славу (Пс. 8:6, Ис. 43:7, Рим. 2:7, Евр. 2:7). Иисус не проводил Свою жизнь на земле в сплошных удовольствиях. Он жил и страдал ради последующей за этим славы или похвалы (1 Пет. 1:11). Жёны, вы были сотворены, чтобы воздавать славу (хвалу) Богу. Бог ставит вас в подчинение мужу и уже знает, что муж заставит вас страдать. Но вы должны понять, что, страдая несправедливо, вы повинуетесь Богу. И когда вы страдаете несправедливо, как для Господа, то вы воздаёте великую славу (хвалу) Богу на небесах.

Далее Библия говорит о том, что мы к тому и призваны Богом, чтобы страдать за Него, точно так же, как и Он пострадал за нас.

21 Ибо вы к тому призваны, потому что и Христос пострадал за нас, оставив нам пример, дабы мы шли по следам Его.

22 Он не сделал никакого греха, и не было лести в устах Его.

23 Будучи злословим, Он не злословил взаимно; страдая, не угрожал, но предавал то Судии Праведному.

Может муж злословит тебя или угрожает? Ты должна реагировать так же, как и Христос. Когда Его злословили и когда Ему угрожали, то Он всё равно продолжал страдать и исполнять волю Праведного Судии. Ты должна исполнять волю Того, Кто поставил тебя в подчинение мужу. Муж будет отвечать пред Богом. И ты будешь отвечать пред Богом за то, как повиновались мужу, даже когда он заставлял тебя страдать несправедливо.

Моё толкование не вымышлено, оно не расходится с Писанием. В следующей главе Первого послания Петра продолжается развитие темы власти и подчинения, но уже в отношении жён, которые должны повиноваться своим мужьям. Третья глава начинается словом **«также»**, т. е. она продолжает тему 2-й главы, которую мы только что с вами разобрали.

I Петра 3:1-6

1 Также и вы, жёны, повинуйтесь своим мужьям, чтобы те из них, которые не покоряются слову, житием жён своих без слова приобретаемы были,

2 когда увидят ваше чистое, богобоязненное житиё.

3 Да будет украшением вашим не внешнее плетение волос, не золотые уборы или нарядность в одежде,

4 но сокровенный сердца человек в нетленной красоте кроткого и молчаливого духа, что драгоценно пред Богом.

5 Так некогда и святые жёны, уповавшие на Бога, украшали себя, повинуясь своим мужьям.

6 Так Сарра повиновалась Аврааму, называя его господином. Вы--дети её, если делаете добро и не смущаетесь ни от какого страха.

Это место Писания ясно всем тем, кому даны очи, чтобы видеть. Мы повинуемся государству, а слуги повинуются своим господам, даже тем господам, которые сурово с ними обращаются. **«Также и вы, жёны, повинуйтесь своим мужьям»**, даже тем из них, которые не покоряются Слову и которых не интересует Бог. Здесь текст уже заходит настолько далеко, что предлагает жене оказывать глубокое почтение неспасённому мужу и называть его «господином» точно так же, как делала Сарра. Вам не составит особого труда обращаться к мужу «господин», если вы будете знать, что, поступая так, вы обращаетесь к Тому, кто Сам поставил вас в подчинение мужу и определил вам страдания в его руках. Точно так же Иисус страдал в руках неправедной власти. Мог ли Иисус отказаться исполнять волю Божью и укрыться где-то в безопасном месте только потому, что ему не хотелось страдать? Однако Иисус сказал: **«Я сошел с небес не для того, чтобы творить волю Мою, но волю пославшего Меня Отца»** (Иоан. 6:38). Женщины, творящие свою волю, спасаются бегством от несчастного брака, но женщины, творящие волю Бога, ценой послушания заслуживают блаженства.

Я знаю, что для многих из вас эта доктрина звучит просто невероятно. Тем не менее, она настолько же радикальна, как радикальна была личность Иисуса. Так учит Бог. Этот отрывок говорит, что мы **не должны смущаться ни от какого страха** (3:6). Учение Иисуса настолько противоречит природе человека, что повергает нас в страх и недоумение. Никакой профессиональный психолог не сможет до такого додуматься. Вы не услышите этого от профессора психологии или большинства современных проповедников. Но таков путь к славе и похвале. Таков путь к чуду, которое может изменить мужа, но только после того, как сначала изменит жену.

Бог ищет вашей славы. **Слава приходит от необычных, смелых и замечательных поступков, которые происходят нечасто.** Если жена-христианка поступает так, как не поступила бы ни одна женщина этого мира и радостно повинуется недостойному мужу только потому, что этого требует Господь, тогда слава Богу воздаётся на небесах. Дети должны повиноваться родителям, «как Господу», и жёны должны повиноваться мужьям, как они бы повиновались Самому Богу. Прочитайте отрывок дальше. Вы станете восхищаться своим призванием и перестанете бояться его.

I Петра 3:9-17

9 не воздавайте злом за зло или ругательством за ругательство; напротив, благословляйте, зная, что вы к тому призваны, чтобы наследовать благословение.

Когда вы переносите зло и ругательства и не отвечаете на них, то вы наследуете благословение, не как великомученицы, но как верующие и служащие Богу.

10 Ибо, кто любит жизнь и хочет видеть добрые дни, тот удерживай язык свой от зла и уста свои от лукавых речей;
11 уклоняйся от зла и делай добро; ищи мира и стремись к нему,
12 потому что очи Господа обращены к праведным и уши Его к молитве их, но лице Господне против делающих зло, чтобы истребить их с земли.

13 И кто сделает вам зло, если вы будете ревнителями доброго?

Если вы любите жизнь и хотите спокойно и благополучно дожить до глубокой старости, то вы должны воздерживать язык от злых слов. Ибо очи Господа видят всё. Он улышит ваши молитвы, когда вы будете повиноваться Ему и повиноваться мужу. И тогда сбудется обещанное: никто не причинит вам зла, если будете делать добро.

14 Но если и <u>страдаете за правду</u>, то вы блаженны; а страха их не бойтесь и не смущайтесь.

Вы получите благословение, если будете страдать за правду, т. е. если будете повиноваться Богу, повинуясь мужу, и не будете воздавать злом за зло. Вы будете блаженны, а поэтому не бойтесь и не переживайте о том, что вам предстоит.

15 Господа Бога святите в сердцах ваших; будьте всегда готовы всякому, требующему у вас отчёта в вашем уповании, дать ответ с кротостью и благоговением.

16 Имейте добрую совесть, дабы тем, за что злословят вас, как злодеев, были постыжены порицающие ваше доброе житиё во Христе.

17 Ибо, если угодно воле Божией, лучше пострадать за добрые дела, нежели за злые;

Если не ради мужа, то хотя бы ради Бога, соглашайтесь страдать за добрые дела.

Если вы мало разбираетесь в Писании, воле Отца Небесного и путях Его, то наверняка, смутитесь, услышав это учение о молчаливом терпении страданий **ради славы Божьей.** Я очень сожалею о том, что многие люди сегодня пренебрегают этим Божественным путём. Мы проповедуем вам самую обыкновенную христианскую жизнь. Путь Божий – это жизнь, полная мира и радости. Страдая за Него, мы **радуемся радостью неизреченною и преславною** (1 Пет. 1:8). Мы не советуем вам вытягивать лицо в гримасе «ах, посмотрите, как я бедная страдаю». Многие сегодня избирают именно этот метод. Вы никогда не сумеете приобрести заблудшего мужа, если он будет думать, что необходимым атрибутом вашей веры является великомученическое смирение. И я бы не винил его за это. Если отношение к мужу повергает вас в унылое состояние, то будьте уверены, что в вашем сердце отсутствует Бог. Вы должны служить Господу и радоваться Его присутствию. Только тогда сможете страдать за Бога, чтобы наследовать великую славу.

-Майкл Пёрл

Примеры из жизни

Может, вы до сих пор сомневаетесь, когда именно надо повиноваться или не повиноваться мужу. Мы приведём несколько конкретных примеров из полученных нами писем. Каждый из этих вопросов мы обсудим в отдельности.

Содомия

(полученная нами электронная почта, на которую был дан немедленный ответ)

> *Уважаемые супруги Пёрл,*
>
> *Происходит что-то ужасное, и у меня нет друзей, к которым я могла бы обратиться за помощью. Мне необходима помощь ПРЯМО СЕЙЧАС! ПОЖАЛУЙСТА, прочитайте это письмо и ответьте мне СЕГОДНЯ ЖЕ. Около недели назад моему сыну исполнилось 13 лет. Примерно в это же время муж изъявил желание брать его куда-нибудь с собой по вечерам, чтобы общаться как мужчина с мужчиной. Я обрадовалась. После первого раза мой сын (от предыдущего брака, ещё до знакомства с Деном) стал умолять меня наедине не отпускать его больше с отчимом. Мой муж приходит в ярость, если я или дети противоречат ему, однако очень любезен, когда мы соглашаемся с ним. Супруг любит хвалиться нашим послушанием. Я сказала сыну, что он должен слушаться Дена. Сегодня мой сын рассказал мне, что Ден привозит его на стоянку в зоне отдыха где-то на автомагистрали. Там собираются гомосексуалисты, чтобы «делать» друг друга и смотреть, как мальчики ходят в туалет. Сын уверяет, что мой муж заставляет его учавствовать в этом вместе с остальными. Мальчик слишком много знает, чтобы выдумывать, и, кроме того, он рыдал, умолял и грозился сбежать из дома, если я что-то не предприниму. Меня наполняет ужас. Я давно уже подозревала, что Ден увлекается порнографией, но старалась не сувать свой нос в его дела. Сейчас же случился весь этот кошмар. Умоляю Бога: «ПОЖАЛУЙСТА, молю Тебя, Господи, чтобы они ответили мне сегодня». Я сказала сыну прикинуться вечером больным, пока не решу, что делать.*
>
> *Джен, мать 7-х детей*

> Ради вашего здоровья и здоровья ваших детей, необходимо принимать во внимание опасность заражения СПИДом.

Вот идеальный пример того, как муж и отец преступает всякие полномочия. Ни жена, ни сын не должны подчиняться ему в этом. Мы сказали жене позвонить в правоохранительные органы, чтобы те смогли поймать содомлян в зоне отдыха, включая её мужа. Она так и сделала. Теперь муж этой женщины сел за решётку на долгие годы, и дети смогут расти без извращенца-отца. Иногда тяжёлым грехом является НЕ противостать мужу.

Трансвестизм

(Переодевание в одежду противоположного пола)

> *Уважаемая чета Пёрл,*
>
> *Мой муж стал вечерами переодеваться в женские ночные рубашки и хочет, чтобы я принимала его в постели за женщину. Супруг утверждает, что с ним всё в порядке, ведь он так ведёт себя только во время наших интимных отношений, и наше ложе остаётся непорочно. Муж учит в церкви, и люди там о нём очень хорошего мнения. Знаю, что он глава семьи, и несколько раз я уступала ему, но меня просто тошнит от этого. Как мне правильно поступить?*
>
> *Анна*

Бог не позволяет мужчине превышать свою власть и заставлять жену участвовать с ними мысленно в лесбиянстве. Если жена слушается такого супруга, то она занимается с ним содомией в сердце своём – явное нарушение законов Бога о нравственности. Муж – или кем бы он/оно не являлось – взял на себя полномочия, которые по праву принадлежат только Богу (Вт. 22:5). **Мы посоветовали жене отказаться участвовать в этом извращении и выразить мужу своё отвращение к подобным переодеваниям.** Если бы она закрыла глаза на грех мужа, то подобное поведение вошло бы для него в норму. Жена должна сказать такому супругу, что он неспасённый человек, который идёт прямой дорогой в ад, и она не собирается бесчестить Господа.

Воровство

> *Дорогая миссис Пёрл,*
>
> *Я стараюсь изо всех сил повиноваться Богу и мужу, но боюсь, что если буду продолжать помогать ему, то вскоре окажусь за решёткой. Муж заставляет меня караулить на стоянках грузовиков, пока сам взламывает там прицепы. Как я могу почитать его, но отказаться выполнять подобные требования?*
>
> *Бетти*

Мы посоветовали жене сообщить о преступлениях мужа в правоохранительные органы и помочь им поймать его с поличным. Она так и сделала. Муж в тюрьме. Жена посещает его там и приносит передачи. Супруги говорят о том дне, когда семья сможет воссоединиться. Муж знал, что поступал нехорошо. Ему не надо было это растолковывать. Если муж заставляет тебя нарушать законы Бога и человека, а ты знаешь, что за это можно попасть за решётку или причинить кому-то боль, то надо вежливо, но уверенно отказаться выполнять требования супруга, ибо Бог не неделил мужа неограниченной властью.

Ложные сведения в налоговых декларациях

Мы получаем очень много писем от жён, которые считают, что их мужья указывают ложные сведения в налоговых декларациях. Жена отказывается ставить свою подпись под этими декларациями, и муж приходит в ярость. Жена же твёрдо стоит на своём и придерживается более возвышенного мнения. Когда мы пытаемся разобраться в ситуации и задаём жене более конкретные вопросы, то, в большинстве случаев, она обеспокоена тем, что муж не указал в своём доходе небольшую сумму денег, которую он заработал наличными, подстригая соседям траву или ремонтируя несколько автомобилей для друзей. Еще ни одна женщина не писала нам о том, что её муж совершил крупную финансовую махинацию. Обычно жена заостряет своё внимание на сущих мелочах. Она скурпулёзно проверяет

> **Бог не сотворил жену совестью мужа.**

каждую цифру, а затем напоминает мужу о мелких суммах, которые он нарочно забыл указать в своих доходах за год. Получается разлад в семье. Муж догадывается, что здесь кроется что-то большее, чем просто её «религиозные убеждения». **Он чувствует, что таким образом жена задвигает его в угол и пытается взять контроль в свои руки. Этот факт возмущает мужа больше, чем потеря дохода.**

В большинстве случаев, речь идёт о муже, который никогда бы не стал воровать. Когда он читает Библию, то ему в глаза бросается определённый отрывок о налогах и что именно сказал Иисус, когда к Нему и к Его ученикам подошли сборщики налогов. Относительно платы налогов Иисус сказал: **«итак сыны свободны»** (Мат. 17:26). Иными словами, они не должны платить налоги государству, которое не представляет их интересов. Тем не менее, для свидетельства окружающим, Иисус заплатил налоги. Многие мужчины не видят морального долга в плате налогов и стараются не утруждать свою память, когда дело касается «добровольного» вклада денег в систему налогообложения, которую иначе, как грабежом, не назовёшь. У них нет никаких обязательств пред Богом, чтобы отдавать свои деньги на поддержку абортов и гомосексуальной пропаганды в государственных школах, на программы по планированию рождаемости, распространение презервативов среди детей или игл среди наркоманов, на поддержку так называемого «искусства» и общественного радио с его социалистической пропагандой. Мы не проповедуем такое положение вещей и не оправдываем обман, а просто пытаемся помочь женщинам понять точку зрения мужчин.

Бог не сотворил жену совестью мужа. Жена не имеет права судить о том, как супруг исполняет свои обязательства. Однако она должна отвечать пред своей совестью. Если ей придётся подписать документ, который гласит: «Мы заработали столько денег и ни копейкой больше», тогда ей придётся ради Бога и ради самой себя рассказать всю правду, которую знает. Подписывая налоговую декларацию, вы даёте согласие на наказание за дачу ложных показаний. Однако, перечитав тысячи писем на эту тему, мы пришли к выводу, что вопрос налогооблажения стал удобным поводом для жены, чтобы превратиться в совесть мужа и чувствовать себя при этом добродетельной. Однажды она предстанет пред ВЕРХОВНЫМ СУДЬЁЙ, который будет судить истинные намерения её сердца.

Христианки должны стараться быть честными во всех отношениях, но это не должно быть в ущерб уважения к мужу. Поэтому, если вы не желаете подписывать документ, который сделает вас обманщицей, то должны выразить свой отказ тактично и смиренномудренно. Из сложившейся ситуации может быть иной выход. Возможно, вы смогли бы по отдельности заполнить налоговые декларации, каждый свою, и тогда вам бы не пришлось подписывать его бумаги, и вы не имели бы никакого отношения к его делопроизводству.

Муж не хочет, чтобы я ходила в церковь

Дорогая Деби,

Муж сказал, что я не могу больше ходить в церковь по вечерам. Мне кажется, что не смогу ходить свято пред Богом, если буду пропускать духовное общение. Писание говорит нам не оставлять собрания своего, поэтому мои пропуски служения будут прямым нарушением Слова Божьего. Муж сказал написать вам и спросить совета.

Карла

Дорогая Карла,

Это вполне нормально для неспасённого или духовно охладевшего мужа запрещать жене ходить на богослужение. В большинстве случаев, муж не ставит своей целью запретить жене общение с Богом. Наоборот, супруг видит увлечение церковью, как её вторую любовь. Может быть, жена забросила своего супруга и отдаёт большее предпочтение церкви. Муж ревнует. Он не удовлетворён, потому что церковь для жены стоит на первом месте, а супруг уже на втором. Жена, которой недостаёт мудрости, наверняка, будет гордиться таким положением дел, думая, что этим она ставит Бога превыше всего. Но настоящее служение Господу никогда не пренебрегает супружескими отношениями. Любовь к Богу и служение Ему должны превратить Вас в более внимательную жену, ещё больше любящую мужа.

В заключении добавлю, что если муж не хочет, чтобы Вы ходили в церковь, тогда останьтесь дома и помогите супругу сделать что-то по хозяйству. Езжайте с ним на рыбалку или в магазин, куда бы он Вас не позвал, и наслаждайтесь общением. Послушание с возмущением и обидой не является послушанием, но местью.

- Деби

Делай выводы

Если жена не желает подчиняться мужу, то она найдёт тысячи причин, чтобы оправдать своё поведение. Но если женщина искренне ищет Бога и просит мудрости свыше, то сумеет увидить **разницу между своим духом неповиновения и теми редкими случаями, когда муж превышает полномочия и требует от неё противозаконных действий.** Обычно непокорные жёны пугают мужей, что «сдадут его в милицию», или же отвечают вместо них по телефону, что «да, он здесь, но сейчас занят». Они никогда не смогут занять места рядом с Сарой и другими жёнами, перечисленными в 11 главе Послания к евреям, а также не сумеют достичь благословенного брака здесь, на земле. До самой могилы такие жёны останутся нелюбимыми и нежеланными, так и не сумев справиться с данной Богом ролью помощницы. Мудрость свыше, поможет мирно и спокойно найти достойное решение множеству мелких проблем.

По статистике, те из вас, которые подвергаются физическому или моральному насилию со стороны мужа, наверняка, останутся в браке с ним. Поэтому очень важно научиться говорить и вести себя таким образом, чтобы сохранить душевное равновесие и физическую безопасность, но при этом приобрести мужа для Господа.

В Библии есть несколько примеров жён, которые находились в ужасных обстоятельствах, однако, каждая из этих героинь продолжала почитать мужа и повиноваться ему. Например, Есфирь была отдана в жёны безбожному и разведённому человеку, но, тем не менее, она действовала храбро, разумно и сумела отвратить смерть и поражение многих, подписанные в опреметчивом указе её мужа. (Всю эту историю можно прочитать в книге Есфирь. На нашей страничке в интернете www.nogreaterjoy.org можно найти учебное пособие для более глубокого изучения этой книги.)

История Авигеи

В Писании есть одна «исключительная» история о том, как женщине пришлось пренебречь повиновением мужу во имя законов той земли и во избежание гибели невинных людей. Это всем известная история любви между Давидом и Авигеей.

Давид был помазан на царство над Израилем, но вынужденно скрывался от царя Саула и жил в изгнании. Тогда Давид создал отряд из верных ему людей. Это были своеобразные вооружённые силы, которые охраняли жителей той земли. В вопросе питания отряд целиком зависел от местных фермеров и скотоводов, которые снабжали воинов едой взамен на получаемую охрану. Пользуясь случаем, Давид посылает своих людей к Навалу, одному из местных скотоводов, и просит у него еды для отряда, но тот отказывается передавать какую-либо пищу. Разгневанный Давид, который в данном случае был «рукой» Господа, творящей милость и Его помазанником, собирается отомстить этому неправедному человеку за пренебрежение Божьей милостью и справедливостью. Давид готовится расправиться с самим Навалом и его ни в чём неповинными людьми. Прочитаем внимательно 1-ю Книгу Царств (25:13-38).

Послушание с возмущением и обидой не является послушанием, но местью.

13 Тогда Давид сказал людям своим: опояшьтесь каждый мечом своим. И все опоясались мечами своими, опоясался и сам Давид своим мечом, и пошли за Давидом около четырёхсот человек, а двести остались при обозе.

14 Авигею же, жену Навала, известил один из слуг, сказав: вот, Давид присылал из пустыни послов приветствовать нашего господина, но он обошёлся с ними грубо;

15 а эти люди очень добры к нам, не обижали нас, и ничего не пропало у нас во всё время, когда мы ходили с ними, быв в поле; [эти люди были воинами Давида, которые охраняли земли местных фермеров от воровства]

16 они были для нас оградою и днём и ночью во всё время, когда мы пасли стада вблизи их;.

17 итак подумай и посмотри, что делать; ибо неминуемо угрожает беда господину нашему и всему дому его, а он - человек злой, нельзя говорить с ним.

Слуги этого человека называют его человеком злым.[1] Домашние и прилуга были в страхе пред тем, что их самолюбивый и злой господин обрекает всех на верную погибель. В надежде спасти свои жизни они обратились за помощью к Авигее, которая послушалась совета слуг, наблюдающих за домом в отсуствии её мужа.

18 Тогда Авигея поспешно взяла двести хлебов, и два меха с вином, и пять овец приготовленных, и пять мер сушёных зёрен, и сто связок изюму, и двести связок смокв, и навьючила на ослов,

19 и сказала слугам своим: ступайте впереди меня, вот, я пойду за вами. А мужу своему Навалу ничего не сказала.

Затем Авигея села на осла и поспешила навстречу Давиду, прежде чем тот нагрянет к ним в дом и перебьёт всех домашних и слуг, которые жили и работали на их огромной ферме. Это был единственный шанс спасти находившихся на её попечении окружающих людей.

23 Когда Авигея увидела Давида, то поспешила сойти с осла и пала пред Давидом на лице своё и поклонилась до земли;

24 и пала к ногам его и сказала: на мне грех, господин мой; позволь рабе твоей говорить в уши твои и послушай слов рабы твоей.

Авигея согласна была страдать за грехи мужа, лишь бы спасти окружающих. Обратите внимание, что она не оправдывает грех мужа, не пытается представить Навала замечательным человеком и не делает вид, словно произошло какое-то недоразумение. Её муж известен, как человек нечестивый. Авигея только излагает факты. Конфликт произошёл из-за эгоизма её мужа, и женщина спешит просить милости у Давида.

25 Пусть господин мой не обращает внимания на этого злого человека, на Навала; ибо каково имя его, таков и он. Навал--имя его, и безумие его с ним. А я, раба твоя, не видела слуг господина моего, которых ты присылал.

26 И ныне, господин мой, жив Господь и жива душа твоя,

---

1 В английском переводе слуги дословно называют Навала сыном Велиара, что означает «сын сатаны». - Прим. переводчика

Господь не попустит тебе идти на пролитие крови и удержит руку твою от мщения, и ныне да будут, как Навал, враги твои и злоумышляющие против господина моего.

Давид благодарен Авигее за её смелость. Она не побоялась поставить под удар собственную жизнь, чтобы остановить его вооружённый отряд от пролития невинной крови. В противном случае, Давиду бы пришлось потом горько сокрушаться за содеянную ошибку, но было бы слишком поздно.

32 И сказал Давид Авигее: благословен Господь Бог Израилев, Который послал тебя ныне навстречу мне,

33 и благословен разум твой, и благословенна ты за то, что ты теперь не допустила меня идти на пролитие крови и отмстить за себя.

Когда Авигея говорила к Давиду, то находилась сама между жизнью и смертью. Однако после этого разговора женщина всё равно возвращается к злому мужу, который, наверняка, будет разгневан её поступком. Авигея знала, что Навал не побоится убить её, однако идёт обратно к нему. Когда она вернулась домой, то у мужа было пьяное застолье. Поэтому Авигея не стала ничего говорить Навалу, пока он не проспался. На следующее утро она рассказала ему о своём поступке и как она накормила Давида и его людей. А теперь посмотрите, как действует здесь Бог.

36 И пришла Авигея к Навалу, и вот, у него пир в доме его, как пир царский, и сердце Навала было весело; он же был очень пьян; и не сказала ему ни слова, ни большого, ни малого, до утра.

37 Утром же, когда Навал отрезвился, жена его рассказала ему об этом, и <u>замерло в нём сердце его</u>, и стал он, как камень.

38 Дней через десять поразил Господь Навала, и он умер.

Бог поступил очень милосердно, послав этому нечестивому человеку инфаркт или инсульт. Давид узнаёт о том, что злой Навал умер, и посылает к Авигее людей, чтобы сделать её своей женой. Вначале она омывает ноги слугам Давида, а уж потом поспешно собирается на встречу с будущим мужем. **Авигея была женщиной не из робкого десятка.**

Размышляя о *повиновении и неповиновении*

➢ *Качества доброй помощницы*

- Послушная жена покладиста. Она старательно выполняет желания мужа и хранит себя от запретного.
- Различными способами послушная помощница старается угодить мужу и показать ему своё почтение.
- Она следит за своими мыслями и выражает согласие мужу в положительной форме.
- Хорошая помощница не считает себя исключением из правил о выполнении своей женской роли.

➢ *С Богом наедине*

Найди в Библии все стихи, которые мы рассмотрели в беседе о *власти*. Попроси Бога дать тебе такое сердце, которое бы захотело выполнять Его волю с радостью, независимо от последствий.

➢ *Проверь себя*

> **«Плод же духа: любовь, радость, мир, долготерпение, благость, милосердие, вера, кротость, воздержание. На таковых нет закона»** (Гал. 5:22-23).

Если Дух Божий живёт в тебе, то Его плоды будут видны в твоей жизни: сначала в твоей семье, в отношениях с мужем и детьми, а затем и в других местах за пределами дома. Твоя настоящая личность проявляется в семейном кругу. Лучше всего тебя знают самые близкие люди.

Глава 24

Сонаследницы благодатной жизни

Прекрасная Сарра

Если бы я была властна решать кому, где и как поступать, то позволила бы Сарре не повиноваться мужу в, как минимум, двух ситуациях; но тогда бы я оказалась неправа. Сарра согласилась повиноваться Аврааму, даже когда её муж солгал. Мало того, муж Божий попросил солгать и Сарру, испугавшись того, что может сделать с ним фараон, когда узнает, что Сарра - жена Авраама. В 11 главе Послания к евреям Авраам и Сарра приводятся нам, как примеры веры в Бога. **В Первом послании Петра, 3 главе, Сарра отмечена, как женщина, которая называла своего мужа *господином.***

Авраам был мужем Божьим. Наш Творец и Создатель избрал его отцом великой нации. Однако Авраам, опасаясь за свою жизнь, просит жену солгать. Эта ложь ставит Сарру под угрозу сексуального домогательства постороннего мужчины. Помните, как вела себя Сарра в этой ситуации? Кстати, подобная ситуация повторялась дважды. Первый раз, когда Сарра была молодой красавицей. Второй раз, когда она была в летах преклонных, но всё равно оставалась интересной и привлекательной женщиной.

В один прекрасный день Авраам пришёл к Сарре и объявил, что Бог повелел ему покинуть их землю, их родство и отправиться в далёкую страну, которую укажет Господь. Однако, Авраам и сам не знал куда именно Бог поведёт их. Большую часть жизни муж Божий провёл в пути, в ожидании города, которого художник и строитель – Бог. Авраам так и не дождался этого города, зато перенёс много трудностей и испытаний. Вам бы понравилась подобная жизнь? Остались бы вы рядом с мужем, как с мужем Божьим, если бы он чего-то ждал и не мог объяснить вам толком куда идёт?

Бытие (12:10-17)

10 И был голод в той земле. И сошёл Аврам в Египет, пожить там, потому что усилился голод в земле той.

Когда на горизонте показался Египет, то Авраам оглянулся на прекрасную и улыбающуюся жену, и в его сердце зародился страх – плотская человеческая реакция на обещание Бога благословить и сохранить его.

11 Когда же он приближался к Египту, то сказал Саре, жене своей: вот, я знаю, что ты женщина, прекрасная видом;

12 и когда Египтяне увидят тебя, то скажут: это жена его; и убьют меня, а тебя оставят в живых;

13 скажи же, что ты мне сестра, дабы мне хорошо было ради тебя, и дабы жива была душа моя чрез тебя.

Какое ужасное бремя возложено на эту женщину! Ей придётся лгать, чтобы спасти жизнь мужа. Наверняка, Сарра знала уже тогда, что подвергает себя опасности быть взятой другим мужчиной. Авраам не ошибся насчёт египтян. Увидев Сарру, они были поражены её красотой.

16 И Авраму хорошо было ради её; и был у него мелкий и крупный скот и ослы, и рабы и рабыни, и лошаки и верблюды.

Сарра была определена в покои для «будущих жён». В каком положении оказалась она?! Муж должен был заботиться о ней, любить и оберегать её. Но где сейчас он? А Авраам уже получает подарки за свою прекрасную жену. Однако Сарра повиновалась. Если бы она спросила моего совета, то я бы вряд ли посоветовала ей безропотно повиноваться мужу. Зато Бог почтил Сару за её послушание.

17 Но Господь поразил тяжкими ударами фараона и дом его за Сару, жену Аврамову.

Авраам испугался, и поэтому Господь сверхъестественным образом Сам вступился за Сару. Позволяешь ли ты Богу действовать в твоей жизни? Может, настанут времена, когда муж будет неправ, как был неправ Авраам, однако тебе придётся повиноваться ему и предать всё в руки Божии.

Если бы это был единственный случай, когда Авраам поступил подобным образом, то мы могли бы облегчённо вздохнуть: «Ну, теперь он усвоил урок». Но нет же. Авраам опять решает солгать. На этот раз в 20 главе Книги Бытие Сарра уже в возрасте, но всё ещё остаётся привлекательной женщиной. Библия говорит нам, что Авраам поднялся к югу. Царь Герарский только взглянул на Сарру и сразу спросил о ней Авраама. Наш старина Авраам ответил опять: **«Она сестра моя»**. Поэтому царь забирает Сарру с намерением сделать её своей женой. Сарра опять соглашается и повинуется мужу. Если бы на её месте оказалась я, то, может, прочитала бы Аврааму небольшую «духовную» нотацию, вроде: «Ах, Авраам, почему ты не можешь довериться Богу? Он позаботится о нас. Прошу тебя, не ставь меня опять в подобное положение». Библия же говорит нам, что Сарра поступила так, как сказал ей муж.

Я не перестаю восхищаться, как Бог защищает женщину от глупости мужа, посредством снов, тяжких ударов, болезней и даже смерти.

Может, ты переживаешь из-за положения, в котором оказалась благодаря мужу? Скажи мне, как бы ты поступила, если бы оказалась на месте Сарры? Согласилась бы ты повиноваться? Или ты бы взяла ситуацию под свой «более духовный» контроль? На этот раз Библия говорит, что Бог явился царю во сне и сказал: **«вот, ты умрёшь за женщину, которую ты взял, ибо она имеет мужа»** (Быт. 20:3). Бог вступился за Сарру и сохранил её в чистоте.

Я не перестаю восхищаться, как Бог защищает женщину от глупости мужа, посредством снов, тяжких ударов, болезней и даже смерти. Как мог муж веры Авраам поступать настолько маловерно? Как мог Авраам, который доверял Богу в делах великих и сильных, поставить жену в подобное положение? Мы знаем, что он любил её очень сильно.

Но Авраам был просто человеком.

Все мужчины совершают ошибки. Жена должна повиноваться мужу во имя Бога, а не во имя справедливости. Если думаешь повиноваться мужу только, когда он прав, то это будет происходить в очень редких случаях и ты не сумеешь насладиться чудесами Бога.

Бог избрал женщину

Пока Авраам учился повиноваться Богу, **Сарра училась повиноваться мужу,** а Бог творил чудеса ради их обоих. Бог избрал Сарру также, как Он избрал Авраама. **Матерью великого народа могла стать только послушная женщина.** Сарра не была единственной женой Авраама, и Исаак не был его единственным сыном. Агарь, служанка Сарры, родила Аврааму сына Измаила. Однако муж Божий уделял служанке гораздо меньше внимания. Когда Сарра, в порыве ревности, потребовала от Авраама бросить Агарь и её сына в пустыне, то Бог сказал уступить требованиям законной жены. Господь проговорил к сердцу мужа Божьего. Он показал ему, что только через семя Исаака сбудутся все обетования. После смерти Сарры Авраам женился опять, однако та жена нигде в Писании не упоминается, за исключением одной единственной строчки повествующей нам о том, что у этого мужа Божьего родилось шесть детей от Хеттуры. Тем самым просто удостоверяется факт, что у Авраама ещё были дети.

Я знаю, что Сарра была *поддержкой* для Авраама, и поэтому он сумел стать именно тем человеком, каким был. Наверняка, были моменты, когда Авраам отчаивался и падал духом: «Я всё ищу и ищу город, художник и строитель которого – Бог, но его всё нет и нет!» - «Ну что ж, Авраам, - наверняка, отвечала ему Сарра с улыбкой, - благодаря всем нашим поискам жизнь полна благословений. Будем продолжать искать. Попробуем завтра снова».

> ***Кем и чем оказался бы мой муж, женись он на другой? Сделала ли я всё возможное для того, чтобы он стал сильным, уверенным и решительным мужем Божиим?***

Позволяю ли я Богу руководить мужем в жизни и направлять его в работе? Умею ли ценить его призвание и интересы? Умею ли быть его помощницей? Женившись на мне, стал ли он лучше, способнее и увереннее в себе? **Если бы Бог задумал идеальную жену для моего мужа, то *оказалась бы ей именно я?***

На протяжении многих лет мне приходилось сталкиваться с ситуациями, когда, казалось бы, хорошая женщина выходила замуж за, казалось бы, никчёмного и отпетого негодяя. В результате, после многолетних выяснений отношений, «хорошая» жена разводилась с пьющим мужем. Окружающие соглашались, что это было единственным верным выходом из положения. Примерно через год никчёмный пьяница женился снова. Через несколько месяцев после женитьбы он переставал пить – без всякой помощи реабилитационного центра – и до конца своих дней примерно трудился, радовался семье, любил жену и не брал в рот ни грамма спиртного. Во мне достаточно здравого смысла, чтобы не заметить, что некоторые мужчины впадают в зависимость от алкоголя, порнографии или просто лени, невзирая на добрые качества жены. Но я наблюдала вышеприведённый сценарий слишком много раз, чтобы считать его маловероятным. Я ни в коем случае не проповедую разводы и повторные браки. Но я хочу заметить, что, если бы у некоторых «никчёмных» мужчин были более ______(заполните пробел сами)_______ жёны, эти мужья не были бы такими никчёмными.

Если бы Бог задумал идеальную жену для моего мужа, то оказалась бы ей именно я?

Бог избрал одного особого мужа и одну особую женщину, чтобы они стали прародителями великой нации. Сарра не была отмечена за заслуги замечательной матери. Большую часть жизни она провела бездетной. Своего единственного сына Сарра родила уже в старости, а потом умерла, прежде чем Исаак успел вырасти. **Но она отмечена в Библии за то, что верила Богу и называла мужа *господином.*** Именно такая женщина требовалась Богу, чтобы сформировать *такого человека,* от которого Бог задумал произвести великий народ.

Бог говорит об Аврааме: **«ибо Я избрал его для того, чтобы он заповедал сынам своим и дому своему после себя, ходить путём Господним, творя правду и суд...»** (Быт. 18:19). Может, твои дети бунтуют? Может, твой дом разваливается на части, и муж не помогает? А может, проблема кроется в том, как ты относишься к мужу? **«Так Сарра повиновалась Аврааму, называя его господином. Вы – дети её, если делаете добро и не смущаетесь ни от какого страха»** (1 Пет. 3:6).

Когда двое становятся одной плотью

Дорогие друзья во Христе,

Пишет вам служитель. Недавно я прослушал кассету, где один пастор записал беседу о том, как женщина училась уважать и почитать мужа. Эта запись предназначалась для женщин, но я решил, что в мои обязанности входит помогать семейным парам, поэтому тоже внимательно прослушал кассету.

Эта беседа затронула меня до глубины души. У меня замечательная жена и дети. Они любят меня, уважают. ***Однако я осознал, что мне в ещё большей степени необходимо их глубокое почтение и уважение, и этого я не получаю дома.*** *Мне было нелегко (не хочу делать ударения на эмоции, но и не стану умалять глубину своих чувств), но я всё же решил поделиться с женой своим желанием получать от неё и детей больше уважения. Мне было необходимо просто завериться её дружбой. В беседе говорилось, что для мужчин очень важны дружеские отношения с женой. Знаю, что никогда раньше, до этой беседы, не смог бы объяснить супруге своих чувств. Жена сразу откликнулась и добавила, что никогда не догадывалась, насколько подобные отношения могут быть важны для мужчины. Ей было приятно узнать, какое незаменимое участие она принимает в «моём» служении. Это стало для жены благословением.*

Довольно-таки интересно, что я дал послушать эту беседу ещё двум братьям, и они тоже почувствовали себя подобным образом и получили подобные ответы от своих жён. Хочу здесь заметить, что ***осознание того, что человек, за которого она вышла замуж, чувствует себя несовершенным без её участия и уважения, придаёт жене настоящий смысл жизни.***

Только сейчас я понял, насколько нуждаюсь в своей спутнице жизни. Она мне просто необходима! Не только для того, чтобы кормить меня и согревать мою постель, но чтобы вдохновлять мою душу. Без её постоянного присутствия я чувствую себя опустошённым. Теперь мы оба поняли, насколько драгоценно для нас быть одной плотью.

Пастор Вениамин

*«**Мудрая жена** старается быть частью жизни мужа. Его интересы становятся теперь и её. Она поддерживает мужа во всех начинаниях. Если ему необходима помощь, то жена именно та, кто приходит на выручку первой».*

Сонаследницы благодатной жизни

Пастор Вениамин стремился к тому, чтобы жена стала его сонаследницей благодатной жизни. **Его невосполненное желание чувствовать себя королём своего королевства** и недостаток в семье необходимого почтения и уважения, которое сопровождает подобное звание, привело его к чувству одиночества. Пастору Вениамину необходима была королева, которая бы поддерживала его. **Несомненно, его супруга старалась быть ХОРОШЕЙ женой и матерью, однако она недооценила самое главное призвание.**

> **«Также и вы, мужья, обращайтесь благоразумно с жёнами, как с немощнейшим сосудом, оказывая им честь, <u>как сонаследницам благодатной жизни</u>, дабы не было вам препятствия в молитвах»** (1Пет. 3:7).

В современном обществе мы, женщины, стараемся достичь очень много за пределами собственного дома. Большая часть наших стараний не от Бога. Это просто погоня за суетой, которая затуманивает разум, омрачает дух и заставляет забыть о том, что мы созданы именно для того человека, за которого согласились выйти замуж. Нам надо отложить в сторону все дела за пределами дома, которые полностью выматывают нас и детей. Домашнее или семейное обучение не является проблемой. Проблема кроется в честолюбивых целях, которые вы ставите пред собой. Божья воля для всех семейных пар заключается в том, чтобы они следовали по жизни рука об руку. Зачастую муж и жена кругами бегают друг вокруг друга, но очень редко встречаются в золотой середине. Мы настолько заняты определением детей в разные классы, кружки и секции, что нам не хватает времени стать сонаследницами благодатной жизни наших мужей. Даже церковные мероприятия могут отвлекать нас от Божьего замысла для супружеских пар.

Повесь телефонную трубку, отложи в сторону любовный роман, выключи телевизор, отключи интернет, ограничь количество дел за пределами дома и посещение сестринских служений. Посвяти себя тому, чем занимается муж. Пожертвуй свободное время детям. Только таким образом ты сможешь лучше восполнить нужды супруга. **С этого начинается умение и выполнение роли сонаследницы благодатной жизни.**

Душа пастора Вениамина жаждала *родственной души.* Он не искал жены, которая бы выступала в церкви, возглавляла комитет семейного обучения или же завоёвывала все награды лучших домохозяек. Но он искал супругу, которая бы говорила ему, какой он замечательный. Он искал жену, которая бы встречала его у дверей с улыбкой. Муж желал занять главное место в её жизни. Пастор Вениамин нуждался в глубоком почтении. Помните, **«...а жена <u>да боится своего мужа</u>»** (Еф. 5:33). Он хотел стать ЕЁ королём.

Он не искал жены, которая бы выступала в церкви, возглавляла комитет семейного обучения или же завоёвывала награды лучших домохозяек. Но он искал супругу, которая бы говорила ему, какой он замечательный.

Многие супружеские пары живут вместе годами, так никогда и не прилепившись душой друг к другу. Это два совершенно разных человека, которые разделяют жилплощадь и семейный быт. Они живут под одной крышей, не ссорятся, не скандалят, воспитывают детей, но так никогда и не становятся одной плотью. Муж занимается своими делами, а жена своими. Её не волнуют его дела, а на него навевает скуку её «множество» ежедневных мероприятий. Всё, чем они занимаются в своей совместной жизни, можно с таким же успехом выполнять по отдельности. Если муж отправляется в магазин, то ему и в голову не придёт позвать жену с собой. Если она отправляется по своим делам, то не считает должным отчитываться перед мужем, куда пошла и когда вернётся. Они женаты, вместе спят, растят детей, выполняют семейные и домашние обязанности. Но это два совершенно разных человека, которые ведут две совершенно разных жизни. Жена занята детьми и церковью и прилепляется душой к лучшей подружке в церкви, которой больше чем мужу расположена открывать свою душу. Женщина прилепляется к другой женщине? Вместо идеального образа Христа и Церкви, мы сегодня отражаем извращённые отношения женщин, восполняющих нужды и потребности друг друга. Какая отвратительная картина!

Муж работает, находит удовлетворение в своём успехе, но в глубине души чувствует себя так же, как и Адам до сотворения Евы – ему чего-то недостаёт. **Как и Адам, он чувствует себя одиноким, и это «не хорошо».** Жизнь прошла стороной, а он так и остался опустошённым. Дети выросли, и где-то в районе 40-50 лет, когда муж уже устроил свою жизнь, в нём вдруг просыпается давно утраченное желание: найти себе ***настоящую*** **родственную душу.** Почему-то карьера и достижения больше не кажутся настолько важными. Тот человек, который всю жизнь воздерживался от сексуального влечения к женщинам, вдруг оказывается обезоружен пред теми представительницами прекрасного пола, которые проявляют интерес к его мужской и просто человеческой натуре. Ему становится приятно «уединяться» с той женщиной, которая выражает ему почтение, интересуясь его мечтами, надеждами и желаниями.

Жена, помни, что только ты должна стать помощницей мужа, его возлюбленной и его подругой. Отложи в сторону личные планы и стань его КОРОЛЕВОЙ.

Я остаюсь в изумлении

Дорогая Деби,

> *Я нашла вашу страничку в интернете. Какое благословение! Я столь многому научилась из материала о послушании жён. Стараясь быть послушной женой я просто изумляюсь тому, как муж меняется у меня на глазах. Мы женаты уже 15 лет, но только в этом году я стала учиться придерживать свой язык за зубами. Все свои желания приношу теперь Господу, и Он отвечает мне через мужа. Это та-а-а-а-ак здо-о-о-о-о-ро-во! Всё совершенно изменилось. Если б вы только знали, как мы жили раньше. Не буду вдаваться в подробности, но замечу, что раньше всё было подобно праху, теперь же настолько прекрасно. Это не мой труд. Это творит Господь, и я так рада.* ***Бог ревнует о моём муже*** *и не позволяет мне менять его. Кажется, что Бог хочет сказать мне: «Видишь, дочь моя, ты, наконец-то, отдала его Мне, и Я сделаю из него что-то лучшее, чем ты себе можешь представить! Он сын мой, и Я с любовью произвожу в нём Свою работу. Ты продолжай верить, а Я продолжу работать в жизни твоего мужа. Я ещё не закончил трудиться над ним, но так же ещё не закончил трудиться и над тобой. Подними свою голову и прославь Меня с радостью, когда я завершу Свой труд. Ты*

должна это сделать, дочь моя. Радуйся и хвали его, видя те перемены, которые Я совершаю в нём».

Когда на пути встречаются трудности, я хвалю Господа и приношу все нужды пред Ним. Я поняла, что никогда не сумею получить ответа на свои молитвы, если буду таить в себе горечь и обиду. Деби, с каждой неделей у меня получается всё лучше и лучше. Я вижу, как Бог совершает работу у меня на глазах и остаюсь в изумлении. Чем больше прощаю в своём сердце, тем больше происходит удивительных перемен. Пожалуйста, дайте всем знать, что смысл состоит в прощении. Да, чтобы получить ответ на наши молитвы, необходимо постоянно прощать. «Также и вы, мужья, обращайтесь благоразумно с жёнами, как с немощнейшим сосудом, оказывая им честь, как сонаследницам благодатной жизни, дабы не было вам препятствия в молитвах» (1 Пет. 3:7). Когда я перестала диктовать ответы Богу, тогда Он стал отвечать на мои вопросы, даже лучше, чем могла себе представить. Если б вы только знали, в каком положении я была всего несколько лет назад. Бог такой замечательный. Будьте благословенны.

Джилл

Ранние годы

Семена взаимной привязанности сеются в ранние годы совместной жизни. Когда молодой жене становится скучно одной дома, то она заполняет свободное время приготовлениями к приходу мужа с работы. Супруга с нетерпением ждёт выходных, которые проведёт вместе с любимым. В часы одиночества она строит планы к возвращению мужа, готовит ему еду, прибирает и ждёт прихода домой. Мужчина воспрянет духом и ещё больше будет любить жену, когда своими глазами увидит, насколько сильно она в нём нуждается. Подобным образом молодые супруги учатся доверять свои чувства друг другу.

Если же молодая жена садится на телефон с подружкой или же беседует по душам только с мамой, то никогда не испытает необходимости доверять свои чувства мужу. Она не позволила супругу стать частью своей молодости и он продолжит жить, как одинокий и независимый человек. Мужчина не умеет инстинктивно чувствовать желания жены, а она ещё не понимает, что может открыть свои чувства ему. Зачастую эти двое превращаются в супружескую пару, которая живёт в одном доме, растит детей, несёт служение в церкви и, в принципе, примерно выглядит со стороны. Однако и он, и она знают, что в их отношениях чего-то не хватает.

Взаимная привязанность супругов, когда жена становится сонаследницей благодатной жизни, начинается именно с женщины. Она немощнейший сосуд с более выраженными слабостями. Мужчина пробуждается от её «видимой» немощности. **Если жена посвящает жизнь на служение и восполнение нужд мужа, то в нём пробуждается желание защищать, заботиться и оберегать её.** Чем больше супруг видит, что жена в первую очередь заботится о его благополучии, тем больше его сердце становится уверенным в ней и он делится с ней самыми сокровенными чувствами. Добродетельная жена из 31 главы Притчей преуспела во многих сферах жизни, но залог её успеха сокрыт в следующем стихе: **«уверено в ней сердце мужа её, и он не останется без прибытка; она воздаёт ему добром, а не злом, во все дни жизни своей»** (Прит. 31:11-12). Только при этом условии мужчина сможет привязаться к жене. Помните мою подругу-королеву, которая стала венцом для мужа? Даже оставаясь неспасённым, супруг был уверен в ней. Он знал, что если приведёт приятелей домой, жена не унизит мужа недовольством или плохим настроением в присутствии посторонних.

Когда жена доверяется мужу, то она перенимает себе его уверенность и эмоциональное равновесие. Вместе они смогут достичь гораздо большего, чем в одиночку. Поддержка мужа придаёт жене силы, когда ей приходится сталкиваться с жизненными проблемами. Если супруг доверяет суждениям жены, то становится с её помощью более мудрым и более чувствительным к нуждам окружающих.

Мужчина не должен быть милым, приятным и помнить всегда важные даты, вроде дней рождений, годовщин и пр. Он даже может быть неспасённым. Но если муж уверен, что жена воздаст ему добром во все дни жизни своей, то он сумеет привязаться к ней душой. Если супруга откроется ему, то он сумеет восполнить её нужды. Жена не обязана быть привлекательной, трудолюбивой или даже умной, *но если она почитает и любит мужа, то с его помощью сможет возрасти и стать гораздо лучшей, чем без него.* **Мужчина может слиться душой только с той женщиной,**

которая посвятит ему свою жизнь. Но если жена остаётся в стороне и постоянно причитает, что он такой ленивый и раздражительный, слишком мало занимается с детьми и слишком много работает, то муж никогда не сумеет прилепиться душой к подобной женщине. Если супруга целыми днями бегает с одного мероприятия на другое или от подружки к подружке, если она находит душевное утешение в своей дочке, маме или подруге, то муж никогда не станет её опорой в жизни. Настанет время, когда подружка переедет, мать уйдёт из жизни, а дочка выйдет замуж; и жена столкнётся с тем фактом, что муж нашёл себе кого-то на стороне на роль помощницы и родственной души, потому что так и не получил этого дома от супруги.

Взаимная привязанность супругов, когда жена становится сонаследницей благодатной жизни, начинается именно с женщины.

Однако, когда самая простая и обыкновенная женщина, без особых знаний, заслуг и отличий, целиком вкладывает себя, своё время, радость, благодарность, похвалу, и даже свой страх и сомнения в самого простого и обыкновенного мужчину, то вместе они становятся ещё сильнее, способнее и мудрее. Люди обращаются к ним за помощью и советом.

Очень легко прожить жизнь, причитая: «Ах, если бы мой муж был спасённым, или более духовным, или менее раздражительным». Не важно, какой у тебя муж, *твоя задача – быть его помощницей*. Если твои глаза будут светиться светом, когда смотришь на мужа, то этот свет отразившись в его лице, вернётся обратно к тебе.

Совершенный Божий план состоит в том, чтобы муж и жена сумели стать сонаследниками благодатной жизни. Это великая тайна, отражающая отношения между Христом и Церковью. Наградой служит радость, мудрость, уверенность, душевное равновесие и крепкая любовь. Божьи благословения настолько прекрасны, что их невозможно описать словами.

Благословенные браки созидает Сам Бог.

От благодарной помощницы

(это письмо пришло от благодарной читательницы)

> *Уважаемые мистер и миссис Пёрл,*
>
> *Хочу сообщить вам, что мой муж недавно ушёл из жизни. Я пережила огромное благословение в брачном союзе с человеком, который жил так же, как учите вы. 24 сентября после обеда муж решил поработать во дворе и, выходя из дома, обратился ко мне со словами: «Я прожил с тобой замечательную жизнь». Это оказались его последние, услышанные мной, слова. Он вернулся домой через несколько минут, прошел в дальнюю комнату и рухнул там замертво от случившегося инфаркта. Муж всегда говорил мне, насколько сильно он меня любит. Всегда благодарил за еду и за всё, что я для него делала. Он был замечательным спутником жизни, который любил Бога. И я так признательна, что мне на память остались эти его последние слова.*
>
> *Мы прожили вместе 56 лет.*
>
> *Пожалуйста, не переставайте говорить людям о том, что брак – это наш самый драгоценный союз на земле. Он существует ТОЛЬКО НА ЭТОЙ ЗЕМЛЕ, поэтому дорожите им и не теряйте понапрасну время. Бог восполняет мои нужды. Я получаю от Него всё самое необходимое, но, о, как я скучаю по ушедшей своей второй половине!*
> *С любовью к нашему Спасителю,*

Марианна

Брак – это наш самый драгоценный союз на земле.

Размышляя о том, *чему мы научились*

- **Что может сломить дух мужчины и разрушить ваш брак:**
  - Духовно критикующая жена.
  - Недовольная жена.
  - Жена, не отвечающая восьми качествам из 2 главы Послания к Титу.

- **Восемь правил из Послания к Титу (2:3-5), которые должны выполнять женщины, дабы не порицать Слово Божие:**

  [1] быть благоразумными, [2] любить мужей, [3] любить детей, [4] быть целомудренными, [5] чистыми, [6] попечительными о доме, [7] добрыми, [8] покорными своим мужьям.

- **Наше оружие в сражении за благословенный брак:**
  - Радость
  - Благодарность
  - Довольство
  - Почтение
  - Послушание
  - Молитва
  - Вера в Слово Божие

«И сказал Господь Бог: не хорошо быть человеку одному; сотворим ему помощника, соответственного ему... И... Господь Бог... привёл её к человеку» (Быт. 2:18,22).

«Кто нашёл добрую жену, тот нашёл благо и получил благодать от Господа» (Прит. 18:22).

Как Бог изменил тебя?

А теперь вернись к списку из десяти пунктов, который ты составила в начале этой книги. Может, раньше ты пренебрегала Божьим планом, но теперь знаешь истину о своей роли помощницы. Со старым покончено навсегда. Бойся Господа.

Я вода для него

Деби Пёрл

(Перевод Валентины Юсфиной)

Я вода для него.
Он любуется мною, когда я бегу по камням,
Отражается солнце во мне миллионами брызг.
И игра моих вод ублажает его и волнует,
Принося ему радость и свет.
«Как прекрасна она!» - восклицает он день ото дня.
Я вода для него. Я играю, сверкаю, смеюсь.

Он так жаждет меня,
Словно странник в иссохшей и и жгучей пустыне.
Опалённый ветрами и солнцем,
Изнемогший, он ищет укрытия,
И горячий песок обжигает и грудь, и лицо.
А он ищет меня,
Как колодец глубокий и чистый,
Чтоб прильнуть пересохшей гортанью к источнику вод.
Он желает испить, насладиться водой в изобильи.
Я вода для него. Я могу утолить его жажду.

Он так ищет покоя.
В смятении часто и мысли, и сердце его.
Окружают, гнетут и тревожат недобрые слухи.
Он приходит ко мне.
И в прохладе моих берегов
Отдыхает душа, истомлённая жаждой и зноем.
Он в объятьях моих обретёт долгожданный приют.
Успокоится сердце его от того, что я рядом.
Я вода для него. У меня для него утешенье.

Он забыл о себе,
Но он должен вернуться в реальность
И увидеть воочию, что окружает его.
У моих берегов наберётся он силы
И в моём отраженьи увидит себя.
Я даю ему крепость и даю ему знать,
Кто он есть: человек добрый, честный и сильный.
Я вода для него. Я свежа, глубока и спокойна.

Он доверился мне, утверждаясь на трудном пути.
И доверье его заслужила с достоинством я.
Я смеюсь и танцую. Я радуюсь силе его.
И он видит мою красоту в свете солнечных брызг.
Я теку для него и прохладой своею
Его жажду всегда утолю.
Я вода для него. Не иссякнут потоки мои для него.

Я тиха, глубока.
Я утешить могу и ласкать на спокойных волнах.
И в моей глубине
Отражаются сила, и слава, и верность его –
В нём нет страха со мной.
С восхищением смотрится в воды мои
И уверенно следует к цели.
Прикоснувшись ко мне, обретает надёжный покой.
В моих водах, купаясь, наполняется силою вновь.
Он уверен во мне.
Он в почёте и славе со мной.
А другие разводят руками и не могут понять...
Я... вода для него.

Бог страшен в Своих судах.

Они приводят нас в трепет. Бог также полон прощения и милосердия. Он желает благословить Свой народ, но зачастую, из-за своей беспечности, мы вынуждаем Бога судить нас. Я уверена, что эти суды уже начинают утомлять и Его самого.

Господь ищет, ждёт и зовёт тех, кто услышит Его голос. Бог зовёт тебя по имени так же, как незадолго до этого, глубокой ночью, Он позвал по имени мальчика Самуила. Господь позвал нежным голосом обручённую деву по имени Мария. Сейчас Он так нежно зовёт и тебя. Услышишь ли ты голос Господа?

Бог ищет помощниц, тех жён, которые соблюдают повеления, записанные в Его Слове. Бог хочет использовать их, как сосуды благословений. Благословений! У Него так много благословений, но так мало достойных сосудов.

Я почти вижу, как Он в ожидании смотрит с небес на землю, наблюдает и ждёт, в надежде услышать прекрасные мелодичные звуки радости, которые доносятся с земли до небес. «Да, я слышу, как кто-то откликнулся на Мой призыв. Принесите мне чашу». Ангел подаёт Ему чашу суда и гнева, но Бог отвечает: «Нет, не ЭТУ чашу; принесите мне чашу полную благословений. Именно её я желаю излить на мою дочь». Ангел улыбается и подаёт в руки Богу большую чашу благословений. Господь с радостью начинает изливать Свои благословения, которые опускаются на землю быстрее, чем их там успевают принять. Ангел наклоняется, чтобы присмотреться поближе, и теперь он тоже может расслышать прекрасные звуки благодарений, которые поднимаются к небу, как приятное благоухание Господу. Наш всемогущий Бог велик Своими благословениями и Своей благодатью. Он готов и желает благословить тех, кто почитает Его.

Слышишь ли ты голос Господа? Тихо и нежно Он зовёт тебя по имени: «Будь той помощницей, которой я сотворил тебя. Доверься Мне, повинуйся Мне и верь в Меня. И тогда увидишь, что Я готов сотворить для тебя».

Благословений потоки

С неба польются дождём...

Места Писания

Здесь приводится перечень мест из Священного Писания для тех из вас, которые желают более подробно изучить вопрос о роли женщин и жён в Слове Божьем. Это не исчерпывающий список, но в нём содержатся все основные места Писания, которые касаются рассмотренных в этой книге вопросов.

МЕСТО	ТЕКСТ
Быт. 1:27-28	...мужчину и женщину сотворил их...
Быт. 2:15	...и поселил его в саду Едемском...
Быт. 2:18	...сотворим ему помощника, соответственного ему.
Быт. 2:20	...но для человека не нашлось помощника...
Быт. 2:22-23	И создал Господь Бог... жену...
Быт. 3:1-24	Змей был хитрее всех зверей полевых...
Быт. 12:10-20	Авраам позволяет взять Сарру в дом фараона.
Быт. 18:12	...мне ли, когда я состарилась, иметь сиё утешение?
Быт. 18:19	...ибо Я избрал его для того, чтобы он заповедал...
Быт. 19:26	Непокорная жена.
Быт. 20	Авраам опять позволяет взять Сарру.
Быт. 20:18	Господь заключает чрево.
Быт. 24	Поиски невесты.
Быт. 29-31	Господь отверзает утробу.
Быт. 41:33-34	...да усмотрит... мужа разумного и мудрого...
Исх. 2:1-22	Матерь Моисея.
Исх. 34:14	...потому что имя Его – ревнитель...
Лев. 18	Сексуальные извращения.
Втор. 22:5	Мужская одежда.
Втор. 24:1-4	...первый муж, отпустивший жену...
Втор. 28:28	...поразит тебя Господь сумасшествием
Втор. 28:47-48	За то, что ты не служил Господу Богу твоему...
Суд. 13	Чудесное рождение (Самсон).
Руф.	История Руфи.
1 Цар. 1	Чудесное рождение (Самуил).
1 Цар. 25	История Авигеи.
2 Цар. 11-12	Прочитайте историю Давида и Вирсавии.
3-4 Цар.	История Иезавели и её непокорности.
3 Цар. 17:9-24	История вдовы.
Неем. 8:10	...радость пред Господом – подкрепление для вас…
Есф.	История Есфири.
Иов 5:2	Так, глупца убивает гневливость...
Пс. 32:18	Вот, око Господне...
Пс. 36:3-8	Предай Господу путь твой...
Пс. 50	Псалом Давида, когда он раскаивался в своём грехе.
Пс. 89:12	Научи нас так счислять дни наши...
Пс. 99	Воскликните Господу, вся земля!
Пс. 106:22	Да приносят Ему жертву хвалы...
Пс. 110:10	Начало мудрости – страх Господень...
Пс. 138:13-16	Нерождённый ребёнок.
Прит. 1:3	...усвоить правила благоразумия...
Прит. 1:7	Начало мудрости – страх Господень.
Прит. 2:2	...так что ухо твоё сделаешь внимательным к мудрости...
Прит. 2:10-11	Когда мудрость войдет в сердце твоё...
Прит. 4:7	Главное – мудрость...
Прит. 5:15-19	Супружеская верность.
Прит. 6:21	...навяжи их навсегда на сердце твоё...
Прит. 6:24-35	Негодная женщина.
Прит. 7:1-27	Блудная жена.
Прит. 9:10	Начало мудрости – страх Господень.
Прит. 9:13	Женщина безрассудная, шумливая...
Прит. 11:16	Благонравная жена приобретает славу.
Прит. 11:22	...женщина красивая и безрассудная.
Прит. 12:4	Добродетельная жена – венец...
Прит. 13:24	Кто жалеет розги своей, тот ненавидит сына.
Прит. 14:1	Мудрая жена устроит дом свой...
Прит. 14:18	...а благоразумные увенчаются знанием...

Прит. 15:13,15	Весёлое сердце делает лицо весёлым.
Прит. 16:3	...и предприятия твои совершатся.
Прит. 16:21	Мудрый сердцем прозовется благоразумным...
Прит. 17:22	Весёлое сердце благотворно...
Прит. 18:9	Нерадивый в работе своей...
Прит. 18:15	Сердце разумного...
Прит. 18:22	Кто нашёл добрую жену, тот нашёл благо...
Прит. 19:13	...сварливая жена...
Прит. 19:14	...разумная жена – от Господа.
Прит. 20:5	Помыслы в сердце человека...
Прит. 21:9	...со сварливою женою в пространном доме.
Прит. 21:19	...с женою сварливою и сердитою...
Прит. 22:8	...и трости гнева его не станет...
Прит. 22:15	Глупость привязалась к сердцу юноши...
Прит. 23:7	...потому что, каковы мысли в душе его, таков и он.
Прит. 27:15	Непрестанная капель... и сварливая жена равны.
Прит. 29:15	Розга и обличение дают мудрость...
Прит. 30:18-19	...пути мужчины к девице.
Прит. 30:21-23	...позорную женщину, когда она выходит замуж...
Прит. 31:10-31	Кто найдет добродетельную жену?
Еккл. 7:20	Нет человека праведного на земле...
Еккл. 10:13	...а конец речи из уст его – безумие.
Еккл. 11:5	Чрево беременной.
Песн. 2:4	...и знамя его надо мною - любовь.
Песн. 3:4	...как нашла того, которого любит душа моя...
Песн. 8:6	...люта, как преисподняя, ревность...
Ис. 3:16-17	Украшение себя.
Ис. 14:12-20	А говорил в сердце своём...
Ис. 32:9-11	...послушайте голоса моего; дочери беззаботные!
Ис. 33:6	И настанут безопасные времена твои...
Ис. 51:3	...радость и веселие будет в нём...
Ис. 55:8	Мои мысли – не ваши мысли...
Ос. 4:6	Истреблен будет народ Мой за недостаток ведения...
Ион. 2:9	...гласом хвалы принесу Тебе жертву...
Мф. 5:27-32	Развод и повторный брак.
Мф. 5:28-29	...кто смотрит на женщину с вожделением...
Мф. 13:33	...подобно закваске, которую женщина, взяв, положила...
Мф. 15:19	...ибо из сердца исходят злые помыслы...
Мф. 19:9	...кто разведётся с женою своею...
Мф. 22:15-22	...отдавайте кесарево кесарю...
Мк. 3:29	...кто будет хулить Духа Святого...
Мк. 10:2-12	Развод.
Лк. 1:39-44	Нерождённый ребёнок.
Лк. 6:45	Добрый человек из доброго сокровища...
Лк. 6:49	А слушающий и неисполняющий...
Лк. 7:36-50	Грешница омывает ноги Иисуса.
Лк. 10:39-42	Мария и Марфа.
Лк. 16:18	Развод.
Лк. 17:2	...лучше было бы ему, если бы мельничный жернов...
Ин. 3:16	Ибо так возлюбил Бог мир...
Ин. 4:6-18	...ибо у тебя было пять мужей...
Ин. 5:18	Иисуса обвиняют в богохульстве.
Деян. 5:1-10	Анания и Сапфира.
Деян. 5:29	...должно повиноваться больше Богу, нежели человекам.
Деян. 26:20	...делая дела, достойные покаяния.
Иак. 1:5	Если же у кого из вас недостаёт мудрости...
Иак. 2:25	...Раав блудница не делами ли оправдалась...
Иак. 3:1	Братия мои! не многие делайтесь учителями...
Иак. 3:1-12	И язык – огонь...
Иак. 3:17	Но мудрость, сходящая свыше...
Иак. 4:17	Итак, кто разумеет делать добро...
1 Петр. 1:8	...радуетесь радостью неизреченною и преславною...
1 Петр. 2:13-23	...со всяким страхом повинуйтесь господам...
1 Петр. 3:1-17	Также и вы, жёны, повинуйтесь своим мужьям...
1 Петр. 4:8	...любовь покрывает множество грехов.
1 Петр. 4:9	Будьте страннолюбивы друг ко другу...
2 Петр. 1:13	Справедливым же почитаю...
3 Ин. 1:4	Для меня нет большей радости, как слышать, что...

Рим. 1:26-28	Потому предал их Бог постыдным страстям...
Рим. 1:27	...должное возмездие за своё заблуждение.
Рим. 2:4	...благость Божия ведёт тебя к покаянию.
Рим. 4:18-22	Вера с надеждою.
Рим. 5:20	А когда умножился грех...
Рим. 7:2-3	Прелюбодеица или вдова.
Рим. 8:9	...если только Дух Божий живёт в вас.
Рим. 8:14	...все, водимые Духом Божиим...
Рим. 12:1-2	Итак умоляю вас, братия...
Рим. 15:4	...что писано было прежде...
1 Кор. 6:16	Или не знаете, что...
1 Кор. 7:2-5	...подобно и жена мужу.
1 Кор. 7:10-17	Развод.
1 Кор. 7:14	Ибо неверующий муж освящается...
1 Кор. 7:15	Если же неверующий хочет развестись, пусть разводится...
1 Кор. 7:20	Каждый оставайся в том звании...
1 Кор. 7:27	Соединен ли ты с женой? не ищи развода.
1 Кор. 7:34	...замужняя заботится... как угодить мужу.
1 Кор. 10:6,11	А это были образы для нас...
1 Кор. 10:24	Никто не ищи своего...
1 Кор. 11:3	...жене глава – муж...
1 Кор. 11:7-9	...а жена есть слава мужа.
1 Кор. 11:2-16	Руководство/порядок подчинения.
1 Кор. 13:4-7	Любовь долготерпит, милосердствует...
1 Кор. 14	Служение церкви.
1 Кор. 14:34-36	Жёны ваши в церквах да молчат...
1 Кор. 15:9	...недостоин называться Апостолом...
1 Кор. 16:4	А если прилично будет и мне отправиться...
2 Кор. 10:5	...и пленяем всякое помышление...
2 Кор. 11:2	Ибо я ревную о вас...
Гал. 5:22-23	Плод же духа: любовь, радость...
Гал. 6:7	…что посеет человек…
Еф. 5:22	Жёны, повинуйтесь своим мужьям...
Еф. 5:23	...потому что муж есть глава жены...
Еф. 5:24	...так и жёны своим мужьям во всём.
Еф. 5:31	...И БУДУТ ДВОЕ ОДНА ПЛОТЬ.
Еф. 5:32-33	...а жена да боится своего мужа.
Еф. 5:22-33	Бог использует пример интимных супружеских отношений.
Еф. 6:12	...потому что наша брань не против крови и плоти...
Фил. 1:7	...как и должно мне помышлять о всех вас...
Фил. 2:5	Ибо в вас должны быть те же чувствования, какие и во Христе Иисусе.
Фил. 3:14	...стремлюсь к цели, к почести вышнего звания Божия...
Фил. 4:6	Не заботьтесь ни о чём...
Фил. 4:8	...что только истинно...
Фил. 4:11	...ибо я научился быть довольным тем, что у меня есть.
Кол. 1:12	...призвавшего нас к участию в наследии святых во свете...
Кол. 3:15	...и будьте дружелюбны.
Кол. 3:18	Жены, повинуйтесь мужьям своим...
2 Фес. 1:3	Всегда по справедливости мы должны благодарить Бога...
1 Тим. 2:9-10	...чтобы также и жёны, в приличном одеянии...
1 Тим. 2:11	Жена да учится в безмолвии...
1 Тим. 2:12-15	...а учить жене не позволяю...
1 Тим. 3:11	Равно и жёны их должны быть честны...
1 Тим. 5:3-16	Вдовы – молодые и пожилые.
1 Тим. 6:6-8	Великое приобретение – быть благочестивым и довольным.
2 Тим. 1:5	Бабка Лоида.
2 Тим. 1:7	...ибо дал нам Бог духа не боязни...
2 Тим. 2:21	...сосудом... благопотребным Владыке...
2 Тим. 3:6	...и обольщают женщин, утопающих во грехах...
Тит. 2:3-5	...да не порицается слово Божие.
Тит. 3:14	...упражняться в добрых делах, в удовлетворении необходимым нуждам...
Евр. 6:7	...и произращающая злак, полезный...
Евр. 11:11	...ибо знала, что верен Обещавший.
Евр. 13:4	Брак у всех да будет честен...
Евр. 13:5	...довольствуясь тем, что есть.
Евр. 13:8	Иисус Христос вчера и сегодня и во веки Тот же.
Откр. 2:20	...потому что ты попускаешь жене Иезавели...

АЛФАВИТНЫЙ УКАЗАТЕЛЬ

Р

С

Т

У

Х

Ц

Ч

Ш

Э

Ю

Плотские мужья, раздражённые жёны и непокорные дети

Майкл и Деби Пёрл

На наших семинарах по воспитанию детей всегда остаётся время для вопросов и ответов. Это то самое время, в которое мы получаем более полное представление о ваших нуждах.

Пока родители делятся различным опытом, я не перестаю удивляться определённому сходству. Свидетельства звучат обычно так: «Мы - семья с более чем средней дисциплиной. Мы обучаем своих детей дома, трудимся в церкви, проводим семейные молитвы. Мы занимались воспитанием детей с раннего возраста и думали что достигли успешных результатов, пока дети не стали подростками».

Далее, родители описывают различные ситуации в которых их дети проявляют неуважение или непослушание. Почему это происходит? Как может родитель воспитать ребёнка правильно, а затем страдать от его непокорности в подростковом возрасте? Неужели библейский стих говорит нам наставить юношу в начале пути и когда он станет подростком, то будет непокорным, но потом повзрослеет и образумится?

За многие годы, что я слушала мам, делящихся подобным опытом, причина их проблем стала мне ясна. Если бы на мгновение они смогли стать объективными, то тоже увидели бы выход. Глядя в корень, я обычно спрашиваю мам: «Делает ли ваш муж регулярно что-то, что могло бы причинить вред семье?» Постоянно они отвечают что-то подобное: «ДА, и я всегда знала, что это вредит семье и вот теперь тому доказательство». Тогда я спрашиваю: «А как реагируете вы? Встречаетесь ли вы взглядом с детьми и молча выражаете своё недовольство? Видят ли они выражение вашей муки, когда вы готовитесь «умереть для себя», чтобы подчиниться вашему духовно ослабевшему мужу? Даёте ли вы понять, что вы постоянно молитесь о том, чтобы муж взял на себя роль духовного лидера?»

Когда я задаю подобные вопросы, атмосфера в зале внезапно меняется. «Сильные духовные женщины» выглядят как-будто они потеряли своё помазание. Как они себя чувствуют? Вероятно так же, как они заставляют чувствовать своих мужей – христианами второго сорта.

За многие годы я слышала, как женщины, стоя рядом с мужьями, говорят о том как они молятся, чтобы Бог явил Свою волю в их семьях. Или они высказываются какая замечательная была проповедь и как они хотели бы слышать подобное в своём доме. В то время как я стою рядом и слушаю, я со стыдом осознаю, что их мужья уничижаются до плотского ничтожества.

Мужчина не может пожаловаться на то, что жена не слушается его, ведь она слушается. Он не может сказать, что она говорит о нём плохо, ведь она не говорит. Он не может обвинить её ни в чём. Однако часто он раздражён; он чувствует, что его не уважают и не почитают; он чувствует себя глупо. И почему-то за все эти годы усердных молитв, он так никогда и не становится сильным мужем Божиим. Перед детьми жена контролирует его. Она не осознаёт этого и он не может этого объяснить, но дети, подрастая, всё чувствуют. Это пожинается гневом, раздражением, раздором, разочарованием в отце, неприязнью к братьям и сёстрам и, в подростках, неуважением к матери. Писание говорит нам: «Мудрая жена устроит дом свой, а глупая разрушит его своими руками.»

Очень тонко детям даётся понять, что глава семьи в действительности не является духовным лидером и поэтому он не должен быть уважаем – он просто обуза для возрастания семьи. Не удивительно, что когда дети становятся подростками, они относятся к отцу как к какому-то бремени, которое сделали из него. Конечно, пока дети малы, они видят мать, как сильную духовную женщину, но по мере взросления, они начинают критично смотреть на неё глазами осуждения, также как смотрит она на отца. Каждый неуважительный взгляд на отца теперь уже увеличивается и возвращается обратно в её сторону (Матфея 7:1-5). Она хорошо воспитала в своих детях непочтительность и неуважение. Дети могут слушаться, как она слушается, но кому нужно послушание без уважения?

Мать, если у тебя репутация примерной христианки, но твои дети утонули в горечи, то что приобрела ты? Принесёт ли тебе теперь удовлетворение винить во всём своего мужа?

Первое и самое главное, что ты можешь сделать как мать, воспитывая своих детей, это почитать своего мужа, восхищаться им, любить и повиноваться ему, чувствовать честь быть его женой, радоваться его присутствию. Поступая так, ты устрояешь свой дом, ты созидаешь свой дом, ты строишь его основание. Это первая и самая главная часть в воспитании счастливых, послушных, талантливых и вежливых детей, которые рады быть частью семьи. Подобная атмосфера в доме помогает детям любить друг друга и радоваться общению с братьями и сёстрами.

О, конечно ваши подростки будут видеть что вы не идеальны, но они будут радоваться тому, что их родители действительно нравятся друг другу. Это создаст мирную и дружную атмосферу в доме. Это воплотит в жизнь обещания, данные в Библии. Это является причиной того, что некоторые родители, казалось бы делая всё неправильно, воспитывают послушных подростков, в то время как другие, делающие всё правильно, воспитывают недовольных молодых людей.

Женщины, в своих руках вы держите возможность почитать своего мужа, тем самым уча своих детей почитать Бога. Вы можете изменить вечность, восхищаясь своим мужем, повинуясь ему, любя его и давая ему стоять пред Богом свободным от оков домашнего осуждения. Как сказал однажды мой муж Майкл: «Когда жена советует мужу стать лидером, всё его лидерство после этого сводится к выполнению её советов.» Когда жена сама решает в каком направлении должна следовать её семья и после этого пытается привлечь к этому решению мужа, она не только вредит своему браку, но также и своим детям.

Если ваш муж всего 20% отец и вы даёте детям понять своё недовольство этим, то вы получите всего 20% детей; но если вы уважаете и почитаете своего 20% мужа и даёте детям понять, что вы видите его как все 100%, то вы можете получить 100% детей. И муж и отец, которого уважают и почитают, поднимется и будет стремиться к призванию быть мужчиной, которым он должен быть.

За дополнительной информацией (на английском) о материалах служения Майкла и Деби Пёрл обращайтесь по адресу:
No Greater Joy, 1000 Pearl Road, Pleasantville, TN 37033
1-866-292-9936 (телефон для заказов) с 8 утра до 5 вечера
или посетите наш интернет-магазин по адресу: www.NoGreaterJoy.org
На сайте можно оформить бесплатную подписку на журнал "Нет Большей Радости", а также еженедельные рассылки по электронной почте.

СОТВОРЕНА ЕГО ПОМОЩНИЦЕЙ

Просто невероятно, какую работу совершает Бог через эту книгу. Захотелось ли Вам стать подходящей помощницей мужа, соответственной Божьему замыслу? Мы молимся об этом. Если книга "Сотворена его помощницей" благословила Вас (а также Вашего возлюбленного), то может захочется поделиться этим благословением с другими, подарив им копию книги.

Книгу можно заказать на английском, испанском и русском языках отдельными экземплярами или оптом в упаковках по 24 шт. (40% скидка).

А также можно заказать аудио-версию книги на английском языке в формате MP3 (1 диск) или CD (9 дисков).

Если желаете прочитать свидетельства женщин разных стран о том, как Бог изменил их через книгу "Сотворена его помощницей", то посетите интернет-страничку *www.createdtobehishelpmeet.org*. Если хотите поделиться своим свидетельством на этом сайте, то пишите нам по адресу: *ngj@nogreaterjoy.org*. Дайте нам знать, согласны ли вы вместе со свидетельством указать своё полное имя.

Почитайте, что делает Бог!

«Итак, кто разумеет делать добро и не делает, тому грех».
(Иак. 4:17)

от сотворения до спасения:

БИБЛЕЙСКИЕ ИСТОРИИ В ИЛЛЮСТРАЦИЯХ!

Бог открывается человеку не через правила, методики или доктрины, но через истории о пророчествах и судах, войнах и чудесах, жизни и смерти, милосердии и и прощении. Страницы Библии оживут, когда вы будете читать эти красочно иллюстрированные истории о Божьем плане спасения, изложенные в хронологическом порядке от Бытия до Откровения. Твёрдый переплёт, 328 стр.

$19.95

Специальная скидка для читателей этой книги. Код купона RUCRGE. Стандартная цена $24.95.

Добро и Зло
Издание служения “Нет Большей Радости”.
Охраняется авторским правом.

<u>на английском</u>: заказ можно оформить на сайте **www.nogreaterjoy.org** или по тел. 1-866-292-9936 с 8 утра до 5 вечера в будние дни.
<u>на русском:</u> заказ можно оформить на сайте **www.byelorussianmission.org** или по тел. 1-770-887-3089